刑事审判中的异议制度初论

Research on the Objection System in Criminal Trial Procedure

万 旭 ◎著

中国政法大学出版社

2022·北京

声　明　　1. 版权所有，侵权必究。

　　　　　2. 如有缺页、倒装问题，由出版社负责退换。

图书在版编目（CIP）数据

刑事审判中的异议制度初论/万旭著. —北京:中国政法大学出版社,2022.6
ISBN 978-7-5764-0516-3

Ⅰ.①刑… Ⅱ.①万… Ⅲ.①刑事诉讼－审判－司法制度－研究－中国 Ⅳ.①D926.2

中国版本图书馆CIP数据核字(2022)第108616号

出 版 者	中国政法大学出版社
地　　址	北京市海淀区西土城路25号
邮寄地址	北京100088 信箱8034分箱　邮编100088
网　　址	http://www.cuplpress.com（网络实名：中国政法大学出版社）
电　　话	010-58908441(编辑室) 58908334(邮购部)
承　　印	固安华明印业有限公司
开　　本	880mm×1230mm　1/32
印　　张	11.25
字　　数	260千字
版　　次	2022年6月第1版
印　　次	2022年6月第1次印刷
定　　价	49.00元

反对的权利

龙宗智
（四川大学法学院教授、博士生导师）

"我反对"——这是一位迟到的诉讼律师在法庭上说的第一句话，此时他似乎尚未听清对方律师所发表的意见。这个西方法律段子说明这位律师可谓"异议律师"，也说明在对抗式审判中异议表达是律师在法庭上的基本工具。

反观我国刑事审判，上述场景就不太可能出现了。我曾经概括中国刑事庭审的特点之一是契合中国文化的"和合"传统。一是"和而不争"。有些资深辩护律师可能在法庭上从来没有对检察官的举证提出过"我反对"的意见。即使他最后要作无罪辩护，似乎也不会不礼貌地打断检察官，即时表达反对意见（即时性正是异议制度的特点）。二是"合而不分"。控辩双方平等享有反对权，其运用主要是在直接人证调查过程中，在划分己方人证与对方人证的基础上，适用不同的人证调查规则，如就对方证人可以进行诱导性询问，但禁止对己方证人这样做，以防其"顺竿爬"。但我国证人乃至被告人，很难被严格划分归属，辩护方要求出庭的证人，往往是控诉方证人名单上的证人，让其出庭是希望其对质说真话。因此司法解释只能一律禁止诱导询问，但在审判的特定场景中如何把握界限，却是莫衷一是，实践中常常把引导性询问、另有用意的误导性询问一概作为诱导性询问而提出异议并裁断禁止。可见异议提出与异议裁断常常都有些随心所欲。

中国刑事审判中的异议提出与裁断，在司法解释中通过规定证据调查的规则、控辩双方的权利以及法院的诉讼指挥权而有部分体现，但异议权及其规制并不完善。除上述"和合性"原因外，还有一个重要原因是需求不足。因为中国刑事审判中未贯彻排除传闻规则，大量使用书面证言，而证人、被害人、侦查人员等人证很少出庭，即使推动"以审判为中心"和"庭审实质化"，因"案卷主义"根基未动，此种局面仍未根本改善。而对检察官在法庭上孜孜不倦地宣读书面证据材料及其大意，辩护律师因事先阅卷而不反对概略举证，通常保持静默。不过被告人偶尔提出异议，要求详举某证或直接查阅。

中国刑事庭审的异议规则及理论不成熟，还有一个原因是混淆质证、辩论与诉讼异议。在异议权研究中，这也确系一难题。如检察官举一人证，辩护人继后发表意见称取证不合法，这是质证，还是诉讼异议？似乎兼而有之，因此实操者和学者习惯上作质证问题处理。异议权行使，强调即时性，即针对刚出现的问题和可能出现问题前（如对方误导询问，证人作出回答之前），及时提出异议，否则可能因时效而失权。同时，也要考虑质疑的对象和质疑本身的内容。不过，这只是一个大致的划分，边缘模糊的问题依然存在。

中国二十多年前就通过修改刑事诉讼法，借鉴对抗式审判，建立了所谓的"控辩式庭审"。由此改变法官包揽法庭调查的模式，实行控辩双方举证质证辩论并以此推动庭审，当然需要完善包括异议规则在内的审判规则。而且随着诉讼的精细化，异议规则应当从庭审质证辩论规则中区分出来，做细致化规范，以实现庭审的客观、公正与效率。因此，对异议规则和异议权制度的研究，应当作为刑事诉讼法研究的一个重要课题，这也是当年我让万旭研究这一课题的原因。

万旭是我在西南政法大学指导的博士生，他的这本专著《刑事审判中的异议制度初论》，是在其博士论文基础上修改完成的。该书依照"理解—构建"的思路，对异议制度的核心概念与基本类型、制度要素与运行原理、基本原则和预期功能、其他法域理论与实践、域内现象与问题、理论与制度的本土化构建等，进行了认真的探究。鉴于国内对此研究不足，万旭的研究具有一定的开拓创新意义，能够为进一步展开相关研究提供有益的参考。不过，由于研究方法和水平的局限，加之作者缺乏司法经验，对实际情况把握不足，该书对异议制度的研究尚属起步阶段，部分观点、结论也值得进一步推敲和完善。如前面提到的异议与质证的关系，其学理逻辑划分及实践界限把握，均需再斟酌处理。

2018年我国刑事诉讼法再修改，建立了认罪认罚从宽制度，相当程度上改变了刑事诉讼的样貌，目前已经有80%以上的案件以认罪认罚从宽程序处理。在这些案件中，合意代替了反对，异议权基本没有生存空间。不过，异议规则本就为少数的有争议案件创立，在繁简分流使大部分案件经司法合意被迅速处理的同时，对少数有争议案件，可以进一步体现程序正当性与审理精细化，因此更需要完善包括异议规则在内的庭审规则和操作技术。同时亦需看到，国家刑事治理的价值追求应该是多元的。在实现刑事追诉权保障打击犯罪的同时，也保障刑事当事人的司法人权，允许辩护人面对检察官的指控意见说"我反对"，维系其提出司法异议的权利。无疑这是司法理性和社会理性的体现。

此为序。

ABSTRACT 内容摘要

刑事审判中异议制度，是以"异议声明"与"异议裁断"为基本环节的程序制度安排的总和。研究刑事审判中异议制度，顺应我国刑事审判制度走向对抗化的趋势，正面回应了实务界对于刑事审判中异议制度的期待、陌生、误解与偏见，丰富了我国刑事诉讼理论体系，成为对现有理论加以反思、检讨和创新的契机。目前，学界对于刑事审判中异议制度的研究很不充分，呈现出三个较为突出的问题，即专门性研究匮乏、系统性研究不足和本土化研究稀缺。本书按照"理解—构建"的研究思路，力图实现三个研究目标：一是，初步构建起刑事审判中异议制度的基础理论体系；二是，对典型法域相对成熟的异议制度进行更为深入的比较考察和分析；三是，为我国构建与完善刑事审判中异议制度提供相对可行的建议方案。本书的研究范围受到双重限定。在研究方法上，本书注重对比较研究方法和实证分析方法的合理运用。

除绪论和余论外，本书共计六章，主要内容如下：

第一章为概论，涉及核心概念界定与辨析、类型化分析和基本框架搭设，以此为后续研究奠定基础。广义的刑事审判中异议，指控辩之一方针对审判中已经或即将发生之程序性事项的合法性、妥当性争议，为寻求法院的即刻裁断而提出的正式反对意见。异议声明与裁断，共同构成了刑事审判实践中的异议现象。作为一种特殊的当事人诉讼行为,异议声明与质证关系密切但又应予区别,提出动议与声明异议是控辩双方参与诉讼进程的主要手段,而异议的声明往往会引起控辩双方就程序性事项的辩论。作为一种特殊的法官诉讼行为,异议裁断与认证在证据能力问题上存在联结,其作为典型的程序性裁判,既相对独立于实体性裁判,又区别于通常理解的程序性制裁机制。学理上,刑事审判中的异议声明有三组基本类型:证据异议与其他程序性异议;庭前异议与庭上异议;指向诉讼相对方的异议与指向审判方的异议。与此对应,异议裁断也有三组基本学理类型。刑事审判中异议制度的基本框架由异议声明机制与异议裁断机制组成,其中,异议声明机制涉及主体、时机、根据、方式和异议失权五方面要素;异议裁断机制涉及主体、时机、程序构造、方式、救济五方面要素。

第二章为原理论,从刑事审判对抗化切入,深入阐释异议制度的运行原理、基本原则、预期功能及其关键制约条件。异议制度体现了对抗化刑事审判在横向构造上的核心要求,契合司法竞技主义和程序正义理念的基本精神,适应对抗化刑事审判的多元价值目标结构。以程序控制理论为分析框架,异议声明机制运行的深层次特征可概括为:"以控辩双方为中心"的过程控制分配;以对抗、对等为基本特征的控辩关系;不可或缺的律师参与;对控辩双方程序控制的双重约束。据此,可推导出异议声明机制的三项基本原则,即平等武装、权责均衡、理性约束。以程序性裁判理论为分析框架,异议裁断机制运行的深层次特征可概括为:通过合法性、妥当性判定来处置全部程序性争议;异议裁断与实体性裁判相对分离;因应控辩对抗的及时裁断。据此,可推导出异议裁断机制的三项基本原则,即公正裁判、证据裁判、兼顾效率。刑事审判中异议制度有三项预期功能,即实现程序性争议的公正、高效化解,推动实体真实的技术化实现,以及促进提升对抗化刑事审判的活力。这些功能的实现,受到作为整体的刑事审判程序的完备性和对抗化程度,参与异议制度运作的法官、检察官、律师的个体因素,以及异议制度自身设计的合理性的制约。

  第三章和第四章为比较论,以美国、日本为中心,对不同法域语境下刑事审判中异议声明与裁断进行比较考察。就异议声明,在美国,律师在异议声明中发挥着重要作用,异议声明时机受到同步异议规则的约束,并被要求附具明确具体的理由,在方式上则因庭前和庭上异议而有异。多重原因可能导致异议失权。在日本,控辩双方的异议声明权得到刑事诉讼法确认,辩护律师拥有声明异议的独立代理权。异议以"立即声明"为一般原则,理由上则区分合法性异议与妥当性异议,且以简要说明为一般要求。日本的异议失权问题被纳入诉讼行为理论体系中考虑,后发无效的诉讼行为可基于相对方放弃责问权而推定瑕疵治愈。

  就异议裁断,在美国,异议主要由法官裁断,总体上,法官没有及时裁断异议的职责。异议裁断的对抗化程序构造属于"当事人激活模式",存在席旁磋商等独特设计,被异议方拥有就相对方的证据异议进行"补证"的权利。法官裁断异议,会判明支持或者驳回异议,然后在此基础上通过指示妥善处置争议。至于异议裁断的上诉救济,则一方面以备档为前提,另一方面对有害错误、无害错误与显见错误设置了技术化的判断标准。在日本,异议裁断被视为诉讼指挥的重要内容,法律将其保留由法院而非审判长行使。异议裁断被要求以不迟延为原则。异议裁断的对抗化程序构造属于"当事人激活模式"与"审判方激活模式"并举,虽有一定灵活性,但与美国有明显差异。

审判方对异议的裁断，也是首先判明支持或者驳回，然后施以相应的处分。至于异议裁断救济，日本规定了审判中的一事不再理原则，禁止就异议裁断提出抗告，控辩双方主要通过控诉审来实现救济。

比较考察表明，异议制度在美国、日本的刑事审判中均居于十分重要的地位，两国异议制度在整体框架和技术细节上的相通性，反映并佐证了本书所构建、阐释的异议制度运行原理与基本原则。与此同时，两国异议制度在规则渊源形式和具体内容上也存在差异，这根源于两国所属法系传统差别和刑事审判对抗化程度的不同。两国异议制度在运作实效上呈现出明显反差，这既有程序理念方面的深层次缘由，也有刑事审判制度整体差异的直接影响。

第五章和第六章为本土考察与构建论，在从规范和实务层面对我国刑事审判中的异议现象进行深入考察，汇总并破解我国构建与完善异议制度所面临的核心疑难问题的基础上，提出构建与完善我国刑事审判中异议制度的建议方案。在规范层面，我国散见不少异议相关规定，但是，这些规定零散而粗疏，既未周全涵盖异议制度基本框架所应涉及的全部内容，也未能反映或契合异议制度的运行原理与基本原则，反而牵引、暴露出一系列影响异议制度在我国的定位与实效的疑难问题；在实务层面，审判中的异议现象在很大程度上还处于无序、失范状态，绝大多数实务工作者对异议声明与裁断充满困惑，这反映出现有的零散规范并不足以满足改革实践的规则需求。我国构建与完善刑事审判中异议制度，必须厘清证据异议声明、裁断与质证、认证的关系，公诉人指向审判方的异议与检察机关审判活动监督的关系，以及辩护方申诉、控告机制与异议制度的关系。我国构建与完善刑事审判中异议制度，需要在立法层面确立庭上异议声明与裁断的一般性规则，庭前异议声明与裁断的一般性规则，以及异议裁断二审救济的一般性规则。与此同时，还需要在立法层面对法庭调查程序、审判笔录规则、审判活动监督机制、辩护方申诉、控告机制等相关机制加以必要的调整与完善。

目 录

绪 论 ··· 001
  一、选题背景与研究价值 ····························· 001
  二、文献综述 ····································· 005
  三、研究目标、思路与方法 ··························· 020

第一章　刑事审判中异议制度概论 ····················· 028
  第一节　核心概念的界定及其辨析 ···················· 028
    一、什么是刑事审判中异议 ························· 028
    二、刑事审判中异议声明与裁断同相关概念的辨析 ··· 037
  第二节　刑事审判中异议声明与裁断的类型化分析 ········ 051
    一、刑事审判中异议声明的基本类型 ················ 052
    二、刑事审判中异议裁断的基本类型 ················ 059
  第三节　刑事审判中异议制度的基本框架与主要疑难问题 ······ 064
    一、刑事审判中异议声明机制的具体要素与主要
        疑难问题 ··································· 064
    二、刑事审判中异议裁断机制的具体要素与主要
        疑难问题 ··································· 068

第二章　刑事审判中异议制度的运行原理、基本原则与预期功能 …… 074

第一节　从刑事审判对抗化说起 …… 074
一、历时性视角下的刑事审判对抗化 …… 074
二、诉讼构造视角下的刑事审判对抗化 …… 076
三、程序理念视角下的刑事审判对抗化 …… 081
四、价值目标结构视角下的刑事审判对抗化 …… 086
五、异议制度与刑事审判对抗化的联系 …… 092

第二节　刑事审判中异议声明机制的运行原理与基本原则 …… 098
一、作为异议声明机制分析框架的程序控制理论 …… 098
二、异议声明机制运行的深层次特征 …… 102
三、异议声明机制的基本原则 …… 107

第三节　刑事审判中异议裁断机制的运行原理与基本原则 …… 114
一、作为异议裁断机制分析框架的程序性裁判理论 …… 114
二、异议裁断机制运行的深层次特征 …… 118
三、异议裁断机制的基本原则 …… 123

第四节　刑事审判中异议制度的预期功能与关键制约条件 …… 129
一、刑事审判中异议制度的三项预期功能 …… 129
二、影响预期功能实现的关键制约条件 …… 134

第三章　比较法视野下的刑事审判中异议声明机制 …… 139

第一节　美国刑事审判中的异议声明机制 …… 139
一、美国刑事审判中异议声明的主体 …… 139
二、美国刑事审判中异议声明的时机 …… 143

三、美国刑事审判中异议声明的理由 ………… 150
　　四、美国刑事审判中异议声明的方式 ………… 156
　　五、美国刑事审判中的异议失权 ……………… 157
　第二节　日本刑事审判中的异议声明机制 …………… 160
　　一、日本刑事审判中异议声明的主体 ………… 160
　　二、日本刑事审判中异议声明的时机 ………… 166
　　三、日本刑事审判中异议声明的理由 ………… 168
　　四、日本刑事审判中异议声明的方式 ………… 173
　　五、日本刑事审判中的异议失权 ……………… 173
　第三节　美国、日本刑事审判中异议声明机制的比较小结 …… 176

第四章　比较法视野下的刑事审判中异议裁断机制 …… 179
　第一节　美国刑事审判中的异议裁断机制 …………… 179
　　一、美国刑事审判中异议裁断的主体 ………… 179
　　二、美国刑事审判中异议裁断的时机 ………… 180
　　三、美国刑事审判中异议裁断的程序构造 …… 182
　　四、美国刑事审判中异议裁断的方式 ………… 186
　　五、美国刑事审判中异议裁断的救济 ………… 189
　第二节　日本刑事审判中的异议裁断机制 …………… 193
　　一、日本刑事审判中异议裁断的主体 ………… 193
　　二、日本刑事审判中异议裁断的时机 ………… 195
　　三、日本刑事审判中异议裁断的程序构造 …… 196
　　四、日本刑事审判中异议裁断的方式 ………… 197
　　五、日本刑事审判中异议裁断的救济 ………… 199

第三节　美国、日本刑事审判中异议裁断机制的比较小结 …… 205

第五章　我国语境下刑事审判中异议现象的考察与评析 …………………………………… 210
第一节　刑事审判相关规范中异议规定的考察与评析 ………… 210
一、我国刑事审判相关规范中异议规定概况 ………… 210
二、我国刑事审判相关规范中异议规定的主要问题 … 219
第二节　实务工作者视角下刑事审判中异议现象考察与评析 …………………………………… 228
一、受访者的基本情况 ………………………………… 228
二、实务工作者视角下刑事审判中异议现象概况 …… 231
三、实务工作者视角下刑事审判中异议现象的疑难问题 …………………………………… 252
第三节　刑事审判实例中异议现象的考察与评析 …………… 258
一、个案实例的来源与整体情况 ……………………… 258
二、我国刑事审判实例中异议声明与裁断的微观考察 …………………………………… 259
第四节　核心疑难问题的汇总与试解 ………………………… 286
一、证据异议声明、裁断同质证、认证的关系厘清 … 287
二、公诉人指向审判方的异议与检察机关审判活动监督关系的厘清 ……………………… 297
三、辩护方申诉、控告机制与刑事审判中异议制度关系的厘清 …………………………… 300

第六章　构建与完善我国刑事审判中异议制度的建议方案 …… 303

第一节　确立刑事审判中庭上异议声明与裁断的一般性规则 …… 304
一、刑事审判中庭上异议声明机制的一般性规则 …… 304
二、刑事审判中庭上异议补证机制的一般性规则 …… 307
三、刑事审判中庭上异议裁断机制的一般性规则 …… 308

第二节　确立刑事审判中庭前异议声明与裁断的一般性规则 …… 312
一、刑事审判中庭前异议声明机制的一般性规则 …… 313
二、刑事审判中庭前异议裁断机制的一般性规则 …… 315
三、刑事庭前会议中异议裁断与庭审的衔接机制 …… 317

第三节　确立刑事审判中异议裁断二审救济的一般性规则 …… 319
一、构建与完善异议裁断二审救济机制的基本思路 …… 320
二、构建与完善异议裁断二审救济机制的具体方案 …… 321

第四节　在立法层面对相关机制的必要调整与完善 …… 324
一、对法庭调查程序的必要调整与完善 …… 325
二、对审判笔录规则的必要调整与完善 …… 326
三、对审判活动监督机制的必要调整与完善 …… 327
四、对辩护方申诉、控告机制的必要调整与完善 …… 328

余　论 …… 330
参考文献 …… 332
后　记 …… 343

绪 论

一、选题背景与研究价值

刑事审判中的异议,是指控辩之一方针对审判中已经或即将发生之程序性事项的合法性、妥当性争议,为寻求法院的即刻裁断而提出的正式反对意见。[1]所谓异议制度,则是以"异议声明"与"异议裁断"为基本环节的程序制度安排的总和。[2]异议制度是成熟完备的对抗化刑事审判程序的基本组成部分,其对于实现程序性争议的公正、高效化解,推动实体真实的技术化实现,以及促进提升对抗化刑事审判的活力,都具有重要意义。[3]从比较法视野看,在美国刑事审判这样最典型的对抗式审判中,异议制度与律师参与、备档制度一起,构成对抗式审判的制度支柱。[4]而在具有大陆法系传统的国家和地区,但凡刑事审判改革注入更多当事人主义色彩或对抗化因素,异议制度的建立与完善往往就成为一项重要议题。例如,当前我国刑事诉讼理论研究主要关注的德、日等法域的现行刑事诉讼法,

---

[1] 关于刑事审判中异议的定义与概念辨析,详见本书第一章第一节。
[2] 关于刑事审判中异议制度的基本框架,详见本书第一章第三节。
[3] 关于刑事审判中异议制度的运行原理、基本原则与预期功能,详见本书第二章。
[4] 参见吴洪淇:《转型的逻辑:证据法的运行环境与内部结构》,中国政法大学出版社2013年版,第270页。对美国刑事审判中异议制度的考察,详见本书第三章、第四章。

均对审判中的异议制度有明文规定。[1]

　　本书修改自我国首篇系统研究刑事审判中异议制度的博士论文，在前段概述之外，对本书的研究背景，应当从三方面把握：

　　第一，从制度变迁和改革动向看，走向对抗化已经成为我国刑事司法改革的显著特征。

　　我国目前的刑事审判模式是以 1979 年《中华人民共和国刑事诉讼法》（以下简称《刑事诉讼法》）为基础而构建起来的，自始具有较强的职权主义特色。1996 年第一次修正《刑事诉讼法》时，我国吸收了当事人主义庭审方式中的一些技术性规则，增强了程序的对抗化色彩。而在 2012 年第二次修正《刑事诉讼法》时，我国在保持原有审判方式的基础上，进一步强化了控辩双方的对抗。[2]2014 年，我国开启"以审判为中心的诉讼制度改革"，[3]这成为当前刑事司法改革的核心主题。"以审判为

---

　　[1] 参见《德国刑事诉讼法》第 238 条、《日本刑事诉讼法》第 309 条。对日本刑事审判中异议制度的考察，详见本书第三章、第四章。

　　[2] 参见宋英辉、刘广三、何挺等：《刑事诉讼法修改的历史梳理与阐释》，北京大学出版社 2014 年版，第 270 页。也应当注意到，2012 年《刑事诉讼法》修改时对提起公诉案件的案卷移送问题作出新规定，改变了 1996 年《刑事诉讼法》创设的"复印件主义"的做法，恢复了 1979 年《刑事诉讼法》时期的全部案卷移送做法，这使得不少学者认为 2012 年《刑事诉讼法》所规定的审判程序在职权主义因素上较 1996 年《刑事诉讼法》有所加强。笔者认为，这种批评意见不太准确，因为就实践情况而言，在 1996 年修法后不久，1998 年"六机关规定"（即《最高人民法院、最高人民检察院、公安部、国家安全部、司法部、全国人大常委会法制工作委员会关于刑事诉讼法实施中若干问题的规定》）就另行打造出一种庭后移送案卷制度，而在 2012 年修法前，许多地方法院和检察院就已经实质性地恢复了庭前的案卷移送。可见，1996 年修法对案卷移送制度的调整，本来就没有对审判的对抗化起到显著促进作用。或者说，案卷移送制度的调整与反复，并不足以成为衡量我国刑事审判对抗化程度的客观指标。在明确这一点之后，应当注意到，如果仔细比较 2012 年《刑事诉讼法》与 1996 年《刑事诉讼法》有关法庭调查程序的规定，会发现 2012 年《刑事诉讼法》对法庭调查程序的调整的确是有利于促进控辩对抗的。

　　[3] 参见《中共中央关于全面推进依法治国若干重大问题的决定》。

中心的诉讼制度改革"的主要内容,是通过全面贯彻证据裁判,推动实现庭审实质化。[1] 2017 年初,随着相关改革的不断深化,最高人民法院将"以审判为中心的诉讼制度改革"细化为三项具体目标,其中就包括了"控辩对抗实质化"。[2] 同年年底,最高人法院印发了修订后的刑事审判程序"三项规程"[3],其中的《法庭调查规程(试行)》第 2 条规定:"法庭应当坚持程序公正原则……确保控辩双方在法庭调查环节平等对抗。"

刑事审判对抗化的核心特征之一在于审判进程的主导权从审判方朝控辩双方移转。[4] 从制度设计的角度看,这势必要求构建起能够在不动摇审判方权威与中立性的基础上,有效保障控辩双方平等对抗、共同推进审判进程的专门程序机制。同时,在对抗化过程中,不可避免地会发生"控辩"、"审辩"乃至"控审"各方就包括证据事项在内的程序性事项之合法性、妥当性的争议和冲突,由此给庭审核心功能的有序、高效发挥带来了巨大压力。这些压力也要求构建起用于及时、理性处理程序性争议的必要制度。总之,随着我国刑事司法改革朝着"控辩对抗实质化"的目标迈进,刑事审判中异议制度的构建与完善将是绕不开的重要课题。

---

[1] 参见万旭:"证据裁判如何贯彻?——以审判中心主义改革为背景的十点思考",载孙长永主编:《刑事司法论丛》(第 3 卷),中国检察出版社 2015 年版,第 3 页。

[2] 在"控辩对抗实质化"之外,另两项具体目标分别为"司法证明实质化"和"依法裁判实质化"。参见罗书臻:"以自我革命的勇气和敢于担当的精神全面推进以审判为中心的刑事诉讼制度改革",载《人民法院报》2017 年 2 月 28 日第 1 版。

[3] "三项规程",即"人民法院办理刑事案件三项规程",是《人民法院办理刑事案件庭前会议规程(试行)》、《人民法院办理刑事案件排除非法证据规程(试行)》和《人民法院办理刑事案件第一审普通程序法庭调查规程(试行)》的合称,本书为表述方便,将三个规程分别简称为《庭前会议规程(试行)》、《排除非法证据规程(试行)》和《法庭调查规程(试行)》。

[4] 本书对刑事审判对抗化的详细分析,见本书第二章第一节。

第二，从司法实践情况看，实务界对于刑事审判中异议制度有所期待，但还感到十分陌生。

为了解实务界对刑事审判中异议制度的认识情况，笔者采取网络问卷与个别访谈相结合的方式，在2017年7月至9月、2018年7月至9月，对多名法官、检察官和律师进行了调研。在调研中，多数受访者都承认，我国刑事审判的对抗化趋势的确日益突出，而伴随着这一进程，审判中围绕程序问题的争议的确越来越频繁，控辩双方声明异议的情况也越发多见。因此，确有必要与紧迫性去构建、完善异议制度。但是，与此同时，几乎所有受访者都无法对刑事审判中的异议给出明确的定义，也很难说清楚异议制度具体包含哪些要素。至于控辩双方声明异议应当遵循怎样的规则、标准，而法院又应当如何对审判中的异议作出裁断，就更加说不清楚。更有甚者，部分法官、检察官受访者对于审判中的异议现象存在明显的偏见，认为辩护方（尤其是辩护律师）在审判中就程序性问题提出异议，属于典型的闹庭、死磕行为，应当受到规制。许多律师受访者则指出，在缺乏明确规则指引的情况下，在刑事审判中声明异议面临着操作性困难，难以把握合理界限，甚至可能招致法官、检察官的误解以至于反感。[1]

第三，从理论研究现状看，我国学界对于刑事审判中异议制度的关注明显不足。

正如接下来的文献综述所表明的，虽然审判方式改革、庭审实质化是我国刑事诉讼法学界持续关注的热点议题，但是针对刑事审判中异议制度的专门性研究极少，系统性研究匮乏，本土化研究更是稀缺。这意味着，目前的相关研究成果还远远

---

[1] 有关调研情况的详细论述，见本书第五章。

不足以为构建和完善中国刑事审判中异议制度提供必要的理论支撑。事实上,一旦认真对待刑事审判中异议制度,就会注意到,这一制度涉及的一系列理论问题与我国当前刑事审判理论体系中的许多通识性见解还存在着不协调之处。比如,刑事审判中针对证据问题的异议与质证有何关系,就是极具争议性的问题。可见,要构建符合我国实际的刑事审判中异议制度,难免需要对既有的刑事审判理论加以必要的检讨、调整以至于重构。

综合前述三方面的选题背景,对刑事审判中异议制度加以专门性、系统性研究的价值就得以凸显。首先,研究刑事审判中异议制度,顺应我国刑事审判制度走向对抗化的变迁趋势,能够服务于当前强调"控辩对抗实质化"的"以审判为中心的诉讼制度改革"。其次,研究刑事审判中异议制度,正面回应了我国实务界对于刑事审判中异议制度的期待、陌生、误解与偏见,有助于促进实务界转变观念、深化认识,更好地迎接刑事审判对抗化带来的挑战。最后,研究刑事审判中异议制度,丰富了我国刑事诉讼理论体系,有可能成为在刑事审判对抗化语境下对已有刑事诉讼理论加以反思、检讨、创新的重要契机。

二、文献综述

文献综述的写作目的在于了解特定领域的研究进程。[1]本书在此集中对刑事审判中异议制度在我国的研究现状加以考察,至于其他国家和地区的研究情况,则在后续篇章中结合具体的写作需要再予以针对性的援引和介绍。总体而言,我国学界对

---

[1] 参见路阳:"社会科学研究中的文献综述:原则、结构和问题",载《社会科学管理与评论》2011年第2期,第69页。

刑事审判中异议制度的研究还非常不充分，呈现出三个较为突出的问题，即专门性研究匮乏、系统性研究不足和本土化研究稀缺。[1]

（一）学界对刑事审判中异议制度的专门性研究匮乏

专门性研究匮乏，最直观地体现在以刑事审判中异议制度为主题的专论非常少。2018年之前[2]，以刑事审判中异议制度或异议权为主题的专论仅有四篇期刊论文和两篇硕士学位论文，尚无专著或博士学位论文。四篇期刊论文中，第一篇是江迪生检察官于1998年发表于《人民检察》的《公诉庭审中的异议》[3]，另外三篇由刘国庆在2010年和2013年发表，主题均为美国刑事证据法中的异议制度。[4]两篇硕士学位论文均完成于2012年，分别是西南政法大学万燕所著《刑事庭审异议规则研究》与昆明理工大学冯冰所著《刑事庭审被告人异议权研究》。2018年以来，专门性研究仍然少见，但也有个别学者从审辩冲突视角开始初步探讨"辩护律师程序异议机制"。[5]

除此之外，大多数学者仅将异议制度作为刑事庭审制度（含法庭调查）研究、刑事证据制度（含质证、交叉询问）研

---

[1] 有必要说明的是，通常而言，文献综述宜先概述研究情况，归纳、点明既有研究成果中的积极、有益部分，然后再就现有研究的缺漏、不足加以述评。但是，对刑事审判中异议制度这一论题而言，既有研究非常不充分，以至于不适合沿用文献综述的一般写作套路。因此，本书的文献综述将先直陈当前研究的主要问题，再概述可待挖掘的有益内容。

[2] 即笔者博士论文完成之前。

[3] 江迪生："公诉庭审中的异议"，载《人民检察》1998年第6期，第18页。

[4] 参见刘国庆："刑事诉讼中的异议权问题研究"，载《中国刑事法杂志》2010年第2期，第70页；"论美国刑事证据法中的异议制度"，载《燕山大学学报（哲学社会科学版）》2013年第1期，第80页；"论美国刑事证据法中的异议制度及启示"，载《中国刑事法杂志》2013年第1期，第121页。

[5] 参见蔡元培："辩护律师程序异议机制初探"，载《法学杂志》2020年第10期，第132页。

究等论题的附属问题而予以有限关注。

"庭审是刑事诉讼的中心和重心"[1]，几乎每一位刑事诉讼学法者都对刑事庭审制度有所涉猎，相关研究成果何止是"汗牛充栋"。在 20 世纪 90 年代中后期和 21 世纪初，也就是我国刑事审判对抗化改革初启时期，相当一部分学者已对刑事审判中异议制度有所关注。如汤维建在 1996 年发表《美国的对抗制审判方式》一文，在系统介绍美国对抗式审判制度时，对美国审判中的异议制度进行了虽然初步，但比较精当的论述。[2] 姚莉教授和李力教授在 2001 年和 2002 年先后发表了论文《刑事审判中的证据引出规则》[3] 和《辩护律师的程序动议权》[4]，两篇文章都涉及刑事审判中的异议。然而，在研究庭审制度时真正持续关注异议制度的学者却非常少，主要代表性学者是龙宗智教授。

20 世纪 90 年代中后期，龙宗智教授在多篇涉及刑事庭审制度改革的文章中述及异议制度。其中，最重要的是专著《刑事庭审制度研究》，在该书中，龙宗智教授简要论述了"诉讼异议"，指出："在以控辩方举证为主要形式的证据调查中，由控诉方或辩护方提出并由法官裁决的诉讼异议，是贯彻证据规则维护证据调查的适当性与合法性的主要手段。"[5] 此外，在多篇

---

[1] 龙宗智：《刑事庭审制度研究》，中国政法大学出版社 2001 年版，第 1 页。

[2] 参见汤维建："美国的对抗制审判方式"，载《比较法研究》1996 年第 4 期，第 405 页。

[3] 参见姚莉、李力："刑事审判中的证据引出规则"，载《法学研究》2001 年第 4 期，第 94 页。

[4] 参见姚莉、李力："辩护律师的程序动议权"，载《法商研究》2002 年第 2 期，第 103 页。

[5] 龙宗智：《刑事庭审制度研究》，中国政法大学出版社 2001 年版，第 225 页。

讨论刑事庭审制度改革中检察应对的文章中，龙宗智教授也有意识地谈及"诉讼异议制度"。[1]此后至今，龙宗智教授在研究刑事庭审制度时，一直对异议制度有所关注。在2018年初发表的《刑事庭审人证调查规则的完善》一文中，龙宗智教授再次指出，"任何建立在对话理性基础上的法庭审判，都允许当事人对庭审证据调查行为提出异议，并设立处理异议的机制……诉讼异议制度，是庭审证据调查制度的必要组成部分"[2]，并就法庭调查中诉讼异议制度的基本框架提出了设想。

然而，不得不承认的是，尽管前述学者对异议制度有着持续关注，但相比于其对刑事庭审制度中其他问题的重视程度，异议制度的附属地位十分明显。以龙宗智教授的专著《刑事庭审制度研究》为例，全书36万余字，共计10章，以"总分论"结构对刑事庭审制度进行了全面论述，其中对异议制度的论述仅见于第六章"庭审调查和辩论程序研究"第四节第一部分，篇幅不过全书的1%。在《刑事庭审人证调查规则的完善》一文中，作者仍然采用总分结构，而"完善诉讼异议制度"被列为其所讨论的最后一个问题。

与"庭审"一样，证据制度也是我国刑事诉讼学法者普遍重视的研究对象。不同于在庭审语境下被"经常性忽视"，异议在证据制度语境下得到的关注相对更多一些。但是，大多数学者是将异议制度视作交叉询问制度或质证制度所附属的"技术性问题"加以讨论。就交叉询问研究，以两篇博士论文为例：

---

〔1〕 参见龙宗智："论庭审改革后的出庭公诉工作"，载《人民检察》1996年第7期，第17—18页；"检察官该不该在庭上监督"，载《法学》1997年第7期，第48页；"检察工作中的三个'该不该'"，载《人民检察》1998年第1期，第11—12页。

〔2〕 龙宗智："刑事庭审人证调查规则的完善"，载《当代法学》2018年第1期，第3页。

中国政法大学王国忠的博士学位论文《刑事诉讼交叉询问之研究》，全文从引言到结论洋洋洒洒239页，对异议制度的论述，合计篇幅不过7页；吉林大学倪志娟的博士学位论文《刑事交叉询问制度研究》，全文从绪论到结论126页，对异议制度的分析篇幅不足1页。就质证研究，仍以博士论文为例，中国政法大学尚华的博士学位论文《论质证》，正文部分除引言外共计7章，有204页，总共25次提及异议，但没有对异议制度进行专门论述，也没有给出异议的明确定义，在开篇的概念辨析中也没有对异议与质证加以辨析。中国政法大学王颂勃在其基于博士学位论文所著《刑事诉讼法庭质证规则研究》中，也多处论及异议，而且，从作者对质证规则的定义看，其明显将异议规则定位为质证规则的重要组成部分，与此同时，其所讨论的质证规则又包括相关性规则、传闻规则、特免权规则、非法证据排除规则等内容。[1] 如此一来，异议虽然在王颂勃博士的著作中得到了比较充分的讨论，但异议制度只是被定位为质证制度的一部分，其独立性受到压制，内涵被过度限定，而且存有混淆实体性证据规则与程序性证据规则的风险。

比较而言，在证据制度论题下，对异议制度有更为开阔、深入、持续研究的代表性学者是吴洪淇教授。吴洪淇在其博士学位论文《证据法的运行环境与内部结构》中，以美国审判中证据制度为具体对象，系统分析了异议制度在对抗式审判中的支柱性作用。此后，吴洪淇在研究证据制度完善论题时，始终重视异议制度的构建与完善。在2017年发表的《刑事证据辩护的理论反思》一文中，他将律师异议权的完善与保障视作我国刑

---

[1] 参见王颂勃：《刑事诉讼法庭质证规则研究》，中国人民公安大学出版社2015年版，第43—119页，第139—141页，第183—205页。

事证据辩护扩张与完善的关键。[1]在随后发表的《刑事证据审查的基本制度结构》一文中，证据异议制度的完善，依然是其完善刑事证据审查程序之基本思路的重要内容。[2]

只是，尽管吴洪淇的论见颇具启发性，但其对异议制度的讨论仍然远远达不到专门性研究的程度。其基于博士学位论文所著《转型的逻辑：证据法的运行环境与内部结构》，全书25万字，249页，共计6章，对异议制度的讨论实质上仅集中于第三章"证据法的程序性基础"，而且篇幅合计不足2页。虽然其新近论著体现出对异议制度的持续性关注，但是在对异议制度的认识深度上，相比于其博士论文尚无明显拓展，诸如其所提出的证据异议制度如何与传统理论下的质证制度相协调等疑难问题仍然悬而未决。

总而言之，当前学界对刑事审判中异议制度缺乏专门性研究，这是一个不争的事实。专门性研究的匮乏，意味着学界至今未能完成异议制度基础理论的构建工作，以至于连异议的定义和基本类型，以及异议制度的基本要素等问题都缺乏自主性的阐释，而基本依赖于对其他法域理论的零散引介。在很大程度上，目前学界在刑事审判中异议制度研究中存在的另外两大问题——研究的系统性和本土化不足——都与专门性研究匮乏有直接关系。

（二）学界对刑事审判中异议制度的系统性研究不足

从逻辑上讲，系统性研究不足，可能直接源于专门性研究匮乏，但是系统性与专门性并不等同。一方面，即使是附属性研究，仍然可以评价其研究内容是否系统全面；另一方面，即

---

〔1〕 参见吴洪淇："刑事证据辩护的理论反思"，载《兰州大学学报（社会科学版）》2017年第1期，第26页。

〔2〕 参见吴洪淇："刑事证据审查的基本制度结构"，载《中国法学》2017年第6期，第167页。

便是专门性研究，也还是可能存在不够系统全面的问题。对特定程序制度的研究要称得上系统，至少应当符合如下要点：一是，核心概念明确清晰；二是，研究内容全面完整；三是，研究层次清晰融贯。由此观之，学界当前对刑事审判中异议制度的系统性研究明显不足。

第一，学界目前尚未认真对待刑事审判中异议制度的核心概念界定问题。这里以该制度所涉最核心概念即"异议"为例。多数学者在界定"异议"之内涵时奉行"拿来主义"，直接援用其他法域学者，尤其是英美学者对异议的定义。如刘国庆、万燕、冯冰都引用了《布莱克法律词典》对"objection"的释义。[1]江迪生对公诉庭审中异议的定义结合了中外法律规定和其本人对异议本意的理解。[2]吴洪淇对异议的定义则主要参考了美国证据法教科书《证据法：文本、问题和案例》中的定义。[3]这些学者在界定"异议"时，大多并没有充分考虑其所借鉴定义所处的语境，也没有认真检讨如此定义下"异议"的内容是否完整，更没有将"异议"与动议、质证、辩论等相关概念加以必要辨析。龙宗智教授在早期论著中没有明确"诉讼异议"的内涵，在新近论著中，其对法庭调查中的"诉讼异议"进行了初步界定，主要是强调针对证据调查的"诉讼异议"不

---

[1] 参见刘国庆："刑事诉讼中的异议权问题研究"，载《中国刑事法杂志》2010年第2期，第70页；刘国庆："论美国刑事证据法中的异议制度及启示"，载《中国刑事法杂志》2013年第1期，第121页；万燕："刑事庭审异议规则研究"，西南政法大学2012年硕士学位论文；冯冰："刑事庭审被告人异议权研究"，昆明理工大学2012年硕士学位论文。遗憾的是，三位作者对《布莱克法律词典》原文的翻译都发生了偏误。

[2] 参见江迪生："公诉庭审中的异议"，载《人民检察》1998年第6期，第18页。

[3] 参见吴洪淇：《转型的逻辑：证据法的运行环境与内部结构》，中国政法大学出版社2013年版，第90页。

同于针对证据本身的"质证"。从具体论述看，龙宗智教授也参考了其他法域界说，但其进行概念辨析的探索显然比其他学者更为深入，只是限于篇幅，现有论述仍显初步。[1]

第二，目前学界对刑事审判中异议制度的研究在内容上尚不周全。严格来说，学界甚至还没有明确刑事审判中异议制度包含哪几方面具体内容。若按本书所主张的，将刑事审判中异议制度划分为"异议声明"与"异议裁断"两个基本环节，则可以注意到当前学界对异议制度的研究主要集中于异议声明。如龙宗智教授早期分析"诉讼异议"时，主要论述了异议声明的对象、时间、理由、提出方式以及异议权的归属，并特别强调了在我国法官尚且具有较强主动性的语境下异议声明的特殊性。[2]在新近论著中，龙宗智教授扼要阐述了诉讼异议制度的四点基本内容，其中前三点均指向异议声明，仅第四点涉及法官对异议的处理。[3]吴洪淇、江迪生、刘国庆、万燕、冯冰在分析异议制度时，侧重的也是异议声明。仅有少数学者对异议声明和异议裁断进行了较为平衡的论述，如王颂勃在将异议制度作为质证规则的一部分加以分析时，既讨论了有权提出异议的主体，也讨论了有权裁断异议的主体。[4]蔡元培博士也指出，辩护律师的程序异议机制在构造上包括不可或缺的两个层面，

---

[1] 龙宗智："刑事庭审人证调查规则的完善"，载《当代法学》2018年第1期，第3页。

[2] 参见龙宗智：《刑事庭审制度研究》，中国政法大学出版社2001年版，第225—228页。

[3] 参见龙宗智："刑事庭审人证调查规则的完善"，载《当代法学》2018年第1期，第3页。

[4] 参见王颂勃：《刑事诉讼法庭质证规则研究》，中国人民公安大学出版社2015年版，第201页。

即"提出异议的权利"和"处理异议的程序"。[1]

第三,学界目前对刑事审判中异议制度的研究存在逻辑上的诸多不协调之处。这体现在两个方面,一方面是异议制度理论体系内部的逻辑冲突,另一方面是异议制度理论体系与相关理论尤其是我国刑事审判、刑事证据理论通说的不协调。就前者来说,异议制度理论体系内部的不协调最突出体现在对异议基本类型的认识不明。多数学者只是简单直接套用英美学者的论述,如吴洪淇援引《证据法:文本、问题和案例》,指出异议有"对答复之可采性的异议"和"对不适当提问形式的异议"两种基本类型。[2]冯冰根据《布莱克法律词典》罗列的词条,认为异议的类型包括持续的异议、笼统的异议、雄辩的异议和明确的异议。[3]这些论见都没有根据分类的基本逻辑规则来检验划分结论的合逻辑性,也没有认真考虑是否可能根据不同标准而得出多元的异议分类方案。就后者而言,异议制度理论体系与相关理论通说的不协调,最突出体现在"证据异议"与"质证"的复杂关系上。绝大多数学者在论及"证据异议"时,有意无意地对"质证"避而不谈。个别学者试图将"异议"纳入"质证"的范围,[4]还有学者特别强调两者应当有所区别,[5]但是,总体而言,各方意见在具体论证和结论上都存在不同程度

---

[1] 参见蔡元培:"辩护律师程序异议机制初探",载《法学杂志》2020年第10期,第132页。

[2] 参见吴洪淇:《转型的逻辑:证据法的运行环境与内部结构》,中国政法大学出版社2013年版,第90页。

[3] 参见冯冰:"刑事庭审被告人异议权研究",昆明理工大学2012年硕士学位论文,第2页。

[4] 参见王颂勃:《刑事诉讼法庭质证规则研究》,中国人民公安大学出版社2015年版,第201页。

[5] 参见龙宗智:"刑事庭审人证调查规则的完善",载《当代法学》2018年第1期,第3页。

的可商榷之处。

第四，当前研究的系统性不足，还体现在没有全面深入论证异议制度的运行原理、基本原则和预期功能，在进行比较研究时过多局限于英美法视域而很少触及我国理论实践，以及在研究方法的择取上过于单一而缺乏多样性。研究的系统性不足不仅对应于研究成果的片面性与浅表性，还暗藏着研究结论存在逻辑矛盾、缺乏合理性和可操作性的风险。

(三) 学界对刑事审判中异议制度的本土化研究稀缺

从逻辑上讲，对某一程序制度的本土化研究稀缺，是相关研究专门性、系统性不足的一项具体表现。但是这一问题有必要得到单独讨论，因为理论研究能否与本土情况相结合，是研究成果能否"研以致用"的关键。本土化研究稀缺主要体现在两个方面：一方面，目前可查的相关中文文献，绝大多数是对其他法域异议制度理论与实践的译介和述评；另一方面，学者很少结合我国实践情况，对异议制度展开有针对性的本土化思考，尤其是极少有学者对刑事审判中的异议现象进行实证考察。

从内容上看，学者们对其他法域异议制度理论与实践的译介，绝大多数是对美国制度实践与理论通说的介绍。其中影响最大的是三部译著，即何家弘教授主持翻译的美国学者乔恩·R. 华尔兹的《刑事证据大全》[1]、汤维建教授主持翻译的美国经典证据法教科书《麦考密克论证据》[2]以及张保生教授主持翻译的美国学者罗纳德·J. 艾伦等所著《证据法：文本、问题和案例》。[3]

---

[1] [美] 乔恩·R. 华尔兹：《刑事证据大全》（第二版），何家弘等译，中国人民公安大学出版社2004年版，第63—80页。

[2] [美] 约翰·W. 斯特龙主编：《麦考密克论证据》（第五版），汤维建等译，中国政法大学出版社2004年版，第107—129页。

[3] [美] 罗纳德·J. 艾伦等：《证据法：文本、问题和案例》（第三版），张保生、王进喜、赵滢译，高等教育出版社2006年版，第122—133页。

绪 论

目前学界对异议制度的认识，基本来自于这几部著作对美国证据异议制度的介绍。相比之下，学者们对于其他法域，特别是大陆法系刑事审判中异议制度的译介就非常有限。据笔者查证，除万燕、冯冰在各自的硕士学位论文中就德国、法国、意大利等法域同异议制度相关的立法情况进行简要介绍，以及龙宗智教授在《刑事庭审人证调查规则的完善》一文中对日本、韩国、我国台湾地区规定进行了简要列举外，这部分内容主要集中于少数译介过来的日本著作。例如，丁相顺翻译的松尾浩也所著《日本刑事诉讼法》（新版）[1]，张凌、于秀峰翻译的田口守一所著《刑事诉讼法》（第五版）[2]，佐藤博史所著《刑事辩护的技术与伦理：刑事辩护的心境、技巧和体魄》[3]，以及董璠舆与宋英辉教授合译的土本武司著作《日本刑事诉讼法要义》。[4] 从影响力上看，这些译著就完全无法与前列美国著作相提并论了。

目前，结合我国语境对刑事审判中异议制度进行本土化探索的学者很少，相对深入的也就数龙宗智教授和吴洪淇教授。在《刑事庭审制度研究》中，龙宗智教授对诉讼异议制度的主要特点进行了初步分析，特别强调了在我国语境下，诉讼异议制度可能因法官主动性的影响而具有特殊性。[5] 在其他多篇论著中，龙

---

[1] [日]松尾浩也：《日本刑事诉讼法》（上卷·新版），丁相顺译，中国人民大学出版社2005年版，第309—310页，第327页。

[2] [日]田口守一：《刑事诉讼法》（第五版），张凌、于秀峰译，中国政法大学出版社2010年版，第229页。不过，在本书中，译者将日文中"異議"的翻译为"复议"。

[3] [日]佐藤博史：《刑事辩护的技术与伦理：刑事辩护的心境、技巧和体魄》，于秀峰、张凌译，法律出版社2012年版，第201页起。

[4] [日]土本武司：《日本刑事诉讼法要义》，董璠舆、宋英辉译，五南图书出版公司1997年版，第241—244页。

[5] 参见龙宗智：《刑事庭审制度研究》，中国政法大学出版社2001年版，第228页。

宗智教授还讨论了诉讼异议制度对于促进检察官转变审判中法律监督方式、有效规制诱导询问、保障庭审中控辩平等对抗的积极意义，以及在人证调查中的重要价值。[1]吴洪淇教授一直将异议制度定位为证据法程序性基础的要素之一，并从多个方面对异议制度在我国的困境进行了初步的归因解释。[2]在思考刑事证据辩护的完善问题时，他将辩护律师异议权的完善与保障视作我国刑事证据辩护扩张与完善的关键。[3]在思考刑事证据制度的完善问题时，他认为证据异议制度的构建与完善是其题中之意。[4]这两位学者之外，较为值得注意的是韩旭教授和亢晶晶在研究审辩冲突时，先后提出过借鉴《日本刑事诉讼法》第309条，赋予律师对法官之诉讼指挥声明异议权利的建议。[5]尽管不能否认这些见解有其道理且颇具启发性，但是由于论证粗略且缺乏实证支撑，意义有限。

当前，针对我国刑事审判实践中异议现象的实证研究更是非

---

[1] 参见龙宗智：“论庭审改革后的出庭公诉工作”，载《人民检察》1996年第7期，第17页；龙宗智：“检察官该不该在庭上监督”，载《法学》1997年第7期，第48页；龙宗智：“检察工作中的三个'该不该'”，载《人民检察》1998年第1期，第11页；龙宗智、韩旭：“确立'平等对待'诉讼原则 维系程序公正庭审格局”，载《人民法院报》2016年4月27日，第2版；龙宗智："庭审实质化改革需技术与规则并重"，载《检察日报》2016年11月22日，第3版；龙宗智："刑事庭审人证调查规则的完善"，载《当代法学》2018年第1期，第3页。

[2] 参见吴洪淇：《转型的逻辑：证据法的运行环境与内部结构》，中国政法大学出版社2013年版，第98—99页。

[3] 参见吴洪淇："刑事证据辩护的理论反思"，载《兰州大学学报（社会科学版）》2017年第1期，第26页。

[4] 参见吴洪淇："刑事证据审查的基本制度结构"，载《中国法学》2017年第6期，第167页。

[5] 参见韩旭："辩护律师被驱逐出庭的程序法理思考"，载《郑州大学学报（哲学社会科学版）》2013年第1期，第49页；亢晶晶："说服与判断：审辩关系的异化及回归——以'商谈理论'为视角"，载《河南大学学报（社会科学版）》2017年第3期，第70页。

常稀少。直接以异议为研究主题的分析仅见于冯冰的硕士学位论文，其通过抽样分析对我国庭审中被告人的异议权行使情况进行了尝试性的考察。具体结论是：由于审判的直接言词性不足，检察官、法官、律师缺乏异议经验和意识，以及大量案件因适用简易程序而简化法庭调查，"在司法实践中我国被告人异议权的行使较为匮乏"[1]。除此之外，主流学者对异议问题的实证分析基本都是附带性而非专门性的。例如，左卫民教授于2005年发表论文《刑事证人出庭作证程序：实证研究与理论阐析》，对S省省会C市的刑事证人出庭作证情况进行了实证考察，其中对正当询问/不当询问的考察，提及了试点案件中，不当询问发生频率与异议情况的强烈反差。左教授认为，实证表明"检察官、律师、法官普遍对不当询问缺乏关注，因此，在不当询问发生之后，控、辩双方通常无法及时提出异议，法官也不能进行主动有效地控制"[2]。何家弘教授于2012年发表论文《刑事诉讼中证据调查的实证研究》，其中对"庭审证据调查的单边化现象"进行考察时，辩护方的异议声明情况成为重要的评价指标。[3] 胡铭教授于2016年发表论文《审判中心、庭审实质化与刑事司法改革——基于庭审实录和裁判文书的实证研究》，其中以抽样调查的方法，考察了刑事审判实践中"被告方对各种法定证据提出异议的情况"，用以表明目前刑事审判"对侦查行为合法性的审查存在缺失，对案卷笔录的证据能力存在'天然'

---

〔1〕 冯冰："刑事庭审被告人异议权研究"，昆明理工大学2012年硕士学位论文，第12—15页。

〔2〕 左卫民："刑事证人出庭作证程序：实证研究与理论阐析"，载《中外法学》2005年第6期，第649页。

〔3〕 参见何家弘："刑事诉讼中证据调查的实证研究"，载《中外法学》2012年第1期，第177—180页。

推定"〔1〕。由于异议制度研究专门性、系统性不足，前述实证研究成果对于异议制度的本土化探索都是极为初步的。当然，2019年以来，潘金贵教授、龙宗智教授、左卫民教授先后在各自主持的有关刑事质证、刑事庭审证据调查、庭审实质化改革的课题研究中，设专题研究了异议现象，表明学界开始认真对待这一论题。〔2〕

(四) 当前学界研究成果中的积极内容

虽然目前学界对刑事审判中异议制度的研究存在前述三方面不足，但应当承认，现有研究成果仍然为进一步围绕异议制度展开专门、系统、本土化的深入研究奠定了一定基础。实际上，正如前文多处提及的，自从20世纪90年代我国刑事诉讼开启对抗化改革进程以来，学者们就已经对异议制度与刑事审判对抗化的密切关联有所察觉。汤维建教授在1996年发表的《美国的对抗制审判方式》一文，已经注意到"及时、有效地提出异议，是律师在对抗式审判中经常使用的诉讼手段"〔3〕。江迪生在1998年就已经指出伴随着公诉庭审方式对当事人主义原则的采纳、吸收，控辩双方当庭提出异议的情况增多。〔4〕龙宗智教授也很早就意识到，随着我国控辩式庭审方式的发育成长，

---

〔1〕 胡铭："审判中心、庭审实质化与刑事司法改革——基于庭审实录和裁判文书的实证研究"，载《法学家》2016年第4期，第18页。

〔2〕 参见潘金贵等：《刑事庭审质证规则研究》，中国检察出版社2019年版，第二章；郭彦、龙宗智编：《刑事庭审证据调查规则实质研究》，法律出版社2021年版，第十三章；龙宗智等：《刑事庭审证据调查规则研究》，中国政法大学出版社2021年版，第十三章；左卫民等：《庭审实质改革实证研究——以法庭调查方式为重点》，法律出版社2021年版，第四章。

〔3〕 汤维建："美国的对抗制审判方式"，载《比较法研究》1996年第4期，第405页。

〔4〕 参见江迪生："公诉庭审中的异议"，载《人民检察》1998年第6期，第18页。

诉讼异议制度的重要性将日益凸显。[1] 2007年，"中国式对抗制刑事庭审方式模拟审判暨研讨会"在河南省周口市召开，在这一研讨会上，包括龙宗智教授在内，许多学者和实务界人士就对抗化刑事审判的中国化问题展开了深入讨论，其中不少观点指向了如何构建符合我国审判实际的异议制度。[2]

此外，我国刑事诉讼法学者长期以来对以非法证据排除为代表的各类证据规则的系统研究，对庭前会议制度的积极挖掘，对程序正义理论、程序性制裁理论、诉权保障理论、程序法定理论等的探索，都对深化研究异议制度有着重要的积极意义。

同时，我国民事诉讼法学者对民事程序异议制度的理论探索也有重要参考价值。21世纪初即有民事诉讼法学者初步探析了所谓民事诉讼异议制度，当时论者所指的异议制度，实际上是当事人主张法院或对方当事人违法诉讼行为无效的问责机制。[3] 此后，张卫平教授撰文系统研究了广义民事诉讼中对程序性事项进行裁决的异议制度，讨论了当时民事诉讼中异议制度的构成、问题点，提出了完善异议程序应考虑到若干因素，并就异议制度的再构造提供了初步方案。[4] 还有学者研究了民事诉讼中的程序异议失权问题，深入讨论了程序异议失权的价值基础、规则构造。[5] 廖永安教授与何四海对民事诉讼当事人的异议权进行了深

---

[1] 参见龙宗智：《刑事庭审制度研究》，中国政法大学出版社2001年版，第228页。

[2] 参见顾永忠、苏凌主编：《中国式对抗制庭审方式的理论与探索》，中国检察出版社2008年版，第97页等。

[3] 参见朱杰、肖国耀："民事诉讼异议制度初探"，载《内蒙古社会科学（汉文版）》2001年第6期，第10页。

[4] 参见张卫平："论民事诉讼法中的异议制度"，载《清华法学》2007年第1期，第75页。

[5] 参见李峰："论程序异议失权"，载《法商研究》2014年第5期，第50页。

入分析，剖析了民事异议的性质、当事人异议制度的不足，并就民事诉讼当事人异议的法理重塑和制度完善提出了深刻见解。[1] 占善刚教授于2017年发表的《民事诉讼中的程序异议权研究》，则堪称迄今我国民事程序异议权研究的总结性成果。[2]

总结而言，与刑事诉讼法学者更集中关注证据异议不同，民事诉讼法学者关注的异议更为宽泛，而且重点在于针对程序性裁决的异议和针对瑕疵诉讼行为的异议。同时，民事诉讼法学者对于异议制度的研究相对深入，其涉及的许多问题点对刑事诉讼法学者而言堪称前沿，对于刑事诉讼法领域深化异议制度研究颇有启示，比如，民事诉讼法学者普遍关注的异议失权问题，在刑事诉讼法学界基本上无人讨论。

三、研究目标、思路与方法

（一）本书的研究目标

基于前文对选题背景、研究价值与研究现状的分析判断，笔者希望通过本书对刑事审判中异议制度的研究，达成三个目标：

第一，初步构建起刑事审判中异议制度的基础理论体系。这就要求界定核心概念，厘清制度框架，把握制度的运行原理、基本原则以及预期功能。

第二，对典型法域相对成熟的异议制度成例进行更为深入的比较考察与分析，从中挖掘在我国构建与完善刑事审判中异议制度的有益启示；

第三，进行本土化思考，考察我国刑事审判中的异议现象，

---

[1] 参见廖永安、何四海："民事诉讼当事人异议的法理分析"，载《法学杂志》2012年第12期，第94页。

[2] 占善刚："民事诉讼中的程序异议权研究"，载《法学研究》2017年第2期，第114页。

绪 论

为我国构建与完善刑事审判中异议制度提供相对可行的建议方案。

近年来，我国刑事诉讼法学研究在问题意识和研究范式上经历着明显的转型，"迈向实践"成为得到普遍认同的基本方向；与此对应，侧重于规范分析、对策探索的传统研究范式则被贴上"非实践化"的标签，受到批判与质疑。[1]从所设定的三个研究目标看，本书的问题意识和研究范式显然偏"传统"，因而可能受到质疑。对此的说明是，对于那些在基础理论或本体论层面已经得到充分关注、讨论与挖掘的制度实践，跳出传统范式的窠臼无疑有必要性与紧迫性。但是，基于前面的背景分析和研究现状检讨，我们应当意识到，刑事审判中异议制度研究还处于起步阶段，其基本上是刑事诉讼理论研究的一个盲点。在这种情况下，采取传统研究范式，首先着手于异议制度基础理论的搭建，恰恰是因应我国现实情况而作出的慎重选择。

(二) 本书的研究思路

1. "理解—构建"式思路的择取

在择取研究思路时，本书考虑过三个方案。其一可被称作"多面凝视"式的研究思路，即在确立一个相对宏观的整体立场后，依循某一主线，从不同视角与层次对特定研究对象展开多重审视。吴洪淇所著《证据法的运行环境与内部结构》就采取了这一思路。其二可被称作问题导向的"总—分"式的研究思路，即在对研究对象予以界定和概括介绍后，将其所涉及的若干子论题以分论点的形式逐一加以研究。龙宗智教授所著《刑事庭审制度研究》和《检察官客观义务论》都采取了这一思路。其三可被称作"理解—建构"式的研究思路，也就是在对研究

---

[1] 左卫民："迈向实践：反思当代中国刑事诉讼知识体系"，载《中外法学》2011年第2期，第397页。

对象的基础理论予以系统构建、把握后，提出构建相应制度的建议方案。王颂勃博士在其专著《刑事诉讼法庭质证规则研究》中采取了这一思路。

比较之下，第一种研究思路更适合于对"老问题"展开进深性研究，因为如果研究对象是一个新论题，缺乏足够的实践底蕴和前人研究积淀，所谓全方面"凝视"将缺乏实现的基本条件。第二种研究思路也比较适合于对"老问题"进行新思考，而且这一思路对研究者个人素养有很高的要求，如果不具备敏锐的问题意识、深厚的理论储备、必要的实践经验和很好的写作能力，"总—分"之下难免用力不均，不好统合。第三种研究思路则相对"四平八稳"，更好驾驭，而且比较适合于对"新问题""新制度"的分析思考。考虑到本书研究对象自身的"新"属性，以及本人的研究能力，本书采取第三种研究思路。

由此，在体例上，除去绪论和余论，本书可划分为三大部分，共6章。第一大部分为刑事审判中异议制度的基础理论研究，包括两章，第一章涉及核心概念界定和制度框架搭建，第二章涉及异议制度的运行原理、基本原则和预期功能。第二大部分为刑事审判中异议制度的比较法考察，包括两章，以美国和日本的刑事审判中异议制度为主要对象，分别从异议声明和异议裁断的角度，系统考察相对发达的制度成例。第三大部分为刑事审判中异议制度的本土构建论，包括两章，将从规范和实务层面对我国刑事审判中异议声明与异议裁断进行双重考察，汇总并破解在我国构建与完善异议制度所面临的本土化的核心疑难问题，在此基础上提出系统构建刑事审判中异议制度的具体建议方案。

2. 研究范围的适度限定

从广义上讲，控辩双方可能对刑事审判中的任何程序性事

绪 论

项的合法性、妥当性问题发表不同意见，所以异议制度所涉及的内容是非常庞杂的，我们比较熟悉的非法证据排除规则、管辖异议制度、回避制度、质证制度等都可能纳入或部分纳入广义的异议制度范围内。[1]如果要对这些内容进行面面俱到又不流于表面的研究，实在不是本书篇幅所能承受。因此，有必要从两个方面适度限定本书的研究范围：

第一，本书将集中研究公诉案件第一审普通程序语境下的异议问题，而不过多涉及简易程序中的异议问题。

诚然，繁简分流、层次多元，是刑事审判程序变革的普遍趋势，而在普通程序与简易程序的衔接、转换上，异议制度无疑也扮演着重要角色。但是，繁简分流本身属于庭审实质化的附属问题，普通程序的完备是刑事审判程序改革的真正核心问题，也在一定程度上成为讨论繁简分流的前提。而且，近年来，我国学者已经在研究认罪认罚从宽制度的改革与完善时，对审判程序繁简转换视域下的异议问题开展了比较激烈的讨论。相比之下，普通程序语境下的异议问题却始终没有得到应有的关注。因此，本书除了在界定广义的刑事审判中异议、讨论异议的基本类型、梳理异议相关规范时会适当超出公诉案件第一审普通程序这一语境，将集中精力关注这一语境内的异议问题。

第二，就证据异议与其他程序性异议的划分而言，本书将侧重研究刑事审判中的证据异议，即针对与证据问题相关之程序性事项的异议。

证据调查是审判的核心事务。比较法的考察也表明，无论

---

[1] 蔡元培博士所关注的所谓"辩护律师的程序异议"，就是广义的异议，据他归纳，我国辩护律师提出广义异议有三种途径——直接提出、复议提出和上诉提出。参见蔡元培："辩护律师程序异议机制初探"，载《法学杂志》2020年第10期，第132页。

在美国这样的英美法系代表法域，还是在日本这样有职权主义传统又标榜当事人主义的法域，伴随着刑事审判对抗化的深入，证据异议都会成为最重要、最基本的异议类型，证据异议制度也当仁不让地成为刑事审判中异议制度的重心所在。可见，将证据异议制度作为主要研究对象是有其合理性的。而且，诸如管辖异议、申请回避等其他程序性异议，我国学界也已有比较深入的研究，相比之下，证据异议才是异议制度研究真正的盲区所在。

在双重限定之下，还需要说明的是，就指向诉讼相对方的异议和指向审判方的异议而言，虽然前者无疑是本书研究的重点，但本书同时也会兼顾对后者的研究。从法理上讲，指向审判方的异议，主要被视为控辩双方应对审判方不法、不当行为的监督、救济机制，因此，即使在德国这样的传统职权主义法域，刑事诉讼法典也明文确认了控辩双方提出指向审判方的异议的权利。相比之下，在我国，刑事诉讼法及其司法解释尚未就控辩双方指向审判方的异议作出一般性规定。当前实践中的审辩冲突、律师"死磕"问题，与指向审判方的异议相关规则的缺失不无关联。[1]因此，本书有必要兼顾研究这一异议类型。

（三）本书的主要研究方法

此处需要特别说明的研究方法有两种，一是比较研究方法，二是实证分析方法。当然，除去这两种方法，出于研究需要，本书还在不同程度上运用了系统分析和规范分析的方法。

1. 对比较研究方法的说明

刑事审判中异议制度在我国尚未完全确立，但在其他法域可能已经相对成熟。在这一背景下，要完成预定的研究目标，

---

[1] 参见龙宗智："刑事庭审人证调查规则的完善"，载《当代法学》2018年第1期，第3页。

当然要求合理运用比较研究方法，充分参考、借鉴、吸收其他法域的改革实践经验。本书的比较研究，同时涉及制度实践与理论研究两个层面，笔者在个人能力范围内，尽可能地收集了一定数量的研究资料，这其中既有成文法例、重要判例、法庭实录，也有其他国家和地区学者的理论著述。由于个人语言能力以及研究时限等方面的主客观限制，本书只能以典型法域的典型制度成例为基础展开比较研究，因此在研究的横向面上确实有限。不过，在笔者看来，比研究广度更重要的是研究深度，是通过深入的比较分析来帮助实现理解与构建、完善刑事审判中异议制度这一目标。

本书第三章和第四章的比较法考察将高度侧重于对美国、日本刑事审判中异议制度的述评。笔者之所以集中考察美国刑事审判中异议制度，是将其视作英美法语境下异议制度的代表。毫无疑问，美国刑事审判是当今世界最典型、最发达的对抗式刑事审判，相应地，美国刑事审判中异议制度也最发达，美国学者对异议制度的学理讨论也持久而深入。诚然，我国刑事审判对抗化的未来走向几乎不可能是纯粹的"美国化"，但是，不能因此就断言美国异议制度理论与实践对我国毫无参考、借鉴价值。笔者之所以集中考察日本刑事审判中异议制度，是因为日本是大陆法系传统国家中刑事审判对抗化改革的典型代表。[1]

---

[1] 诚然，就连许多日本学者也强调日本现行刑事诉讼制度已经在很大程度上脱离职权主义传统，融入当事人主义因素，而形成了一种混合模式。参见［日］土本武司：《日本刑事诉讼法要义》，董璠舆、宋英辉译，五南图书出版公司1997年版，第14页。不能否认的是，日本曾经有着深厚的职权主义传统，虽然经历了旷日持久的当事人主义改革，但是日本刑事诉讼制度依然存在诸多职权主义因素，司法实践更是远远谈不上到理想的对抗化状态。所以，从刑事审判对抗化这一动态视角看，我们完全可以将日本视为大陆法系国家中刑事审判对抗化改革的典型代表。

当然，考虑到比较研究方法存在许多固有的局限性，本书对这一研究方法的运用将尽可能保持小心谨慎，以促进探索符合我国实际的刑事审判中异议制度为归宿。达马斯卡就曾忠告：

"经验表明，被引入的外国证据法规则或者实践做法，在和新环境的交互作用中改变其原有特性是多么轻而易举。即便是原文照搬的同一规则，在变换后的制度背景下，也会获致相异的意义，产生不同的结果。可以如是说：如果乐器和演奏者变了，奏出的法律乐曲也会随之改变。"[1]

2. 对实证分析方法的说明

本书对实证分析方法的运用主要涉及三个方面：[2]

第一，问卷调查。2017年7月至9月，笔者在全国范围内，以网络问卷的方式，就刑事审判中异议制度相关问题，对法官（含法官助理）、检察官（含助理检察员）和律师（含律师助理、实习律师）进行了调研。经过筛查，最终回收有效问卷228份，其中律师答卷101份，检察官答卷170份，法官答卷57份。这次调研的地域范围具体涉及四川、重庆、陕西、甘肃、新疆、山西、云南、广东、上海、北京、山东等多地。

之所以分别设置问卷，是为了保证调研具有针对性，能够契合不同受访者群体的特殊性。同时，考虑到问卷调研可能存在虚假无效答卷，不同问卷都设计有一些便于通过受访者答题情况的逻辑关联而排除无效问卷的问题。但是，也需要承认的

---

[1] [美]米尔吉安·R.达马斯卡：《比较法视野中的证据制度》，吴宏耀、魏晓娜等译，中国人民公安大学出版社2006年版，第232页。

[2] 不得不承认，受限于笔者的研究能力和经验，即使尝试了下列多种分析方法，本书对刑事审判中异议现象的实证分析无疑还是初步的，甚至会显得稚嫩，有待于进一步挖掘。

是，由于研究经验的欠缺，三份问卷在设计上难免存在一些缺憾，这不可避免地会对调研结论的准确性和说服力产生不利影响。也正因如此，本书同时还运用了个案分析、个人访谈等实证分析方法，希望能通过不同方法下调研结论的相互补充、修正，来提升实证分析的质量。

第二，个案分析。在2017年7月至2018年5月，笔者通过中国庭审公开网（http://tingshen.court.gov.cn/），随机收集整理了数十起刑事一审案件的庭审实录，涉及的案由包括故意杀人、故意伤害、交通肇事、盗窃、走私、贪污、受贿等类型，既有中级人民法院一审案件，也有基层人民法院一审案件，涉及四川、重庆、陕西、山西、广东、上海等地。除此之外，笔者还亲自旁听、追踪关注了一些典型案件的审理过程，如S省C市Q区法院审理的一起辩护人妨害作证案，该案庭审耗时两天，近30个小时，多位证人出庭作证，控辩双方对抗激烈且均多次声明异议。该案无疑是本书重要的研究素材。

第三，个人访谈。在前述时间段和2018年7月至9月，笔者在重庆、四川等地，对部分接受问卷调查的法官、检察官和律师进行了一对一的访谈，借此进一步了解受访者对于刑事审判中异议制度的认识、态度，听取了他们对于相关制度改革的看法、建议。

第一章　刑事审判中异议制度概论

第一节　核心概念的界定及其辨析

"如果在词项和概念上发生误解和分歧，我们的思维就会陷入混乱，交流就无法正常进行。"[1]一个现实难题在于，学界和实务界至今没有就异议和异议制度的含义达成共识。在调研过程中，无论是问卷调查还是一对一访谈，笔者都需要花费一定的笔墨或口舌向受访者说明刑事审判中异议（以及异议制度）到底（大概）是什么。而多数受访者都表示说不清楚刑事审判中异议以及异议制度的确切含义，也不清楚异议与质证（包括证据三性审查）和辩论等概念的区别与联系。甚至有受访者表示，自己对刑事审判中异议的认识主要不是来源于亲身实践，而是来自对英美影视作品中展示的英美对抗式审判的观察。

一、什么是刑事审判中异议

（一）本书对刑事审判中异议的定义

异议，或曰诉讼异议、反对、抗议，[2]无疑是刑事审判中

---

[1] 陈波：《逻辑学十五讲》（第二版），北京大学出版社2016年版，第57页。
[2] 龙宗智教授将"objection"表述为"诉讼异议"，参见龙宗智：《刑事庭审制度研究》，中国政法大学出版社2001年版，第225页。我国台湾地区学者吴懿婷在翻译美国学者史蒂芬·卢贝特的专著《现代诉讼辩护分析与实务》时，将"objection"

第一章　刑事审判中异议制度概论

异议制度研究所涉及的最基础、最核心的概念。在日常生活中，异议的含义简单而明确，就是指"不同的意见"[1]。同样，如果宽泛理解，控辩各方在刑事审判中针对各种程序问题、实体问题发表的不同意见，似乎都属于异议。不过，本书所讨论的异议，仅指控辩双方针对程序性问题的合法性、妥当性发表的不同意见，而不包括控辩双方针对实体问题发表的不同意见。更进一步说，控辩双方对程序性问题的合法性、妥当性发表不同意见，并不是简单发发牢骚，而是为了寻求法院对其"挑明"的问题予以适当裁断、处置。

本书将刑事审判中异议定义为：

控辩之一方针对审判中已经或即将发生之程序性事项的合法性、妥当性争议，为寻求法院的即刻裁断而提出的正式反对意见。

这一定义主要参考了《布莱克法律词典》对"objection"的定义，以及日本学者土本武司对《日本刑事诉讼法》第309条中"異議を申し立て"的定义。根据前者，英美法上所谓"objection"，是"一种针对已经或即将发生于法庭之上的事项，为寻求法官即刻裁断而提出的正式反对意见"[2]。根据后者，日

(接上页) 翻译为"反对"。参见［美］史蒂芬·卢贝特：《现代诉讼辩护分析与实务》，吴懿婷译，商周出版社2002年版，第273页。笔者在调研过程中，通过旁听庭审见证的许多异议情况，控辩双方也是直接表示："审判长，我反对！"汤维建教授在将"objection"表述为"异议"的同时，则使用了"抗议"——"在证人对传闻证据作证时，律师便可以提出这样的异议：'我抗议，这是传闻证据。'"汤维建："美国的对抗制审判方式"，载《比较法研究》1996年第4期，第421页。

[1] 中国社会科学院语言研究所词典编辑室编：《现代汉语词典》（第五版），商务印书馆2005年版，第1615页。

[2] See Bryan A. Garner, *Black's Law Dictionary*, 9th ed., West Group, 2009, p.1178.

本法上所谓"異議を申し立て"，是"以法院、法官或诉讼关系人的诉讼行为违法或不当为由，要求法院予以适当处置的意思表示"〔1〕。

首先需要说明的是，这里所界定的，是广义的刑事审判中异议，其虽然将控辩双方围绕实体问题的不同意见剔除出来，但所包含的内容依然非常丰富，诸如管辖异议、回避申请、要求不公开审理、反对简化审判程序等，均可能全部纳入或部分纳入该定义所指称的异议。在学理上，我们可基于不同的标准，对广义的刑事审判中异议加以划分，在划分的基础上，可以明确在类型繁复的异议中，哪些居于核心地位。〔2〕

这一定义中，"合法性争议"与"妥当性争议"的含义与关联值得进一步说明。根据土本武司的解读，在日本刑事审判中，所谓"不合法"，属于对异议事项进行的"程序上评价"，即主张相关事项违反了明定的程序规则；所谓"不妥当"，是对异议事项进行的"实体上评价"，即主张相关事项对特定诉讼原则、合法性权益等有实质性的不良影响。〔3〕可见，就相互关系而言，"不合法"的评价不必涉及"妥当性"问题，而"不妥当"的评价也不以"不合法"为前提条件。在美国刑事审判中，虽然成文规则和判例中并不明确将异议的理由作合法性与妥当性的区分，但是实践中这一区分是客观存在的——以美国刑事审判中的证据异议为例，有观点认为，人证调查过程中的证据

---

〔1〕［日］土本武司：《日本刑事诉讼法要义》，董璠舆、宋英辉译，五南图书出版公司1997年版，第242页。

〔2〕正如绪论中已经说明的，受限于篇幅，本书难以对广义的刑事审判中异议展开面面俱到的研究，而不得不适当限定研究范围。但是，此处对刑事审判中异议的概念界定，仍有必要首先明确其广义的含义。

〔3〕［日］土本武司：《日本刑事诉讼法要义》，董璠舆、宋英辉译，五南图书出版公司1997年版，第242页。

异议可划分为"对不适当提问形式的异议"和"对答复之可采性的异议"两种主要类型,其中,前一种异议意在控制提问方式和盘问者的行为,这些异议"是由传统的审判惯例和审判法官的自由裁量权来支配的,而不受正式的证据规则规制"[1],后一种异议则意在排除不可采的证据,"即使是措辞讲究的提问,只要它寻求为证据排除规则所禁止的问题,或者问题的相关性或基础尚待确定,就可以提出这样的异议"[2]。

在理论上区分"合法性争议"与"妥当性争议",实质上确认并强调了异议理由的开放性,即控辩双方就刑事审判中的程序性事项发表不同意见,不以该事项有违实定的禁止性规则为限。承认异议理由开放性的重大意义在于,如果异议只能以非常有限的理由提出,那么异议制度的地位与功能将被大大限缩,尤其是控辩双方对刑事审判的过程控制将高度受限,进而背离刑事审判对抗化的核心精神。从比较法上看,在美国、日本等异议制度相对完备的法域,异议理由的开放性均为异议制度的重要特征——就证据异议而言,在美国,"虽然异议最常用于证人证言的提问或回答过程之中,但它也可以用于任何类型的证据,包括:实物证据、示意证据或证言……常规异议或样板异议一览表不应混淆这样的事实,即一项异议可能基于任何排除证据的规则或原则。这些原则的某些方面也许没有在一般样板术语中得到充分表达"[3];在日本,虽然对于有关证据调查的决定,以及审判长基于诉讼指挥或法庭警察权所作出的与

---

[1] [美]罗纳德·J.艾伦等:《证据法:文本、问题和案例》(第三版),张保生、王进喜、赵滢译,高等教育出版社2006年版,第125页。

[2] [美]罗纳德·J.艾伦等:《证据法:文本、问题和案例》(第三版),张保生、王进喜、赵滢译,高等教育出版社2006年版,第125页。

[3] [美]罗纳德·J.艾伦等:《证据法:文本、问题和案例》(第三版),张保生、王进喜、赵滢译,高等教育出版社2006年版,第129页。

证据调查无关的处分，只能以"不合法"作为异议理由，但是理论通说和实践惯例表明，这一限缩只是基于诉讼效率的变通考虑，[1]而在更大范围内，日本还是尽可能维系异议理由的开放性，比如，日本通说将审判长实施的有关证据调查的处分行为界定为"证据调查相关事项"，进而主张控辩双方可以"不妥当"为异议理由。[2]

还要注意到，就性质而言，异议作为由控辩之一方提出的正式反对意见，是一种特殊的诉讼行为。表面上看，意见是一个"静态"名词，但是，意见总是由一定主体以一定方式表达出来的，所以，意见必然有"动态"的一面。我国学者编撰的《元照英美法词典》在定义"objection"时，就察觉到了异议作为"正式反对意见"的动态性，因而将异议界定为："对诉讼或其他法律程序中已经发生或将要发生的某一行为或情况等表示反对意见并要求法官作出及时裁决的行为。"[3]

将异议理解为一种诉讼行为，不存在理论上的障碍。[4]根

---

〔1〕 如果允许对属于审判长裁量范围的妥当性问题进行争辩，会导致诉讼程序的拖延。[日]土本武司：《日本刑事诉讼法要义》，董璠舆、宋英辉译，五南图书出版公司1997年版，第243页。据土本武司介绍，在新刑事诉讼法实施之后，日本就法院作出的与证据调查相关的决定，以及没有事后声明不服之救济机制的法院决定，存在过"不得声请异议"和"有权声请异议"的争论，日本1951年对刑事诉讼规则进行修正时，通过对异议根据进行"不合法"与"不妥当"的区分，实质上就对法院决定的异议问题采取了折中的方案。

〔2〕 [日]土本武司：《日本刑事诉讼法要义》，董璠舆、宋英辉译，五南图书出版公司1997年版，第243页。

〔3〕 薛波主编：《元照英美法词典》（缩印版），北京大学出版社2013年版，第991页。

〔4〕 坦率地说，我国大陆地区学界对诉讼行为理论的研究尚不深入，受我国台湾地区学者早期研究和一些德、日译著的影响明显。关于诉讼行为理论研究脉络与现状检讨，可参见马永平："刑事程序性法律后果研究"，中国社会科学院研究生院2017年博士学位论文，第104—110页。本书对诉讼行为理论的运用，主要也是基于我国台湾地区学者的论见。

据外延宽窄，可对诉讼行为作不同层次的理解。就广义而言，"由于整个诉讼程序是由一连串的诉讼参与人的活动所组成的，诸如逮捕、羁押、讯问、判决等，所有这些诉讼上的相关活动，不问其方式为何，都可以称为诉讼行为"[1]。而为避免概念失之宽泛，也有观点认为诉讼行为应限缩为"在诉讼程序中能按意愿达到所期望之法律后果，并促使诉讼程序继续进行之意思表示"[2]。显然，无论对诉讼行为作宽泛还是克制的理解，异议都属于典型的诉讼行为。

(二) 刑事审判中异议的特点

作为一种特殊的诉讼行为，刑事审判中异议有如下特点：

第一，异议是典型的当事人行为，而非法官行为或第三人行为。"诉讼行为，因其行为主体之不同，得分为法院行为、当事人行为与第三人行为三种。"[3]与法院行为不同，异议系由当事人[4]提出的正式反对意见，其针对审判中已经或即将发生的特定事项，目的在于寻求法院对程序性争议的即刻裁断、处置。相比之下，如果法院在审判中打断或者质疑其他诉讼各方，则属于进行诉讼指挥，而非声明异议。当然，法院对异议进行裁

---

[1] 林钰雄：《刑事诉讼法》（上册），元照出版有限公司2013年版，第251页。

[2] ［德］Claus Roxin：《德国刑事诉讼法》，吴丽琪译，三民书局1998年版，第222页。

[3] 陈朴生：《刑事诉讼法实务》（重订版），自印，1995年，第132页。需要说明的是，这里所指当事人，是从理论上宽泛地指向控辩双方，所以辩护律师、法定代理人或诉讼代理人的行为属于这里所讲的当事人行为。陈朴生在界定第三人行为时，称第三人行为"乃法院、检察官（及其辅助机关）、自诉人（包括代理人、辅佐人）及被告（包括辩护人、辅佐人及代理人）以外之人之行为"（第136页），可见其就是将当事人作宽泛理解的。

[4] 在学理上，当事人指控辩双方，在公诉案件中也就是公诉人、被告人。我国现行《刑事诉讼法》第106条将公诉案件的被害人纳入"当事人范畴"，在法理上存在争议。我国构建异议制度，可以成为调整刑事诉讼法中"当事人"范围的契机。详见本书第六章第一节。

断，则属于典型的法院行为。至于所谓第三人行为，则是一种学理上的说法，泛指除法院与当事人之外，其他诉讼参与人，如证人、鉴定人、翻译人员等在审判中的行为。他们在审判中的活动只在宽泛意义上被视作诉讼行为，这些活动虽可能与审判有重要联系，但未必产生特定的法律效果。比如，证人在接受询问时，对问题或发问方式表达不满或不解，并不构成异议。

第二，异议是兼具声请与主张之形式的特殊当事人行为。当事人行为，可区分为声请、立证、陈述以及主张等形式。[1] 声请，指请求法院作出特定裁断的意思表示。所谓主张，也称辩论或意见，是当事人事实或法律上意见的陈述。异议同时具备了声请与主张之形式。一方面，异议所包含的意思表示，无疑是要求法院即刻作出特定裁断，因而属于声请；另一方面，异议当然是一项主张，即表明异议方对特定事项的反对立场。由于这种复合性，异议声明在激活法院程序性裁判权的同时，也可能引发控辩双方就程序性争议的争辩。

第三，异议属于兼具实体形成意义的程序形成行为。"诉讼行为，因与诉讼之关系不同，得分为形成实体行为与形成程序行为二种"，通说认为这种分类不宜绝对化，"因为诉讼行为虽然也有单纯属于程序行为性质的，……但往往同时具有实体形成和程序形成的功能"[2]。程序形成与实体形成的说法颇为抽象晦涩，按笔者理解，所谓程序形成，指特定行为影响到诉讼程序的推进或消灭；而实体形成，则指诉讼行为对裁判者的认识或心证产生影响。一方面，异议显然能够影响程序进程，因而具有程序形成意义——理想状态下，一旦控辩之一方声明异议，法院就必须暂时停止正在进行中的诉讼程序，并对异议加

---

[1] 陈朴生：《刑事诉讼法实务》（重订版），自印，1995年，第133页。

[2] 陈朴生：《刑事诉讼法实务》（重订版），自印，1995年，第137页。

以裁断、处置,而异议裁断的结果会直接影响到诉讼程序的下一步走向。另一方面,异议在影响诉讼程序进程的同时,也以直接或间接的方式发挥实体形成作用。比如,实践中控辩双方可能在缺乏有效条件的情况下,策略性地提出异议,通过异议对裁判者的认识或心证产生影响。吴洪淇在分析对抗式审判时,指出控辩一方在不当误导证人或恶意弹劾证人可信性时,另一方可通过声明异议来消除这种不良影响,显然也体现出异议的实体形成效果。[1]

第四,异议在多数情况下属于典型的取效诉讼行为。诉讼行为以效力不同为标准,可区分为取效行为和与效行为。"取效行为是指诉讼行为的目标仅在于引发另外一个诉讼行为,亦即,作用仅在于透过影响另外一个诉讼主体的行为(尤其是法院判决)来形成程序而已……反之,与效行为则是直接形成特定诉讼结果的诉讼行为,原则上并不取决于其他诉讼主体的诉讼行为,例如上诉之舍弃与撤回。"[2]异议虽然表明异议方对特定事项的反对立场,但是在通常情况下,其直接效力仅表现为向法院"挑明"特定争议,进而激活法院的程序性裁判权。很少存在当事人的异议能够直接形成特定诉讼结果的情况。需要说明的是,尽管实践中往往控辩各方一声明异议,诉讼进程就被"打断",但实质上,异议声明的这种"打断"庭审的效果,仍然是以审判方注意到异议声明并通过诉讼指挥来暂停庭审为条件的。

(三)刑事审判中异议的声明与裁断

区分并全面认识异议的声明与裁断,是准确、深刻地把握

---

[1] 吴洪淇:《转型的逻辑:证据法的运行环境与内部结构》,中国政法大学出版社2013年版,第87页。

[2] 林钰雄:《刑事诉讼法》(上册),元照出版有限公司2013年版,第251页。

刑事审判中异议现象的基本要求。声明作为动词，意指"公开表态或者说明"[1]，所谓声明异议，也就是控辩之一方依照法定程式表达出对审判中程序性事项合法性、妥当性问题的不同意见。前面对异议的定义，实际上就是从异议声明的角度给出的。裁断作为动词，则指"裁决判断、考虑决定"[2]，所谓异议裁断，也就是审判方依照法定程式对异议声明作出判断、处置。显然，作为典型的法院诉讼行为，异议裁断与异议声明关系紧密，一旦控辩之一方声明异议，审判方的程序性裁判权即被激活，其就负有应控辩双方之要求裁断异议的职责。

异议的声明与裁断，共同组成了审判实践中的异议现象。声明与裁断作为对应概念，蕴含着控辩双方之诉权与审判方之裁判权的互动关系。我们观察和研究异议现象，必须同时关注这两个方面。刑事审判中异议制度，则是以"异议声明"与"异议裁断"为基本环节的程序制度安排的总和。从法理上讲，异议声明与裁断在基本类型和程序构造上存在明显的相互照应关系，两者相互结合后共同承载着特定的预期功能。但是，由于分属不同性质的诉讼行为，两者所适配的理论分析框架、所蕴含的运行原理特征以及所遵循的基本原则都存在比较明显的差异。[3]有鉴于异议声明与裁断的特殊关系，本书接下来在必要时（如接下来的概念辨析）会有意识地对异议声明与裁断分别阐述。

---

〔1〕 中国社会科学院语言研究所词典编辑室编:《现代汉语词典》（第五版），商务印书馆2005年版，第1222页。

〔2〕 中国社会科学院语言研究所词典编辑室编:《现代汉语词典》（第五版），商务印书馆2005年版，第124页。

〔3〕 详见本书第二章。

二、刑事审判中异议声明与裁断同相关概念的辨析

我国理论界与实务界至今对刑事审判中异议的关注很少，导致在通行的刑事诉讼概念体系中难以找到异议的位置。本书计划对刑事审判中异议制度加以专门性的系统研究，就有必要将该制度的核心概念与若干相关概念加以辨析。刑事审判实践中的异议现象由异议声明与裁断共同组成，而两者又存在差异，因此概念辨析应当分别展开。

（一）刑事审判中异议声明与相关概念的辨析

异议声明属于特殊的当事人诉讼行为，结合文献综述和调研情况，笔者认为，在此有必要加以辨析的相关概念包括：质证、动议、辩论。

1. 异议声明与质证的辨析

质证，是我国刑事审判实践中极为常见，同时在理论研究中极受重视的概念。质证的基本含义是"诉讼当事人及其法律代理人在审判过程中针对对方举出的证据进行的质疑和质问"[1]。质证的基本方法包括针对人证的对质、质问和针对物证、书面卷证的辨认与发表质证意见。[2]在我国，质证是在审判中贯彻证据裁判原则的关键一环。根据《最高人民法院关于适用〈中华人民共和国刑事诉讼法〉的解释》（以下简称《最高法刑诉解释》）第71条，经过当庭质证，是特定证据获得成为定案根据的资格的必要条件。

此处对异议声明与质证的辨析实际涉及的是证据异议与质

---

[1] 何家弘、刘品新：《证据法学》（第五版），法律出版社2013年版，第233页。

[2] 参见尚华："论质证"，中国政法大学2011年博士学位论文，第7、38页。

的关系。调研表明,实务界人士普遍对两者的关系感到困惑,〔1〕而反观理论研究现状,鲜有学者对证据异议与质证的关系进行专门研究。目前,有关证据异议与质证的关系主要有两种意见。第一种可称为等同说或包含说,即将证据异议与质证大体上视为一物,将异议规则视为法庭质证规则的组成部分。〔2〕第二种可称为区分说,即认为控辩双方的证据异议同质证有所不同,应当予以区分对待。如龙宗智教授就认为,"法庭调查中的'诉讼异议',仅指对于证据调查的异议,而非对证据本身的异议,后者属于质证行为"〔3〕。比较之下,尽管对于具体应当如何区分证据异议与质证有不同看法,但笔者还是更倾向于认同区分说,即不应将证据异议与质证简单等同。〔4〕

两相比较,质证主要是围绕特定证据自身的证据能力与证明力,或者说其相关性、真实性以及合法性展开,〔5〕强调的是对特定证据本身的核验、查证、质疑。而证据异议的内容更为宽泛,尤其是涉及有关控辩双方举示证据的请求、证据调查方式以及法官有关证据问题的裁断等诸多超出证据自身的内容,

---

〔1〕 参见本书第五章第二节。

〔2〕 参见王颂勃:《刑事诉讼法庭质证规则研究》,中国人民公安大学出版社2015年版,第139—141页。

〔3〕 龙宗智:"刑事庭审人证调查规则的完善",载《当代法学》2018年第1期,第3页。

〔4〕 当然,具体如何区分证据异议与质证,是否应当且可能对二者作出截然区分,仍然是一个极具争议的问题,笔者对此的观点,详见本书第五章第四节。

〔5〕 我国实务界在传统上从证据三性角度把握质证的内容,例如,2007年《公诉人出庭举证质证指导意见(试行)》第3条将质证定义为:"……由控辩双方对所出示证据材料的合法性、客观性和关联性相互进行质疑和辩驳……的诉讼活动。"只是近年来受到证据两力论的影响,实务界试图扩展质证的内容,将两力加进来与证据三性并列,例如,2017年《律师办理刑事案件规范》第95条第2款规定:"辩护律师应当围绕证据的真实性、合法性、关联性,就证据资格、证明力以及……发表质证意见。"目前,实务界对证据三性两力的认识尚处于混乱、模糊阶段。

这就可能远远超出质证的范围。[1]诚然，证据异议可能涉及证据排除问题，而质证也可能引发证据能力争论，因此证据异议与质证可能存在一定关联，但是，这并不意味着两者就完全等同。在我国语境下，首先明确证据异议与质证有着基本区分，意识到两者不能简单等同，是讨论刑事审判中异议制度构建与完善的基本要求。

同时，也应当注意到，质证是一个根植于我国传统证据理论与实践的本土化概念，质证的内容与方式，只有基于传统的证据三性论和我国以"卷证"为核心的证据调查实践才能得到准确的理解与把握。尽管近年来许多学者试图将其他法域的交叉询问、对质权等理论及制度实践与质证对应起来，[2]但是这些理论与实践同我国语境下的质证无疑存在着较大差别。[3]相比之下，异议是我国传统理论与实践长期忽视的概念，异议制度是在与我国完全不同的理论与实践中成长起来的。因此，要完全基于我国传统的证据理论与实践来把握异议声明与质证的区别与联系，恐怕并不明智。更为审慎的意见是，对异议制度的研究，以及对异议声明与质证的辨析，在一定程度上依赖于对传统理论与实践的检讨，同时这种辨析也会促进传统理论与实践的更新。[4]

---

[1] 准确而言，在理论上，证据异议的对象是否超出对证据本身的质疑，关键取决于如何理解证据能力这一范畴——如果按照"严格证明资格说"，针对证据调查方式的请求、方式等问题的异议，就不能纳入证据能力争议的范畴，但是，如果按照"定案根据资格说"，这些异议本质上涉及严格证明法则的适用问题，属于证据能力的积极查证要件范围，也就纳入证据能力争议的范畴。详见本书第五章第四节。

[2] 参见张建伟："'质证'的误解误用及其本义"，载《检察日报》2012年11月1日，第3版。

[3] 参见万旭："'质证'的内涵不限于交叉询问"，载《检察日报》2018年1月10日，第3版。

[4] 详见本书第五章第四节。

2. 异议声明与动议的辨析

动议，也表述为申请、请求，在英文上与"motion""petition"对应。[1]作为一种当事人行为，动议是控辩之一方请求法院就特定事项作出裁断的意思表示。与异议类似，动议也兼具声请与主张的形式。两相比较，动议的外延广于异议，这意味着异议属于一种特殊的动议。由此，尽管任何异议都属于动议，但反之则不然。两者最大的区别在于，异议声明表达的是正式而明确的反对意见，异议的提出必然是对特定程序性事项的合法性、妥当性有所质疑。相比之下，申请人提出动议，可能只是单纯基于特定诉讼利益或策略的考虑，而未必包含明确的质疑倾向，比如，请求法庭采取不暴露外貌、真实声音等措施保护出庭作证的脆弱证人。[2]

实践中，有时受语义约定影响，当事人的异议声明会被称为动议或申请。比如，我国实践中常见的申请排除非法证据，更确切而言实属异议；美国刑事审判中，辩护方在开庭前提出的证据免提动议（motion in limine）和非法证据排除动议（motion to suppress）也是如此。同时，在许多情况下，动议本身可能成为异议所反对的程序性事项。比如，根据《最高法刑诉解释》第203条，控辩之一方申请证人出庭作证时，相对方有权以该证据无关、明显重复或不必要等理由声明异议。

---

[1] 根据《元照英美法词典》，"motion"的词义之一是"向法庭或法官提出的、请求作出对申请人有利的裁决、命令或指示的行为"，"petition"的词义之一是"向法院或其他官方机构提交正式书面文件，请求其行使职权以纠正不法行为或授予某种特权或许可或就特定事项采取司法措施"。薛波主编：《元照英美法词典》（缩印版），北京大学出版社2013年版，第932、1052页。

[2] 这并不是说一般的申请不会与对造利益发生冲突，而只是强调一般的动议可能并不以反对特定程序性事项的合法性、妥当性为前提。实际上，正是因为一般的申请也可能与对造利益有冲突，申请本身才可能成为对造异议的对象。

动议与异议,是当事人参与诉讼进程的主要手段。在刑事审判中,辩护方能否顺畅地提出动议、声明异议,是衡量其诉讼主体地位实质化程度的关键标尺。如作进一步比较,异议相比于一般的动议,更能彰显审判的对抗性。这是因为,动议的提出与裁断过程并不必然要求刑事诉讼程序的整体构造具有对抗化因素,而异议则不仅自身在声明与裁断过程中容易呈现出对抗化构造,还对刑事程序整体的对抗化程度有更高的要求。在我国,2017年发布的《最高人民法院关于全面推进以审判为中心的刑事诉讼制度改革的实施意见》(以下简称《审判中心改革实施意见》)和"三项规程"中,有多个条文在表述上有意识地将"申请(动议)"与"异议"并列表述,这本身可以解读为改革迈向控辩对抗实质化的具体表征。

3. 异议声明与辩论的辨析

辩论,就刑事审判而言,指在法庭审理中,控辩各方围绕定罪、量刑、程序问题,对证据和案件其他情况发表各自意见并相互争辩。[1]这种意义上的辩论,在英文上贴近于"argument"。[2]在实践中,异议声明和裁断过程往往伴随着控辩双方围绕特定程序性事项之合法性、妥当性问题的辩论。在美国,有学者指出,虽然异议制度的具体程序设置在不同司法辖区存在差异(甚至在同一司法辖区的不同法官之间也可能存在区别),但总体上,在由异议声明到异议裁断的整个过程中,辩论是一个典型环节。而且,如需进行辩论,而案件又恰好系陪审团

---

[1] 参见孙长永主编:《刑事诉讼法学》(第三版),法律出版社2016年版,第331页。

[2] 根据《布莱克法律词典》,"argument"意指:一种意在说服的陈述,尤其指律师为了协助裁判者(作出判断),而在分析、明确或批驳某一论断时发表的言论;意在说服的行为或过程。See Bryan A. Garner, *Black's Law Dictionary*, 9th ed., West Group, 2009, p. 121.

审判,则异议引致的辩论原则上应当在陪审团不在场的情况下进行。[1]罗纳德·J.艾伦教授等人则指出:"异议提出之后,通常会发生三种情况之一。法院将'支持'(sustain)该异议,驳回(overrule)该异议或要求律师作进一步的详述或辩论。……如果法官对异议直接作出裁定,在审判继续进行之前,被驳回的律师也许感到有必要再作进一步的辩论,就可以请求到法官席来争辩其观点。"[2]在我国,笔者的调研情况则表明,我国刑事审判中虽然异议声明的情况相比于美国实践来说并不多见,可是,一旦控辩之一方声明异议,很可能就会引发双方的辩论。[3]

控辩双方就异议事项展开辩论,既是控辩双方平等对抗、共同主导审判程序进程的题中之义,也有助于审判方在裁断异议时实现兼听则明、公正裁断。许多法域在制度设计上就有意识地为控辩双方在异议程序中展开辩论开辟空间。比如,在美国,刑事审判中设有与证据异议相对应的补证规则,允许被异议一方进行有针对性的补充证明[4];在我国台湾地区,现行"刑事诉讼法"针对交叉诘问中的异议问题,于第 167-2 条第 3 款专门规定,在控辩之一方声明异议时,"他造当事人、代理人或辩护人,得于审判长处分前,就该异议陈述意见"。目前,我

---

〔1〕 See Dennis D. Prater et al. , *Evidence*:*The Objection Method*, LexisNexis, 2007, p. 34. 此书所描述的美国刑事审判中异议的程序包括:①对造起立,以引起法官的注意;②对造声明"异议",并简要说明异议基础,如"传闻"或者"未奠定基础";③被异议方就异议作出简要回应;④如果需要辩论,而案件又由陪审团审判,则辩论应当在陪审团不在场的情况下进行;⑤法官就异议作出裁断,有时法官会在听取异议声明后直接作出裁断;⑥如果法官裁断异议有效,被异议方应当进行补证(offer of proof),以保留上诉争点。

〔2〕 [美]罗纳德·J. 艾伦等:《证据法:文本、问题和案例》(第三版),张保生、王进喜、赵滢译,高等教育出版社 2006 年版,第 124 页。

〔3〕 详见本书第五章第二节。

〔4〕 详见本书第四章第一节。

第一章 刑事审判中异议制度概论

国《刑事诉讼法》及司法解释虽然还未明确规范异议事项的辩论问题，但《法庭调查规程（试行）》第21条已经规定："……对方当庭提出异议的，发问方应当说明发问理由……"[1]此外，中华全国律师协会（以下简称"全国律协"）于2017年修订的《律师办理刑事案件规范》第94条明确规定，辩护律师在发问时，如遭到公诉人声明异议，可以进行反驳。

当然，异议与辩论虽有关联，但也存在明显区别。一方面，辩论的发生并不以某一方声明异议为必要条件。也就是说，控辩双方即使均未声明异议，辩论仍然可能发生。比如，我国刑事一审普通程序中存在相对独立的法庭辩论环节，在此环节，审判长可以主动引导控辩双方"对证据和案件情况发表意见并且可以互相辩论"。[2]另一方面，辩论所争议的事项并不局限于程序性事项。实际上，对于任何一个具体的刑事个案而言，程序性事项在某种意义上都不是审判的"核心问题"——审判的"焦点"当然在于罪与非罪、罪多罪少、罪轻罪重这样的实体问题。有学者和实务界人士将刑事审判中，在相对独立的法庭辩论环节，于法庭引导下，主要围绕实体问题展开的辩论称为"大辩论"；将在此环节外，控辩双方就包括证据事项在内的程序性事项而发生的主动争辩称为"小辩论"。[3]这种说法能

---

[1]《法庭调查规程（试行）》第21条与2013年《最高法刑诉解释》第214条和1998年《最高人民法院关于执行〈中华人民共和国刑事诉讼法〉若干问题的解释》第136条、第147条有承继关系，详见本书第五章第一节。但是，允许被异议方说明理由，属于《法庭调查规程（试行）》的新增内容。

[2]《刑事诉讼法》第198条第2款。

[3] 例如，田文昌律师认为："根据我国现在（指1996年《刑事诉讼法》适用后）的庭审方式，辩论和交叉质证是不可分的，然而根据原来的旧审判方式，质证归质证，辩论归辩论，因此，经常出现这样的情况：辩护律师在质证当中提出异议，法官不让说，让辩论的时候再说。把质证和辩论严格分割的结果是质证缺乏针对性，结果质证流于形式。现在我们应该遵循一证一质一辩的原则……如果真这样做，

— 043 —

够用以比较形象地描述由异议引发的辩论与实体辩论的关系。

(二) 刑事审判中异议裁断与相关概念的辨析

异议裁断是典型的法院诉讼行为,同样结合文献综述和调研情况,笔者认为,在此有必要加以辨析的相关概念包括:认证、实体性裁判、程序性制裁。

1. 异议裁断与认证的辨析

"认证,是指法官在审判过程中对诉讼双方提出的证据,或者自行收集的证据,进行审判评断,确认其证据能力和证明力的活动。"[1]我国理论界与实务界普遍认为,举证、质证和认证是审判阶段司法证明的三个基本环节。通说认为,认证包括证据能力判定和证明力评价两个方面,涉及证据采纳与采信两个层次。[2]有必要加以辨析的,是审判方对证据异议之裁断同认证的关系。由于证据异议与质证的关系比较复杂,证据异议裁断与认证的关系应得到认真对待。

第一,证据异议裁断与认证的联结点在于证据能力问题。证据异议的内容非常宽泛,只有在证据异议针对证据能力,引出了证据举示与否、排除与否的争议时,审判方对此异议的裁断才可能属于认证。如果证据异议只是单纯针对证据调查方式的合法性、妥当性,则审判方对此类形式性异议的裁断未必属于认证。[3]相应地,审判方在证明力评价层面进行的认证活动,

---

(接上页)那么质证就应当包括对具体问题和具体观点的辩论。"顾永忠、苏凌主编:《中国式对抗制庭审方式的理论与探索》,中国检察出版社2008年版,第125页。

〔1〕 参见何家弘、刘品新:《证据法学》(第五版),法律出版社2013年版,第243页。

〔2〕 参见何家弘、刘品新:《证据法学》(第五版),法律出版社2013年版,第246页。

〔3〕 再次说明,证据异议的对象是否超出证据能力范围,关键取决于对证据能力内涵的界定,此处正文中的论述是以证据能力"严格证明资格说"为基础的,因

与证据异议的裁断就完全不是一回事了。总而言之，证据异议裁断与认证的联结点在于证据能力问题。

第二，证据异议裁断与认证的关系受刑事审判对抗化程度的深刻影响。比较法考察表明，刑事审判的对抗化程度越高，审判方对证据能力的认证就越可能受制于控辩双方的异议声明，进而以异议裁断的方式实现。比如，在美国，对证据可采性异议加以裁断，是法官进行证据可采性认证的基本方式。而且，对于控辩之一方举示的证据，如果相对方不及时声明异议，法官原则上没有依职权审查该证据是否触犯证据排除规则的义务——该证据将被视为可采。与美国相比，我国刑事审判对抗化程度较低，法官对证据能力的认证不以异议裁断为基本方式，即使控辩双方没有主动提出异议，法官仍有责任审查评断呈堂证据的证据能力。而且，由于我国法官在证据调查过程中能动性较强，控辩双方（尤其是辩护方）声明证据异议的积极性会受到压抑。

当然，即便如此，我国刑事审判实践中，法官进行认证也并非完全不顾及控辩双方的反对意见。据笔者观察，我国法官也很重视控辩双方对证据能力的异议情况，只不过具体表现与美国不同——我国法官更多是在法庭调查过程中适时主动询问控辩双方对特定证据有无异议，而控辩双方则在法官的引导下发表意见；控辩双方"无异议"的明确表态，往往成为我国法官采纳（甚至采信）特定证据的关键（甚至充分）理由。同时，最高人民法院在推进庭审实质化改革的过程中，也越来越重视控辩双方异议对认证的影响，强调审判方在认证时应当认

（接上页）而有关证据调查方式的异议不属于证据能力争议范围，但是，如果按照"定案根据资格说"，这些异议本质上涉及严格证明法则的适用，就属于证据能力的积极查证要件范围。详见本书第五章第四节。

真回应控辩双方提出的事实证据争议。[1]

第三，我国刑事审判实践中审判方认证的一些"传统特色"对证据异议裁断可能产生深刻影响。比如，我国实践中，法官更多是基于证据三性而非证据两力来把握认证的内容，进而导致在认证时往往并没从证据能力和证明力角度明确区分认证内容。相应地，许多法官也就没有明确对认证作采纳与采信的层次区分，而是将两者等同以至于混用。又如，我国法官更多倾向于"庭后认证为主，庭上认证为辅"，特别是对于控辩双方在举证、质证过程中有明显争论的证据，法官当庭认证的情况非常罕见。毫无疑问，我们在思考如何构建证据异议的裁断机制时，不可能无视这些长期积淀而成的实践特色，而应当对此予以理性分析，谨慎反思。[2]

2. 异议裁断与实体性裁判的辨析

以裁判事项的不同为主要依据，可区分程序性裁判与实体性裁判。在刑事审判中，实体性裁判也就是针对被追诉人刑事责任问题的裁判，[3]而程序性裁判则是法院针对刑事诉讼中的程序性问题进行的评价、判断与处分活动。异议声明既然是针对刑事审判中的程序性问题，与其对应的异议裁断无疑应当纳入程序性裁判的范畴，而与实体性裁判有所区别。前文也已经多次指出法院进行异议裁断，属于行使程序性裁判权。

作为程序性裁判，异议裁断相对独立于实体性裁判。这种

---

[1] 参见 2017 年《审判中心改革实施意见》第 20 条，2018 年《法庭调查规程（试行）》第 51 条。

[2] 详见本书第五章第四节。

[3] 我国刑事诉讼中区分判决、裁定、决定，其中判决即为正文中界定的实体性裁判，而裁定则既可能涉及实体问题，也可能涉及程序问题，决定则只解决程序问题。参见《刑事诉讼法学》编写组编：《刑事诉讼法学》，高等教育出版社 2017 年版，第 363 页。这里集中讨论的是判决与异议裁断的关系。

相对独立性有多重表现：

第一，异议裁断的主体可能相对独立于实体性裁判的主体。具体是否相对独立，取决于刑事审判所采取的审判组织结构。在美国的陪审团审判中，这种相对独立性尤其明显——实体性裁判权归属于陪审团，而异议裁断权则是初审法官的固有权，仅在很有限的范围内，陪审团才可能与初审法官"共享"异议裁断权。[1]相比之下，如果不存在陪审团审判这样明确的分权安排，则异议裁断主体与实体性裁判主体就可能"混同合一"。在我国，由于人民陪审员制度改革导致作为基本审判组织的合议庭在事实审和法律审上的相对分权，[2]异议裁断主体的相对独立性问题更趋复杂，值得深入研究。[3]

第二，异议裁断的程序设置相对独立于实体性裁判程序。实体性裁判往往是在庭审完结后，由审判组织通过独立评议而形成的。与此不同，异议裁断作为程序性裁判，原则上是在程序性争议经由控辩双方的异议声明而"挑明"后及时作出，其时点主要在庭审过程中，也可能在正式开庭前，但基本不可能在庭审完结后。由此，也就要求异议裁断适用有别于实体性裁判的程序展开。不过，异议裁断的这种独立性并不绝对，因为部分程序性争议的处置结果可能对实体性裁判产生深刻影响，此时为保证实体性裁判的正当性，在实体性裁判中也应对该部分异议裁断结果有所表示，这就使得异议裁断与实体性裁判存在衔接问题。

第三，异议裁断的效力相对独立于实体性裁判。异议裁断

---

[1] 有关美国刑事审判中，异议裁断权在陪审团与法官之间的分配情况，详见本书第四章第一节。

[2] 参见《中华人民共和国人民陪审员法》第20、21、22条。

[3] 受篇幅和体例所限，本书对这一重要问题暂不展开深入分析。

通常属于中间裁判，其目的不在于终结诉讼，也不具备消灭某一法院审级诉讼关系之效力。相比之下，实体性裁判则具有终结诉讼的效果。这种效力上的差异直接导致异议裁断与实体性裁判在救济程序上存在明显区别。异议裁断作为中间裁判，出于诉讼经济考虑，原则上不会匹配独立的救济程序，反而会限制对异议裁断提出即时救济。如我国台湾地区现行"刑事诉讼法"第167-6条规定，对于审判长在交叉诘问过程中的异议裁断，不得声明不服。比较之下，实体性裁判则设有专门的上诉救济程序。当然，这种区别背后也蕴含着联系，即异议裁断虽然原则上没有独立的救济程序，但是，当异议裁断确属严重错误时，当事人可以通过上诉审实现救济。例如，在美国，存在所谓"有害错误"规则，专门用以判断初审法官包括异议裁断在内的程序性裁判是否构成足以推翻原判的有害错误。[1]

3. 异议裁断与程序性制裁的辨析

20世纪90年代中期，以王敏远教授为代表，我国学者开始关注刑事诉讼中的程序性法律后果问题。[2]程序性制裁理论是程序性法律后果理论的重要发展形态，由陈瑞华教授于21世纪初提出。根据陈瑞华教授的阐释，该理论涉及两个核心概念，即程序性违法和程序性制裁，前者指刑事诉讼中的公共权力机构违反法定诉讼程序的行为，而后者则指对程序性违法所施加的法律惩罚（消极性法律后果）。[3]现如今，程序性制裁理论已发展成为涉及程序性违法、程序性制裁、程序性裁判、程序性辩

---

〔1〕 详见本书第四章第一节。

〔2〕 参见王敏远："论违反刑事诉讼程序的程序性后果"，载《中国法学》1994年第3期，第95页。

〔3〕 参见陈瑞华："程序性制裁制度研究"，载《中外法学》2003年第4期，第411页。

第一章　刑事审判中异议制度概论

护、程序性上诉乃至宪法性救济等丰富内容的复杂体系。[1]

本书对异议裁断和程序性制裁加以辨析，直接原因是，在调研过程中，一些受访者提出，既然异议制度涉及审判过程中程序性事项的合法性、妥当性争议的提出与裁断，那么法官判定特定程序性事项确有不法或不当，进而予以必要的处置，不正是一种典型的程序性制裁吗？还有意见认为，程序性制裁理论似乎可用作异议制度的理论基础。笔者认为，实务界人士的这些意见无疑具有启发性，但是就现有的程序性制裁理论而言，学界通说所讨论的程序性制裁与本书所研究的异议制度尤其是异议裁断，尚有明显区别。因此，即使要在研究异议制度时参考程序性制裁理论，[2]也首先应当对异议裁断和程序性制裁加以辨析。

毫无疑问，异议裁断与程序性制裁具有深刻的联系。异议裁断属于程序性裁判，而在程序性制裁理论体系中，程序性裁判被视为保障程序性制裁这一法律后果得以实现的重要"司法裁判机制"。[3]陈瑞华教授就程序性裁判构建提出的七项要素，几乎都可以直接"拿来"作为异议裁断机制的基本框架。[4]然而，略显意外的是，程序性制裁理论虽然经历了十几年的发展积淀，却至今没有明确涉及过刑事审判中异议制度。

这意味着，就目前而言，理论通说所理解的程序性制裁机制与本书讨论的异议裁断机制还存在差异：

---

[1] 参见陈瑞华：《刑事诉讼的前沿问题》（第四版），中国人民大学出版社2013年版，第235—241页。

[2] 本书第二章在分析异议裁断机制的运行原理时，将以隶属于程序性制裁理论体系的程序性裁判理论为分析框架。

[3] 参见陈瑞华：《程序性制裁理论》（第三版），中国法制出版社2017年版，第368—377页。

[4] 对陈瑞华教授程序性裁判理论的进一步介绍，详见本书第二章第三节。

第一，程序性制裁所关注的程序性违法在范围上排斥异议裁断所关注的程序性违法。详言之，程序性制裁仅关注公检法的程序性违法，而不关注辩护方的程序性违法；程序性制裁仅关注权益侵害性的程序性违法，而不关注所谓纯技术性的程序性违法。[1]如此一来，程序性制裁就具有强烈的"公权制约取向"和"权利救济导向"。相比之下，异议裁断则同时关注辩护方程序性违法和非权益侵害性的程序性违法，这就从根本上使得异议制度难以进入程序性制裁理论体系。

第二，程序性制裁所关注的程序性裁判明显属于针对程序性违法的事后救济型裁判机制，相关学者对程序性制裁的基本价值、功能原理的阐释，无不体现出以程序性制裁为事后救济机制这一基本判断。[2]相比之下，异议裁断具有更为明显的即时对抗性，因此也难以进入相关学者的研究视野。

第三，程序性制裁更加关注控辩双方在刑事诉讼中的不平等性，将程序性制裁视为对辩护方的倾斜性保障机制。由此，在分析程序性裁判的程序构造时，论者将辩护方当然地置于

---

[1] 陈瑞华教授在提出程序性制裁理论时，将"刑事诉讼过程中的程序性违法行为及其消极程序性法律后果"有意识地转化为"警察、检察官或法官在刑事诉讼中的违法行为及其消极程序性法律后果"，参见陈瑞华："程序性制裁制度研究"，载《中外法学》2003年第4期，第411页。这一转化在使得论题更为集中的同时，也从起点上限缩了程序性制裁理论的研究范围——只关注公检法的程序性违法，不关注辩护方的程序性违法。以此为出发点，陈瑞华教授在界定程序性制裁理论的若干核心概念时，每一步都非常注意对概念内涵加以明确的限定，进而使得程序性制裁的研究范围不断明晰，也不断收窄。

[2] 程序性制裁理论所关注的具体制度设计，全部都属于事后救济型的程序性制裁机制——五种基本模式中，非法证据排除是针对非法侦查取证行为的事后救济，终止诉讼是对滥用诉讼程序行为的事后救济，撤销原判是对原审非法审判行为的事后救济，诉讼行为无效是对各类程序性违法或瑕疵行为的事后救济，解除羁押是对非法未决羁押的事后救济。参见陈瑞华：《程序性制裁理论》（第三版），中国法制出版社2017年版，第158页往下。

"原告地位"，而公检法则被置于"被告地位"，在具体规则设置上也向辩护方倾斜。相比之下，异议制度则以控辩双方的"平等武装"为内在逻辑，因而审判方在裁断异议时的基本形象不是辩护方的救济者、保护者，而是如竞技场上的裁判员，守持客观中立的状态。

显然，异议裁断与程序性制裁的差异，在很大程度上源自当前程序性制裁理论自身的不够"开放"。因此，为了在研究异议制度时充分利用好程序性制裁理论，有必要对该理论进行适当的扩展与重塑。反过来看，异议制度研究无疑也成为推动程序性制裁理论进一步创新发展的契机。

第二节　刑事审判中异议声明与裁断的类型化分析

划分作为一种逻辑方法，是根据一定标准，将某一属概念的外延分为若干种类，其目的在于进一步明确该概念的外延。[1]在法学研究中，类型化分析也是一种重要的研究思路。目前，学界对于刑事审判中异议的分类研究很不充分，主要存在三方面问题：其一，许多学者只是简单套用美国学者的论见，没有充分意识到美国式分类与我国本土情况的差异性；其二，基本没有运用分类的基本逻辑规则来检验所得出的分类结论，导致一些分类结论似是而非，经不起推敲；其三，学者们大多只是片面地从异议声明的维度讨论异议的类型，而缺乏对异议裁断的分类思考。因此，本书既然对刑事审判中异议制度展开专门研究，当然有必要述明刑事审判中异议声明与裁断的基本类型。

---

〔1〕　参见陈波：《逻辑学十五讲》（第二版），北京大学出版社2016年版，第83页。

本节分为两部分，分别从异议声明和异议裁断的维度展开类型化分析。这里有必要区分刑事审判中异议声明与裁断的实践样态与学理分类。就前者而言，不同国家和地区由于刑事审判制度构建和司法实践上的差异性，刑事审判中异议声明与裁断的实践样态或有不同。[1]本节主要根据不同标准，从学理上对刑事审判中异议声明与裁断的基本类型展开分析。这些学理分析有助于本书展开系统研究，也有助于明确本书的研究重点。

一、刑事审判中异议声明的基本类型

（一）证据异议与其他程序性异议

根据异议所针对的事项是否属于审判中与证据相关的程序性事项，可将其划分为证据异议与其他程序性异议。这是对刑事审判中异议声明最为基础也最为宽泛的一组划分。

证据异议的内涵非常丰富，只要异议所针对的程序性事项与证据相关，该异议就属于证据异议。进言之，诸如控辩双方举示证据的请求，调查证据的时机、方式、顺序，证据的排除，以及法院有关证据调查问题的裁断等，都属于证据异议的对象范围。[2]唯一的例外，是控辩各方针对证据证明力提出的不同

---

〔1〕 比如，就异议声明而言，在日本，基于《日本刑事诉讼法》第309条，实践中异议的基本类型主要是"关于调查证据的异议"和"对审判长其他处分的异议"；而在美国，由于其刑事审判对抗化程度更高，成文法与判例法并存的法律渊源特点，以及实用主义的实践倾向，并不太注重对异议类型的形式性划分，只是在证据异议方面有"针对证据可采性之异议"与"针对证据调查方式之异议"的基本区分。

〔2〕 美国学者认为，"虽然异议最常用于证人证言的提问或回答过程之中，但它也可以用于任何类型的证据，包括：实物证据、示意证据或证言……常规异议或样板异议一览表不应混淆这样的事实，即一项异议可能基于任何排除证据的规则或原则。这些原则的某些方面也许没有在一般样板术语中得到充分表达"。[美] 罗纳德·J. 艾伦等：《证据法：文本、问题和案例》（第三版），张保生、王进喜、赵滢译，高等教育出版社2006年版，第124、129页。日本学者认为，《日本刑事诉讼法》

意见在性质上就不属于证据异议。这是因为证明力问题不属于程序问题，难以进行规范性的合法性、妥当性评判。当然，如果法律明确要求保障控辩双方就证据的证明力进行争辩的机会，而控辩双方认为自己的这一权利受到妨碍，则其有权提出异议，要求审判方保障其就证据证明力发表意见的权利。

根据所针对的问题是否会影响证据能力，有可能将证据异议进一步划分为证据能力异议与其他证据异议。由于证据裁判原则以证据能力的有效规制为核心要求，证据能力异议无疑在证据异议中居于核心地位。需要注意的是，如此划分的前提是将证据能力限定为证据成为定案根据的消极资格，也就是证据排除问题。在这一限定下，刑事审判中诸如交叉询问、对质、鉴真等对证据进行积极查证的活动，属于对严格证明法则的适用，有别于证据能力的审查判定。由此，针对积极查证活动所声明的异议，就不属于证据能力异议。但是，如果认为证据能力不仅涉及证据排除问题，还包含查证证据的积极要求，则从逻辑上讲，针对积极查证活动所声明的异议，也应纳入证据能力异议范畴——甚至可以断言，所有的证据异议都属于证据能力异议。具体哪一种观点更为合理，更有利于科学构建刑事审判中异议制度，值得更为深入地研究讨论。[1]

至于其他程序性异议，主要包括三个方面：

第一，针对诉讼先决事项，如管辖、回避、公开审判、简易

（接上页）第309条第1款所涉及的事项非常宽泛，通说认为第309条第1款关于证据调查的异议主要包含三种性质不同的异议：①要求纠正与证据调查有关的裁判长的处分和诉讼关系人的行为的异议；②要求排除证据的异议；③对裁判长有关证据调查的裁定不服的异议。参见［日］藤永幸治、河上和雄、中山善房编：《大コンメンタール刑事訴訟法》（第四卷）「第247—316条」，青林书院2013年版，第697页。

[1] 本书的进一步讨论，详见第五章第四节。

程序适用等问题的异议。这里所谓诉讼先决事项，是在案件进入审判环节之后，在正式庭审之前，必须先行审查处置的程序性事项。换言之，这些事项如果没有得到处置，庭审就无法顺利启动，而且即便庭审已经开始，一旦发现先决事项存在争议，就可能导致庭审中断而无法继续推进。诉讼先决事项与诉讼条件关系密切，后者也称诉讼要件，"指整个诉讼能够合法进行并为实体判决所须具备之前提要件"[1]。不过，并非任何先决事项都属于诉讼条件问题，如审判公开问题、审判期日的确定问题，虽然属于先决事项，但并不直接影响法院对案件的实体审判权。

第二，对控辩双方与证据问题无关的不当、不法诉讼行为的异议，如针对扰乱法庭秩序、违反法庭礼仪行为等提出的异议。

第三，对法院不当行使诉讼指挥权（及法庭警察权）的异议。诉讼指挥，指法官为保障诉讼程序合法、有序进行，而对诉讼进程的组织、引导、安排、监管。[2]笔者认为，诉讼指挥主要涉及三大内容：其一，在审判过程中，对包括异议在内的各种动议之裁断；其二，在审判过程中，对包括法庭证据调查在内的各个具体程序环节的进行施以组织、引导、安排；其三，在审判过程中，对当事人或其他诉讼参与者的行为加以监管，以维护审判秩序。其中，第二方面内容可能与证据异议存在交叠，参考其他法域实践经验，宜将法院有关证据调查的组织、引导、安排行为归入证据异议的范畴——如此处理主要是为了

---

[1] 林钰雄：《刑事诉讼法》（上册），元照出版有限公司2013年版，第245页。

[2] 参见蔡杰、冯亚景："我国刑事法官庭审指挥权之探讨"，载《法学研究》2006年第6期，第114页。

确保证据异议声明理由的开放性,尽可能保障控辩双方充分享有诉权。

证据异议与其他程序性异议的划分,是典型的二分法。在逻辑学上,二分法的运用,通常是为了把注意力集中于其中某个特殊的类别上,[1]这也是本书对刑事审判中异议作此二分的目的所在。进言之,这组划分中,证据异议更为重要,本书将侧重于对证据异议的研究。证据异议的重要性,根源于司法证明在刑事审判中的核心地位。尤其值得注意的是,证据异议制度在根植于特定法域司法证明机制的同时,其发展也在很大程度上取决于并反映着该法域司法证明机制(乃至于整个刑事审判制度)的对抗化程度。越是强调控辩对抗的法域,有关证据问题的异议制度往往越发达。比较法上的典型例证是日本——日本旧刑事诉讼法偏向职权制,虽有规定异议制度,但仅确认控辩双方有权对审判方行为声明异议,而新刑事诉讼法强化当事人主义,新设了控辩双方就证据调查相关事项声明异议的规定。可见,我国在推进控辩对抗实质化的背景下着手构建与完善刑事审判中异议制度,重点无疑应在于证据异议机制。

(二)庭前异议与庭上异议

根据异议是否在正式庭审中声明,可将其划分为庭前异议与庭上异议。

把握这一组划分,首先要求认识到异议声明的策略性。在审判实践中,控辩各方是否声明异议,以及何时声明异议,很大程度上取决于自身的诉讼策略考量和利弊权衡。控辩各方可以通过声明异议"挑明"程序性争议,也可以选择"沉默"而自愿承受失权后果。有时,控辩各方可能认为在开庭前声明异

---

[1] 参见陈波:《逻辑学十五讲》(第二版),北京大学出版社2016年版,第84页。

议更为有利。比如,在美国,被告人如果打算放弃沉默权而亲自出庭作证,往往会在开庭前就其先前定罪记录提出证据免提动议,以避免公诉人在庭审中利用被告人的前科对其进行弹劾。[1]

  从原理上分析,庭前异议契合于现代刑事诉讼要求的程序性事项优先审查、证据能力事项优先判定等法理原则,同时,庭前异议所处的时空条件比正式庭审更为宽松,能够容许控辩双方更为充分、详细地就程序性争议发表意见、展开辩论,而且,庭前异议还使得许多可能导致庭审中断、拖延的程序性事项得到提前处理,由此提高了诉讼效率。因此,许多法域都在制度上鼓励控辩双方在庭前声明异议。例如,在美国,根据《联邦刑事诉讼规则》第 12 条,控辩双方在开庭前可以就任何法官无须进行实质审理就可处置的事项提出异议,一些特定理由的异议被规定只能以庭前动议的方式提出,其中包括非法证据排除申请。在日本,其刑事诉讼法设置了以"争点及证据整理程序"为核心的公判前整理程序,根据第 316 条之 5,该程序中可处理的事项非常丰富,包括了大量异议事项。根据第 316 条之 16 和第 316 条之 19,控辩双方在公判准备环节就相对方的证据调查申请或者就相对方依据第 326 条使用书面证据的申请声明异议,原则上应当在接受相对方的证据开示时,或者在法院确定的期限内提出。我国当前的刑事司法改革也有此倾向——自十八届四中全会以来,在以 2015 年《最高人民法院、最高人民检察院、公安部、国家安全部、司法部关于依法保障律师执业权利的规定》(以下简称《保障律师执业权利规定》)、2016 年《最高人民法院、最高人民检察院、公安部、国家安全部、司法

---

  [1] 参见[美]罗纳德·J. 艾伦等:《证据法:文本、问题和案例》(第三版),张保生、王进喜、赵滢译,高等教育出版社 2006 年版,第 102—103 页。

部关于推进以审判为中心的刑事诉讼制度改革的意见》（以下简称《审判中心改革推进意见》）、2017年《最高人民法院、最高人民检察院、公安部、国家安全部、司法部关于办理刑事案件严格排除非法证据若干问题的规定》（以下简称《严格排除非法证据规定》）、2017年《审判中心改革实施意见》和"三项规程"为代表的若干司法改革相关规范性文件中，有关部门不断积极推动鼓励、引导甚至强制控辩双方（尤其是辩护方）在庭前声明异议。

不过，尽管庭前异议有诸多好处，但庭上异议才是异议制度的核心。一方面，许多异议客观上只可能在正式庭审中声明。比如，一些针对人证调查方式或者证人回答内容的异议，以及针对审判方在庭审中的诉讼指挥活动的异议，在正式开庭前往往是无从预见的。另一方面，庭审才是审判的核心所在，而庭前程序只能是庭审的辅助，这也就从根本上决定了，相对于庭上异议机制，庭前异议机制只能是辅助。特别是对于强调审判中心主义，追求控辩对抗实质化，积极探索庭前程序和庭审程序改革创新的当下我国，明确庭上异议与庭前异议的主辅关系，以庭上异议为制度重心，更具必要性和积极意义。

（三）指向诉讼相对方的异议与指向审判方的异议

根据异议指向哪一诉讼主体，可将其划分为指向诉讼相对方的异议与指向审判方的异议。

控辩双方相互异议，是刑事审判对抗化或者说当事人进行主义的体现，而指向审判方的异议则更多属于针对诉讼指挥权或法庭警察权的监督、救济措施。从比较法上看，如果特定法域的审判制度更趋近于职权制，则异议制度可能就较少规定控辩双方的相互异议，但往往会明文规定控辩双方有权对审判方行为声明异议。典型的是《德国刑事诉讼法》第238条第2款，该条款确认诉讼参与人有权就审判长的不当诉讼指挥声明异议。相对而言，一旦具体的审判制度更倾向于对抗制，或者有进一步对抗化的趋势，则有关控辩双方相互异议的规定就会增加。典型的是日本，对比其新旧刑事诉讼法有关审判中异议的规定，可以看到新法第309条第1款确认了控辩双方有权相互异议。

比较法上显现出的"实践规律"，可用以检讨我国的刑事审判改革实践。一方面，我国既然大力推进刑事审判对抗化改革，控辩双方相互异议机制无疑就成为异议制度构建与完善的重点。另一方面，也应当注意到，我国至今没有在法律层面全面确认控辩双方对审判方行为的异议权，这意味着法官在审判中的职权活动难以受到控辩双方的及时监督与制约。因此，为了强化和维护刑事审判制度的正当性，我们应当兼顾构建对审判方行为的异议机制。

指向审判方的异议，涉及一系列特殊疑难问题。比如，此类异议可能导致异议方面临"若不异议，将导致失权；若提异议，会引起反感"的双重困境。因此，有必要在异议时机、方式等方面允许变通，以调和前述负面效果，确保控辩双方能够从容、有效地声明异议。再如，此类异议比指向相对方的异议更可能影响到诉讼效率，还可能过度妨碍审判方的裁量权，因此，在为控辩双方声明此类异议提供便利的同时，也有必要在异议理由等方面给予适当的限制。此外，在我国，控诉方在审判中提出指向审判方的异议，还面临如何与检察机关的审判监督活动相协调的难题，辩护方的异议则面临与其所享有的申诉、控告权利相协调的问题，[1]这无疑增加了在我国构建与完善对

---

[1] 详见本书第五章。

审判方行为之异议机制的难度。

除去前面三组学理分类，还值得关注的异议分类至少包括：①根据异议声明的方式不同，划分为口头异议与书面异议；②根据异议所针对程序性事项的争议性质，划分为合法性异议与妥当性异议；③根据异议声明的空间差异，划分为法庭内异议与法庭外异议；④根据异议是由控辩双方主动声明的，还是在审判方的指引、要求下提出的，划分为主动（积极）异议与被动（消极）异议；等等。这些分类在后续章节中会再涉及，这里就暂不逐一详述。

二、刑事审判中异议裁断的基本类型

审判方进行异议裁断的前提，是控辩双方声明异议。由此，异议声明在类型上的差异，必然对异议裁断产生影响。正如前文已经提及的，异议裁断在基本类型上与异议声明有着明显的对应关系。

（一）证据异议裁断与其他程序性异议裁断

根据所裁断异议针对的程序性事项是否与证据相关，可将异议裁断划分为证据异议裁断与其他程序性异议裁断。这是对异议裁断的最基本划分。由于证据异议是最重要的异议类型，证据异议裁断无疑是异议裁断研究的重心所在。

从比较法视野看，较为完善的异议制度往往都对证据异议（尤其是证据能力异议）裁断提出特殊要求。比如，在美国，陪审团审判严格贯彻"陪审团隔离"原则，法官负有采取一切可行的措施来避免陪审团对不可采证据有丝毫接触的责任。因此，在裁断证据异议时，如果涉及证据举示与否、排除与否等可采性争议，法官就应通过适时采取席旁磋商、指示陪审团退庭等方式来落实这一原则。[1]相比之下，其他程序性异议裁断就不存在严格的"陪审团隔离"要求。在日本，其《刑事诉讼规则》第205条之6首先在第1款对异议裁断作出一般性规定，即法院认为异议声明有理由时，应当作出与该声明相适应的决定，如指令对异议所反对之行为的停止、撤回、撤销或者变更；第2款对证据异议裁断给予特别要求，即当异议声明的理由是特定已接受调查的证据不能作为证据使用，而法院认为此理由成立时，法院应当作出整体或部分排除该证据的决定。

证据异议裁断的特殊性与现代刑事诉讼所贯彻的、强调证据能力有效规制的、规范意义上的证据裁判原则相协调。规范意义上的证据裁判，核心在于对证据能力的有效规制，以使得事实认定建立在正当的证据基础上。[2]前段介绍的美国、日本两种做法，代表了证据异议裁断与证据能力规制相协调的两种模式。在美国模式中，裁判主体内部存在初审法官与陪审团的二分，证据能力规制问题被转化为避免陪审团与不可采证据接触的问题，由此，证据异议裁断中才发展出席旁磋商和陪审团退庭等措施。在日本模式中，裁判主体内部不存在截然的职能二分，[3]证据能力问题的规制难以转化为避免无证据能力证据同事实认定者接触的问题，而演化为事实认定者在裁判时的明

---

[1] 这里可对证据可采性异议的裁断和证据调查方式异议的裁断略作区分。在美国的陪审团审判中，可采性异议的裁断无疑严格贯彻了"陪审团隔离"原则，但对于证据调查方式异议的裁断，该原则的贯彻就没有那么严格，而在很大程度上取决于异议方或被异议方律师是否就"陪审团隔离"提出明确的要求。比如，在交叉询问过程中，如果相对方质疑发问律师存在诱导询问，那么，如果控辩双方不申请进行席旁磋商，法官就可能放任双方在陪审团面前展开辩论。

[2] 参见万旭："论人民陪审员制度改革对全面贯彻证据裁判的影响"，载《新疆大学学报（哲学·人文社会科学版）》2017年第4期，第36页。

[3] 在日本，即使在裁判员参与审判的案件中，审判组织内部也没有像美国那样贯彻严格分权，更不存在严格的隔离要求。详见本书第四章。

确表态、说理要求，由此，证据异议裁断才要求审判方对无证据能力证据作出明确的排除表示。

当然，证据异议裁断的特殊性并不限于前文所述，相关论述将在后续章节中展开。同时，其他程序性异议裁断无疑也分别有着各自的特殊性，其中，对"法院不当行使诉讼指挥权、法庭警察权的异议"的裁断问题，后续章节也会专门述及。至于其余异议裁断，考虑到本书研究重心不在于此，就不详细展开。

(二) 庭前异议裁断与庭上异议裁断

根据异议裁断是否于正式庭审中作出，可将其划分为庭前异议裁断与庭上异议裁断。

在控辩之一方于庭前声明异议的情况下，审判方就可能在正式开庭前作出异议裁断。不过，正如控辩双方可基于诉讼策略和利弊权衡来决定异议声明时机，审判方面对庭前异议，也在一定范围内享有是否作出庭前裁断的裁量权。以美国为例，就证据异议，即使控辩双方在开庭前提出证据免提动议，法官也可能基于特定理由而选择在正式庭审中再进行裁断。常见的推迟裁断理由，是法官认为特定证据的可采性需要结合在庭审中举示的其他证据才能得到有效评判。

同样，基于贯彻程序性事项优先审查、证据能力优先判定等法理原则，以及保障诉讼效率的考虑，许多法域在通过制度设计鼓励控辩双方于开庭前声明异议的同时，也倾向于要求审判方在开庭前裁断异议，并确认庭前异议裁断的效力。比如，在美国，根据《联邦刑事诉讼规则》第12条(d)，除非有正当理由延期裁断，否则法官必须在开庭前裁断每一项庭前异议。如果延期会导致当事方上诉权利受到不利影响，法官就不得延期裁断。在日本，虽然由于法院在争点及证据整理程序中可以较为灵活地确定异议声明时机，使得异议裁断时机也比较灵活，但是，根据《日本刑事诉讼法》第316条之24，法院在办结整理程序时应当向控辩双方确认争点及证据整理的结果，这就要求其在此时点前裁断异议。

近年来，我国在推进刑事审判制度实践改革的过程中，特别注意对庭前会议功能的拓展性探索，尤其是希望通过庭前会议来提前处理可能导致正式庭审中断、拖延的程序性事项，希望使该制度具备一定的争点过滤、异议处置功能，以此促进正式庭审的集中、高效展开。[1]尽管就目前而言，由于刑事诉讼法将庭前会议的功能限定于审判人员借此"了解情况，听取意见"，还难以确认审判方在庭前进行异议裁断的权限和效力，但是未来我国确认审判方在庭前的异议裁断权，则是可以预期的。

当然，相比于庭前异议裁断，庭上异议裁断才是这组分类的重心所在。尤其是在对抗化的刑事庭审中，控辩双方主导了庭审进程，裁断异议成为审判方介入证据调查等庭审核心活动的主要方式；而审判方作为审判管控人，要想有效引导控辩双方理性对抗，就必须能及时、有效地裁断控辩双方在庭审中提出的异议。尽管应当承认，即使是在庭审对抗化程度最高的美国，也允许法官主动引导、干预审判进程，但是随着庭审对抗化程度的提升，法官在庭审中的能动行为容易招致控辩双方的异议。此时，异议裁断又成为审判方与控辩各方就自身能动行为的合法性、妥当性展开理性对话的基本方式。

（三）对指向诉讼相对方之异议的裁断与对指向审判方之异议的裁断

这一分类与前文提出的异议声明的第三组基本类型相对应。

---

〔1〕 详见本书第五章第一节。

同样对应的是，本书将在重点关注对控辩双方相互异议的裁断的同时，兼顾对指向审判方之异议的裁断问题。

从比较法上看，由于对抗化程度不同，就审判方对控辩双方相互异议的裁断，不同法域的实践做法存在差异。例如，在对抗化程度最高的美国，基于其独特的对抗制理念，法官虽然享有对控辩双方相互异议的裁断权，但是没有进行异议裁断的"强制义务"——督促法官作出明确的异议裁断，成为控辩双方（主要是异议方）的责任，如果未能获得法官的明确裁断，受有不利影响就无法进行"备档"，因而失去寻求上诉审救济的机会。相比之下，在庭审对抗化程度不如美国的日本，《刑事诉讼规则》第205条之3反而明确要求法院应不迟延地裁断异议。目前，我国尚在摸索、推进控辩对抗实质化的历史进程之中，逐渐成形的审判程序改革思路与方案表明我国不太可能走向美国式的对抗制实践。在此背景下，我们更可能像同样包含可观职权制因素的日本那样，强调审判方对控辩双方相互异议有及时裁断的职责。

至于对指向审判方之异议的裁断，有两点需要注意：其一，考虑到控辩各方在声明此类异议时的两难境地，为调和此类异议的负面效果，不仅需要在异议声明方面予以变通，还需要对异议裁断的主体等加以特殊考虑；其二，要进一步区分控辩双方对审判方依职权实施的证据调查、诉讼指挥行为之异议，和对审判方所作程序性决定的异议，针对两种异议的特性，在裁断程序上给予不同考虑。目前，我国立法层面尚未全面确认控辩双方对审判方行为的异议权，当然也还没有明确此类异议的裁断机制。

第三节　刑事审判中异议制度的基本框架与主要疑难问题

在明确核心概念、完成类型化梳理的基础上，本节将提出刑事审判中异议制度的基本框架，并扼要阐述该制度各要素所涉及的主要疑难问题。概括而言，异议声明机制和异议裁断机制构成了异议制度的两个基本环节，它们各自包含若干具体要素，这些要素涉及不同的疑难问题。有必要说明的是，由于篇幅所限，针对本节接下来罗列的异议制度各环节所牵涉的疑难问题，本书后续章节无法进行面面俱到的详尽分析与讨论，尤其在最后提出我国刑事审判中异议制度的构建方案时，将不会涉及其中一些过于技术化的问题。

一、刑事审判中异议声明机制的具体要素与主要疑难问题

异议声明机制包含五大要素：异议声明的主体、异议声明的时机、异议声明的理由、异议声明的方式以及异议失权。以下结合五方面要素所涉及的具体疑难问题展开扼要评述。

（一）异议声明的主体及其疑难问题

异议声明的主体是异议声明机制的第一个要素。构建与完善异议声明机制，首先要明确异议声明的主体。从逻辑上讲，异议声明既然为当事人诉讼行为，其主体当然是控辩双方。而且，基于平等对待控辩双方的要求，控辩双方作为异议声明主体应具有平等的程序地位。但是，在实践中，异议声明主体的确定并不简单。这里主要涉及两个疑难问题：

第一，需要明确辩护律师在异议声明中的定位与作用。尤其是需要明确辩护律师能否独立于被告人意愿而自主声明异议。从比较法上看，异议制度相对完备的法域都承认辩护律师能够

独立声明异议。而且，辩护律师的有效参与，实为异议制度的基本预设，异议声明则被视为律师所应具备的专业法庭技能。在缺乏律师帮助的情况下，被告人通常难以顺利声明异议。在我国，尽管刑事辩护全覆盖已进入试点，但是辩护律师在异议声明中的定位与作用，尚未得到充分讨论。

第二，需要在呈现出"三面构造下多人角力"局面的审判中，对异议声明主体施以适当约束，以实现诉权保障与诉讼效率、庭审秩序的平衡。这一特殊审判局面，可能因多名被告人同时受审、辩护方有多名辩护人、控诉方有多名检察官，或者被害人、附带民事诉讼原告人参与庭审，乃至被告人与辩护人协同性不足等多方面原因造成。从比较法上看，许多法域通过设置特殊的程序规则，或者依靠法官的诉讼指挥，实现对异议声明主体的适当控制。这一问题在我国同样还未得到充分讨论。

（二）异议声明的时机及其疑难问题

异议声明的时机是异议声明机制的第二个要素。异议应当"适时"声明，是不同法域对异议声明时机的普遍要求。例如，在美国，异议制度的核心规则就是"同步异议规则"（the contemporaneous objection rule）。根据该规则，原则上，如若初审审判中的特定程序性争议没有通过异议声明而被适时标记备档，就不能被保留为上诉争点；因审判中程序性争议受有不利影响的一方如果不适时声明异议，就被视为"放弃"对应的程序性权益。根据《日本刑事诉讼规则》第205条之2，庭上异议以立即声明（直ちにしなければならない）为一般原则；同时，根据第205条之3，对于迟延声明的庭上异议，法院原则上会予以驳回，唯一例外是迟延声明所针对的事项如此重要，以至于对其加以裁断是适当的。

所谓适时性，并不简单等同于及时性——过早或过晚声明异议,都可能构成异议不适时。从原理上讲,异议声明的适时性要求属于对异议声明的理性化约束,这既是为了审判方能够及时有效处置程序性争议,也是为了避免控辩双方滥用异议权,同时还包含了诉讼经济方面的考虑。我国要构建与完善异议声明机制,无疑也应当注重异议声明的适时性问题。结合比较法考察和调研情况,异议声明的适时性主要涉及四方面疑难问题:其一,异议声明适时性的一般性标准如何设定?其二,异议声明适时性要求的例外情形如何设定?其三,异议不适时的补救条件和法律后果如何设定?其四,适时异议的保障机制如何设定?

(三) 异议声明的理由及其疑难问题

异议声明的理由是异议声明机制的第三个要素。异议声明应当有具体明确的理由,这是不同法域对异议声明的另一普遍要求。在美国,这一要求被概括为明确具体性(specificity),这意味着声明异议既要提供具体的规范依据,也要指明确切的争议所在。原则上,只有同时具备明确具体性与适时性,异议声明才能够保留上诉争点。反之,如若异议不具备明确具体性,通常会导致失权。在日本,根据《刑事诉讼规则》第205条之2,控辩双方在声明异议时,应当分别针对所异议的行为、处分或决定"简要说明理由"。根据《刑事诉讼规则》第205条之5,法院如认为异议缺乏理由,将予以驳回。

从原理上看,明确具体性要求也属于对异议声明的理性化约束,其与适时性所体现的制度目标基本一致,但存在紧张关系,因为适时声明要求言简意赅,而具体明确则倾向于仔细慎重。我国构建与完善异议声明机制,也应当注重异议声明的明确具体性规制。这一问题相当复杂,涉及的主要疑难问题包括:其一,异议声明明确具体性的一般性标准如何设定?其二,异议声明明确具体性的例外情形如何设定?其三,不符合明确具体性要求之异议声明的补救条件和法律后果如何设定？其四，异议声明明确具体性的保障机制如何设定？其五，异议声明适时性与明确具体性的紧张关系如何调和？

（四）异议声明的方式及其疑难问题

异议声明的方式是异议声明机制的第四个要素。异议主要以口头或书面的方式提出。[1]对于不同类型的异议声明来说，这两种基本方式各有优缺点——大体而言，口头异议相对迅捷但往往比较笼统，书面异议相对翔实但容易趋于迟缓。从比较法上看，庭上异议以口头声明为主要方式，同时，除去一些因所涉程序性争议的特殊性质而只能采取口头说明的情况，许多法域原则上允许控辩双方自主决定异议声明的方式。至于庭前异议，往往要求以更为慎重的书面方式声明，但是也不排除允许其他方式。比如，在美国，根据《联邦刑事诉讼规则》第47条（b），如果法官准许，控辩双方可以电子通信等方式提出庭前异议。在我国，从规范和实践层面看，对于不同类型的异议声明，已经显现出差异化的声明方式要求，如非法证据排除申请以书面为原则，而对法庭人证调查方式的异议则以口头为原则。不过，目前我国对于异议声明方式的认识仍有待进一步深化，比如，审判方在多大程度上享有指定异议声明方式的裁量权，就需要细致探讨。

（五）异议失权及其疑难问题

异议声明机制的最后一个要素是异议失权。广义的异议失权包括两种情况：其一，异议权方主动放弃行使异议声明的机会，此可谓明示的、积极的异议失权；其二，异议权方由于疏忽未能声明异议，或者异议声明不符合法定要求，此可谓默示的、消极的异议失权。异议失权，意味着异议权方丧失了以异

---

[1] 对于庭前异议，也有可能以电子通信等方式提出，美国就是典型例证，参见本书第五章第一节。

议为基础的程序性权益——这既意味着异议权方未能阻止程序性争议的发生，也意味着其失去了就该程序性错误寻求上诉审救济的资格。异议失权，体现了权利与责任的对应性，也是对抗化刑事审判承认控辩双方对诉讼程序主导地位的必然逻辑。

从比较法上看，不同国家和地区的异议制度，普遍就异议失权确立了必要的规则，这些规则不仅涉及异议失权的类型、后果，也涉及异议失权的例外。[1]同时，异议失权规则的具体构建，在很大程度上受制于其所处刑事诉讼程序中上诉制度的具体样态——异议失权规则往往与对初审程序违法的"有限事后审"紧密结合。就我国而言，虽然刑事二审设置有对一审违反法定程序案件的撤销原判规则（2018年《刑事诉讼法》第238条），但是，我国刑事二审属于"全面事后审"，这就使得一审中异议声明与第238条的关系存疑，这是我国构建与完善异议失权规则的最大障碍。

二、刑事审判中异议裁断机制的具体要素与主要疑难问题

异议裁断机制涉及五大内容：异议裁断的主体、异议裁断的时机、异议裁断的程序构造、异议裁断的方式，以及异议裁断的救济。

（一）异议裁断的主体及其疑难问题

异议裁断机制的第一个要素是异议裁断的主体。笼统而言，异议裁断的主体无疑是审判方。但是，因种种原因，异议裁断权的具体归属在不同制度语境下可能存在差别。例如，在美国刑事审判中，异议的裁断权原则上归属于负有审判管控责任的初审法官，尤其在陪审团审判中，陪审团原则上不参与异议裁

---

[1] 前面的异议声明时机研究涉及的第二、第三项疑难，以及异议声明理由研究涉及的第二、第三项疑难，也属于异议失权的研究范围。

断,只有在《联邦证据规则》第104条(b)这一狭小范围内,可以认为当控辩之一方以相对方所举证据缺乏条件事实而声明异议时,陪审团与初审法官"共享"了异议裁断权。再比如,在我国台湾地区,交叉诘问中的异议裁断由审判长负责,但针对审判长的诉讼指挥之异议则由法院(即整个合议庭)负责裁断。

对于我国而言,异议裁断的主体也是一个比较复杂的问题,其核心难点在于"合议庭审判下异议裁断权的具体归属"。这具体可分为两大问题。其一,在人民陪审员参与审判时,异议裁断权如何分配?当前人民陪审员制度改革的一项重要举措,是推动职业法官与人民陪审员在事实认定与法律适用上的相对分权。这一改革势必影响到异议裁断权的具体归属——在七人混合合议庭中,是应该将异议裁断一律视为法律适用问题,进而交由职业法官负责,还是应该将某些异议裁断视为法律适用与事实认定相结合的"混合问题",进而承认人民陪审员也享有一定的异议裁断权?目前,这一问题尚未引起理论界与实务界的足够重视。其二,在合议庭内部,在诉讼指挥权"转托"情况下,异议裁断权如何归属?从法理上讲,异议裁断,尤其是庭审过程中的异议裁断,属于审判方行使诉讼指挥权的具体方式与表现。原则上,诉讼指挥权归属于审判长,因此,由其负责异议裁断才合乎制度逻辑。但是,我国实践中并不罕见的现象是,许多案件中,审判长会将法庭调查阶段的诉讼指挥权转托给合议庭其他法官负责。[1]一旦如此,异议裁断权的具体归属就会存在疑问。

---

[1] 调研中,许多法官受访者承认这一现象并不少见。有法官受访者还表示,转托诉讼指挥权有助于合议庭其他成员法官更加实质地参与审理。

(二) 异议裁断的时机及其疑难问题

异议裁断的时机是异议裁断机制的第二个要素。从比较法上看，许多法域对异议裁断时机有原则性要求，如根据《日本刑事诉讼规则》第205条之3，法院对于异议声明，应当不迟延地作出裁断。但是，与此同时，法官在异议裁断时机上的裁量权也得到普遍的认可与尊重，尽管程度可能有别。比如，在美国，尽管初审法官一再被告诫，当事人"有权"获得"即刻"裁断，但实际上，只有很少的上诉案件认定初审法官未能即刻裁断异议构成可撤销判决的错误。[1]从原理上讲，异议裁断的不迟延有着重要意义，因为唯有如此，异议所涉及的程序性争议才能得到及时处置，审判程序才能回复安定状态而继续推进，诸如程序性审查优先、证据能力判定优先等法理原则才能得到有效贯彻。

目前，我国《刑事诉讼法》和司法解释对于异议裁断时机的规定尚不完备。实践中，我国法官也少有及时裁断异议的。在这一背景下，就异议裁断的时机，值得关注的疑难问题主要有：其一，我国有无必要设定及时裁断异议的一般原则？其二，如果确立此原则，应如何设置具体标准和相应的例外？其三，如何防范、约束审判方对异议裁断的规避行为？其四，如何设定控辩双方（尤其是辩护方）面临审判方拒绝及时裁断异议情况时的救济路径？

(三) 异议裁断的程序构造及其疑难问题

异议裁断机制的第三个要素是异议裁断的程序构造。此处特指异议裁断的横向程序构造。异议的声明与裁断过程，呈现出对抗化的程序构造，即控辩双方围绕程序性争议展开争辩，

---

[1] See John Henry Wigmore, *Evidence in Trials at Common Law*, Little, Brown and Company, 1983, pp. 846-847.

而审判方则居中裁断。一旦控辩之一方在庭审中声明异议,就相当于在实体审判进程中嵌入了一个微型的"程序性诉讼",在这一"诉中诉"得到处置之前,实体审判进程将暂时陷入停顿。而如果是庭前声明异议,则相当于在正式庭审前预置了一个"诉前诉"。

实践中,异议裁断程序的对抗化构造有两种不同的呈现模式。第一种可称为"当事人激活模式",其常见于对抗化程度更高的法域。比如,在美国,其刑事审判中的异议裁断是否呈现为对抗化构造,主要取决于控辩双方的抉择。以人证调查为例,在控辩之一方的人证调查行为遭受异议时,其有权提出补证。一旦被异议方决定进行补证,异议裁断程序的对抗化构造就被激活,而若被异议方决定不进行补证,法官就可能基于异议方的"一面之词"进行裁断。第二种模式可称为"审判方激活模式",其常见于保有一定职权制因素的法域。比如,在日本,审判方在裁断异议时,在听取异议方的声明后,法官原则上会主动询问被异议方有无回应,裁断程序的对抗化构造由此显现。当然,这两种模式的划分并不绝对,而只是存在主辅之别。

显然,我国刑事审判中异议裁断机制的构建与完善,也面临着程序构造上的模式选择和具体设计难题。同时,也要注意到,异议裁断程序的对抗化构造主要是针对就"指向诉讼相对方的异议"进行裁断的情形,在涉及"指向审判方的异议"时,由于程序性争议的冲突直接发生于审辩之间或审控之间,从根本上就缺乏成立对抗化构造的前提条件(除非引入新的裁断主体)。因此,在这种情况下,异议裁断程序构造的主要问题从对抗化构造的模式选择和具体设计,转变为如何维系这类特殊异议裁断的基本公正性。

(四)异议裁断的方式及其疑难问题

异议裁断的方式是异议裁断机制的第四个要素。这里主要不是追问异议裁断应当以书面还是口头方式作出，而是关注异议裁断的内容构成。从比较法上看，多数法域异议裁断的内容构成主要包括相对独立的两个部分：其一，判明对异议声明的支持或者驳回；其二，基于前述判明，而就后续程序进程给予的相应处置。比如，美国法官针对控辩双方在交叉询问中的异议声明，首先要明确判明"支持"（sustained）或者"驳回"（overruled），然后根据具体情况作出处置，要求证人不得回答（或者继续回答）特定问题。我国台湾地区现行"刑事诉讼法"第167-5条也规定，审判长认为针对诘问的异议"有理由者，应视其情形，立即分为中止、撤回、撤销、变更或其他必要之处分"。

异议裁断的两部分内容功能各异，缺一不可——前一方面是控辩双方保留上诉争点的必要条件，而后一方面则是有效化解程序性争议，特别是纠正程序性错误的必要步骤。如果审判方不判明对异议声明的态度，或者不进行相应的处置，其异议裁断方式就属于不当。我国构建与完善异议裁断机制，难点之一就是如何规范审判方的异议裁断方式，使异议裁断的内容构成保持完整。

（五）异议裁断的救济及其疑难问题

异议裁断机制的最后一个要素是异议裁断的救济。异议裁断属于程序性裁判，通常不会匹配专门的救济程序，而是以一审宣判后的程序性上诉为基本救济路径。程序性上诉不同于实体性上诉，其基本含义是：当事人以审判方有关异议的裁断存在影响公正审判的实质性错误为由，要求上诉法院推翻初审判决。程序性上诉涉及两个要点：其一，上诉争点保留机制，这一方面要求设置完备的审判记录制度，另一方面要求控辩双方以适当的方式将对异议裁断的反对意见备档，以固定争点；其二，上诉争点过滤机制，实质就是与异议失权规则相协调，明确异议裁断错误的区分处置标准，主要是区分对待有害错误、无害错误与显见错误。显然，在我国，如何设置符合本土实际情况的上诉争点保留机制和上诉争点过滤机制，是构建与完善异议裁断机制的又一个重点、难点。应当注意的是，要破解这一难题，必须推动我国处理一审法院违法审判问题的刑事二审程序由"全面的事后审"向"有限的事后审"转型，这一转型若不能实现，上诉争点保留与过滤机制就缺乏科学构建的基础。

| 第二章 | 刑事审判中异议制度的运行原理、基本原则与预期功能 |

前一章从核心概念界定与辨析、类型化分析和制度框架梳理等方面,对刑事审判中异议制度进行了初步论述。本章将更进一步,对刑事审判中异议制度的运行原理、基本原则与预期功能展开分析。笔者在绪论和前一章已经多次指出,刑事审判中异议制度与刑事审判对抗化这一趋势关系密切,因此,第一节在具体阐释异议制度的运行原理、基本原则与预期功能之前,首先将扼要评述刑事审判对抗化的核心意蕴及其与异议制度的关系,在此基础上,本章将运用不同的理论分析框架,对异议声明机制和异议裁断机制的运行原理和基本原则分别予以阐述(第二节和第三节),最后分析异议制度可能发挥的预期功能及所面临的制约条件(第四节)。

第一节 从刑事审判对抗化说起

对于刑事审判对抗化,可以从历时性、诉讼构造、程序理念、价值目标结构等不同视角予以阐述。对刑事审判对抗化的多维度评析,会暂时离开本书的核心主题,但这有助于我们理解异议制度的运行原理、基本原则与预期功能。

一、历时性视角下的刑事审判对抗化

从历时性角度,可分两个层次把握刑事审判对抗化。第一

第二章 刑事审判中异议制度的运行原理、基本原则与预期功能

层次体现于纠问制向控辩制的转型,第二层次则体现于对抗式审判与职权式审判的分野。就前一层次而言,从纠问制转向控辩制,当代世界各主要法域的刑事审判都已经实现了对抗化,确立了以控、辩、审为支点的三面诉讼构造。正如王兆鹏教授所言:"历史上曾有纠问主义与控诉主义的分类,但在现今的世界已无区别此两种主义的必要。"[1]就后一层次而言,在普遍转向控辩制的基础上,由于政治架构、文化、政治价值观、事实观等方面的区别,各地刑事审判进一步对抗化的程度存在差异,由此出现对抗式(当事人主义)与职权式(职权主义)的区分,前一模式下控辩双方主导诉讼进程,后一模式下则是法官主导。

从逻辑上讲,无论是对抗式审判还是职权式审判,都保有基本的对抗化结构,因而与旧时的纠问制存在根本区别。同时,在现实世界中,并不存在纯粹的对抗式审判制度或纯粹的职权式审判制度。一方面,即便是被公认为"典型对抗制"的美国刑事审判制度,在美国学者眼中也仍有一定的职权性因素。[2]另一方面,更值得注意的是,20世纪以来,特别是第二次世界大战之后,伴随着人权保障、正当程序思潮的高涨,以及国际人权法的兴起,许多秉持职权主义传统的法域迎来了刑事诉讼

---

[1] 王兆鹏:《美国刑事诉讼法》(第二版),北京大学出版社2014年版,第588页。陈瑞华教授也有类似观点,认为:"无论是'职权主义'还是'当事人主义',都建立在国家追诉主义的基础上,也都存在着控辩双方的平等对抗状态。"陈瑞华:《刑事诉讼的前沿问题》(第五版,上册),中国人民大学出版社2016年版,第433页。

[2] 事实上,美国刑事司法制度并非纯粹的弹劾式诉讼(而且,如果有的话,当今也只有极少数的欧洲国家仍然契合纠问制模式)。……即使在该(审判)阶段,仍然可以找到某些非弹劾式特征。[美]约书亚·德雷斯勒、艾伦·C.迈克尔斯:《美国刑事诉讼法精解》(第四版,第二卷·刑事审判),魏晓娜译,北京大学出版社2009年版,第30页。

构造的新一轮变革。比如，在被视为职权主义"大本营"的欧洲发展出了所谓"新职权主义"，其核心特质是在区分审前程序与审判程序的基础上，强调审判程序的"完全透明、公开、对抗"。〔1〕而在东亚，无论日本、韩国还是我国，自20世纪中后期以来，刑事审判制度都经历着不断调整职权主义因素而强化对抗化因素的发展过程。〔2〕时至今日，传统意义上的职权主义国家、地区和当事人主义国家、地区在刑事审判程序的建制与改革上呈现出较为明显的趋同性，都十分强调审判程序的透明化、公开化、对抗化。

二、诉讼构造视角下的刑事审判对抗化

诉讼构造，如理解为价值无涉的类型化分析工具，可区分纵向构造与横向构造。在刑事诉讼中，纵向构造关注侦查、审查起诉至审判阶段，侦查机关、检察机关与审判机关等的相互关系，而横向构造则对每一阶段作横断面的考察，在审判阶段就特别关注控诉、辩护、审判三方的关系。〔3〕前面历时性分析所展示的刑事审判对抗化趋势，实质上是近代以来世界不同法域刑事审判程序横向构造转型的普遍趋势，其核心内容可概括

---

〔1〕 参见施鹏鹏："为职权主义辩护"，载《中国法学》2014年第2期，第275页。

〔2〕 关于日本，参见[日]田口守一：《刑事诉讼法》（第五版），张凌、于秀峰译，中国政法大学出版社2010年版，第3—9页，第23—27页。关于韩国，参见《世界各国刑事诉讼法》编辑委员会编译：《世界各国刑事诉讼法·亚洲卷》，中国检察出版社2016年版，第230页。关于我国，参见左卫民："司法化：中国刑事诉讼修改的当下与未来走向"，载《四川大学学报（哲学社会科学版）》2012年第1期，第153页。关于我国台湾地区，参见张丽卿：《刑事诉讼法：理论与运用》，五南图书出版股份有限公司2006年版，第1—9页，第31—48页。

〔3〕 我国当代较早研究刑事诉讼构造论的李心鉴博士在定义刑事诉讼构造时，就侧重于刑事审判阶段的横向诉讼构造。参见李心鉴：《刑事诉讼构造论》，中国政法大学出版社1992年版，第7页。

第二章 刑事审判中异议制度的运行原理、基本原则与预期功能

为三大要点,即控诉方适度谦抑化、辩护方实质主体化与审判方客观中立化。

(一) 控诉方适度谦抑化

控诉方适度谦抑化,指在刑事审判中,作为控诉方的检察机关在履行控诉职能时,诉讼地位和行权方式上的谦抑化。谦抑这一提法常见于刑法学研究中,有"收敛、紧缩、限制"之意,刑法上强调所谓谦抑原则,实质是提倡对刑罚权在立法与法律解释层面的限制。[1]本书此处援用谦抑的说法,意在表明随着刑事审判对抗化的深入,检察机关的控诉权力会受到适度限制,被要求在履职时做到"有理、有力、有节,直接体现(彰显)国家追诉权行使的正当性"[2]。在审判过程中,控诉方谦抑化的主要表现包括:①对法律与规则的充分尊重与恪守;②质疑、反驳辩护方时的理性、克制;③对辩护方表达、质疑的尊重与倾听;④对法庭诉讼指挥的理性服从。[3]

控诉方适度谦抑化,是在前面区分的审判对抗化的第二层次上展开的。如从第一层次,即纠问制向控辩制的转型看,相对于纠问制下审判方集侦查、控诉、审判于一身的强势状况,控辩制下控、审分离的确立,无疑具有使国家机关的控诉权力谦抑化的意义。林钰雄教授在考察欧洲刑事法制进程时,就指出"控诉原则与检察官制相生相随,两者的目的,在于透过诉讼分权模式,以法官与检察官彼此监督节制的方法,保障刑事司法权限行使的客观性与公正性"[4],而"最能表现审方(法

---

[1] 参见徐卫东等:"刑法谦抑在中国——四校刑法学高层论坛",载《当代法学》2007年第1期,第3页。
[2] 龙宗智:《检察官客观义务论》,法律出版社2014年版,第233页。
[3] 这里借鉴了龙宗智教授阐释检察官客观义务时对"公诉人的理性"的论述。参见龙宗智:《检察官客观义务论》,法律出版社2014年版,第235—240页。
[4] 林钰雄:《刑事诉讼法》(上册),元照出版有限公司2013年版,第51页。

官)、控方（检察官）、辩方（被告及其辩护人）三面关系者，莫过于审判庭。……控方若未尽其到庭的基本义务，审判庭仅存审方与辩方之双面关系，无异回复到纠问制度"[1]。

强调控诉方适度谦抑化，并不简单等同于控诉方的"当事人化"。在职权主义传统法域，承担控诉职能的检察官始终被视为法律之守护人（准司法官），负有超越当事人之自利性的客观公正义务。即便在当事人主义传统法域，检察官也往往被视为负有追求正义之超当事人义务。[2]如简单将刑事审判对抗化的要求理解为控诉方"当事人化"，属于对检察官角色、功能的表面化、片面化理解，可能导致"矮化检察官角色并造成检察权（过度）行政化"[3]的恶果。我国学界对于"检察官当事人化"这一命题存在认识分歧，这一争议根源于对"当事人化"内涵的不同理解。在笔者看来，不同学者表面上虽有争论，但实质上都是提倡检察官控诉职能履行方式的理性化转型。本书采用"适度谦抑化"这一表述，也是为了避免引起争论，而明确将论点集中于控诉方的理性行权。

（二）辩护方实质主体化

辩护方实质主体化，指确认被告人作为辩护方的诉讼主体地位，并通过辩护律师参与等一系列举措保障辩护方能够"富有影响力地"参与到刑事审判当中，能够与控诉方平等竞争、共同推进甚而主导审判进程。辩护方实质主体化，在刑事审判对抗化的两个层次上也有不同意义。就纠问制向控辩制转型这一层次而言，承认辩护方的诉讼主体地位，是控辩制确立的标

---

[1] 林钰雄：《刑事诉讼法》（上册），元照出版有限公司2013年版，第52页。

[2] 参见龙宗智：《检察官客观义务论》，法律出版社2014年版，第二章。

[3] 万毅：《检察权若干基本理论问题研究——返回检察理论研究的始点》，载《政法论坛》2008年第3期，第105页。

第二章　刑事审判中异议制度的运行原理、基本原则与预期功能

志。林钰雄教授指出："在现代法治国家采行的控诉原则之下，被告地位和过往纠问制最大的不同，就是被告取得'程序主体'之地位，不再是单纯的程序客体而已。"[1]然而，早期控辩制基本仅是在形式上确立辩护方的主体地位，而要想实现与职权制比较下的进一步对抗化，辩护方的主体地位就必须更为实质化，也就是取得与控诉方平等竞争、共同主导审判进程的权利。

为落实辩护方实质主体化，至少要从四个方面着力：其一，通过贯彻不强迫任何人自证有罪、疑罪从无、无罪推定等原则，确认、巩固并维护被告人在刑事审判中的主体地位，避免其沦为事实上的诉讼客体；其二，通过确认被告人享有听审、获得辩护、质证、提出动议、声明异议等一系列诉讼权利，激活其对实际审判程序的参与能力，使其成为能够积极影响审判进程的诉讼主体；其三，通过确立完善的律师辩护制度，拉近被告人与国家公权力机关之间的实力差距，填补被告人在法律知识、技能和经验上的不足，使其在事实上能够对审判进程"富有影响"；其四，通过前面提及的控诉方适度谦抑化，以及后文将提及的审判方客观中立化，为辩护方在实践中真正保有诉讼主体地位创造必要的外部环境。

在刑事审判对抗化于诉讼构造层面涉及的三大要点中，辩护方实质主体化居于核心位置，对于维护控、辩、审分立的诉讼构造有着不可替代的重要意义，"如果失去辩护，控诉方就失去了平等的对立者，裁判者的中立地位更无从谈起"[2]。由此就无怪乎学界有一经典说法称"刑事诉讼法的发展史，就是辩

---

[1]　林钰雄：《刑事诉讼法》（上册），元照出版有限公司2013年版，第162页。
[2]　孙长永主编：《刑事诉讼法学》（第三版），法律出版社2016年版，第115页。

护权扩充发展的历史"。[1]

(三) 审判方客观中立化

审判方客观中立化，也就是在控诉与审判分立、承认辩护方主体地位的基础上，审判方转变角色定位和诉讼指挥方式，放松乃至于"放弃"对刑事审判进程的主导，从审判程序的积极掌控者、主动介入者转型为客观中立且相对被动的管控者、裁判者。不难注意到，在纠问制向控辩制转型过程中，控辩审分立的审判结构已经确立，这成为进一步讨论审判方客观中立化的基础。在此基础上，审判方是否守持客观中立，成为审判构造在对抗制与职权制上出现分野的关键。例如，虽然在法国大革命后，"欧洲传统的纠问制诉讼以及纠问制法官的全面控制被逐渐废除"，进而引发了席卷欧洲大陆的刑事诉讼制度改革浪潮，"但是，这些改革均未达到采取对抗制的程度。反之，法国、德国和其他欧洲国家建立了融合传统审问制与现代对抗制因素的混合程序"。[2]换言之，欧洲国家早期在刑事诉讼中融入对抗制因素，主要意义在于适度调整程序结构以提升制度正当性，但这种调整对司法实践的影响其实有限——刑事审判仍然由法官掌舵。

当然，这并不是说职权主义传统法域就不追求审判方客观中立化。相反，新职权主义强调审判程序的透明、公开、对抗，审判方客观中立化合情合理地成为这些法域刑事审判改革的重要内容。[3]只不过，由于不同国家、地区在政治架构、文化、

---

[1] 参见[日]田口守一:《刑事诉讼法》(第五版)，张凌、于秀峰译，中国政法大学出版社2010年版，第223页，第107页。

[2] [美]弗洛伊德·菲尼、[德]约阿希姆·赫尔曼、岳礼玲:《一个案例 两种制度——美德刑事司法比较》，郭志媛译，中国法制出版社2006年版，第307页。

[3] 参见施鹏鹏:"为职权主义辩护"，载《中国法学》2014年第2期，第275页。

政治价值观、事实观等方面存在差异，审判方客观中立化在具体语境中的侧重点有所不同。对此可分三点把握：其一，两种语境下，都强调审判方的独立性、中立性，都注重从制度上保障审判权独立行使；其二，在对抗制语境下，对审判方客观中立化的关注进一步要求法官尽可能尊重控辩双方对诉讼进程的主导，要求法官在控辩双方提出申请、异议，或者涉及需要主动管控的非对抗事项时，才介入诉讼进程；其三，在职权制语境下，关注审判方客观中立化的同时，也在一定程度上容许法官以超越控辩刘抗的姿态积极探求实体真实，以及通过积极的诉讼指挥去实现控辩双方实质平等，尤其是对弱势的辩护方予以诉讼关照。

还应注意的是，审判方客观中立化不等于其在审判过程中完全消极被动。消极被动这一特点，只有在指称英美陪审团审判中作为事实认定者的陪审团时，才可能是成立的。职业法官则不同，即便是将审判进程的主导权交给控辩双方，法官仍然负有对审判进程的管控责任。诚如蔡杰教授和冯亚景法官指出的，法官在不同审判模式下都享有诉讼指挥权，只不过在具体内容和行权方式上存有差异。[1]

三、程序理念视角下的刑事审判对抗化

刑事审判对抗化不仅是诉讼构造的转型，也蕴含着程序理念的革新。"理念"一词的含义十分宽泛，套用我国学者对法治理念的界定，所谓程序理念，也就是对诉讼程序的"性质、宗旨、结构、功能和价值取向的一些达到理性具体的观念和信

---

[1] 参见蔡杰、冯亚景："我国刑事法官庭审指挥权之探讨"，载《法学研究》2006 年第 6 期，第 114 页。

念"[1]。理念是变化着的，其转变总是包含着深刻的历史时代因素，而在全球化趋势明显的当代世界，理念革新还受到国际交流与合作的深刻影响——刑事程序理念尤其如此。在笔者看来，刑事审判对抗化所蕴含的核心程序理念有二，其一是司法竞技主义，其二是程序正义理念。

（一）司法竞技主义

张建伟教授认为，司法竞技主义作为一种司法精神，其核心含义在于"当事人双方在法律规则范围内并在法官节制下进行法庭争斗"[2]。王亚新教授从民事程序法的视角指出："竞技性"的诉讼观念从古希腊发源，中经罗马法而扩散到整个西欧圈……随着西欧国家向世界各地的扩张，西欧法律文化的这方面的特点也获得了更大范围的普遍性……尽管在大陆法系与英美法系之间，以及在同属于西欧法律传统的这两大法系的各国的诉讼制度之间存在多种多样的程序设计，但在这些不同区别之下，仍存在着以"竞技性"的诉讼观为核心的某种共通的制度基盘或结构。[3]

从司法竞技主义角度看，诉讼（尤其是审判）呈现为对抗与判定相结合的动态结构。所谓对抗，即诉讼双方当事人相互展开的攻击防御活动，其预设了双方在立场上的对立、地位上的平等。所谓判定，则是作为第三方的裁判者，在诉讼双方当事人基于对抗而呈现的证据事实的基础上，作出具有终局意义的

---

[1] 谢鹏程："论社会主义法治理念"，载《中国社会科学》2007年第1期，第76页。

[2] 张建伟：《司法竞技主义——英美诉讼传统与中国庭审方式》，北京大学出版社2005年版，第9页。

[3] 王亚新：《对抗与判定——日本民事诉讼的基本结构》（第二版），清华大学出版社2010年版，第53页。

第二章 刑事审判中异议制度的运行原理、基本原则与预期功能

裁断。[1]许多学者由此将审判类比为体育竞赛——诉讼双方被比作参赛的运动员，而法官则被比作执法的裁判。

作为一种源远流长的程序理念，司法竞技主义在体现出强劲生命力的同时，也一直承受着颇为沉重的争议。[2]从正面看，司法竞技主义的主要优点包括：其一，司法竞技主义彰显了理性，使得争议双方进入由公平的程序规则约束并受中立裁判者管控的场域中，以和平、理性的方式解决争议；其二，司法竞技主义体现了公平、正义，这既因为司法竞技主义要求审判方客观中立、平等对待诉讼各方，也因为司法竞技主义要求诉讼各方相互尊重；其三，司法竞技主义体现了价值包容，使得不同的利益诉求、价值目标能够在一个公开、平等、机会均等的场域下展开竞争、实现调和；其四，司法竞技主义有助于探求事实真相，诉讼各方在对抗过程中，令争议中的案件事实辩证地呈现出不同版本，这有助于裁判者认清争点、疑点，进而判明真相。

从反面看，司法竞技主义的主要缺点在于：其一，司法竞技主义导致诉讼的非理性，特别是容易激发双方当事人试探法律程序的底线，以合法性和伦理正当性存疑的方式去追求诉讼的"胜利"，比较典型的是各方律师的"过度热忱辩护"现象。其二，司法竞技主义并不公平，而且导致对正义的背离，这主

---

〔1〕 参见王亚新：《对抗与判定——日本民事诉讼的基本结构》（第二版），清华大学出版社 2010 年版，第 51 页。

〔2〕 虞平和郭志媛教授主持编译的《争鸣与思辨：刑事诉讼模式经典论文选译》，收录了美国学者马文·E. 弗兰克尔、蒙罗·H. 弗里德曼等人以对抗制与追求真实之关系为核心而展开的一系列论争文章。这些文章深入讨论了以司法竞技主义为核心精神的对抗制的优缺点。本书此处对司法竞技主义优缺点的阐述，主要参考了这一系列文章。参见［美］虞平、郭志媛编译：《争鸣与思辨：刑事诉讼模式经典论文选译》，北京大学出版社 2013 年版，第 298—380 页。

要是因为该理念所设想的诉辩平等在实践中往往落空。例如，在刑事诉讼中，辩护方与控诉方之间显然存在着巨大差距，同时，司法竞技主义对律师的高度依赖，导致所谓"财富效应"，使得优质辩护资源向富人权贵集中，而弱势贫民则跌落谷底。其三，司法竞技主义在价值立场上失于暧昧，尤其是没有确立发现事实真相这一价值目标的优位性，导致了一系列不合理的实践问题。其四，司法竞技主义不仅无助于发现事实真相，还给这一目标的实现带来重重障碍，审判最终偏离了对真相的追问，而异化为诉讼各方对"胜利"的追逐。

尽管颇具争议，但不可否认的是，只要不对司法竞技主义作过于狭隘的界定，就应该承认这一程序理念始终影响着刑事审判对抗化的历史进程，而且其自身也在这一进程中不断地发展、完善，并愈发具有包容性。同时，西方学者围绕司法竞技主义和对抗制展开的激烈论战，其本质并不完全是司法竞技主义或对抗制的"存废之争"，更大程度上是在寻求对传统制度实践的革新与完善。特别是自20世纪70年代以来，随着程序正义理念在理论层面的成熟，司法竞技主义通过与此相结合而获得长足发展。

（二）程序正义理念

从历史渊源上看，程序正义理念的萌芽早于刑事审判对抗化的进程。1215年英国《大宪章》第39条被普遍视为最早有关正当程序[1]的规范表达，而在1331年至1368年间，早期的正当程序原则已基本确立下来。[2]此后，正当程序理念对欧洲也

---

[1] 在概念修辞上，程序正义与正当程序基本上可以互换使用，但是，现如今的程序正义理念与早期的正当程序理念在内涵上无疑有着较大差异。

[2] 参见邓继好：《程序正义理论在西方的历史演进》，法律出版社2012年版，第45—50页。

第二章　刑事审判中异议制度的运行原理、基本原则与预期功能

产生深刻影响,又在美国迎来蓬勃发展,并于 20 世纪中叶开始呈现出国际化的趋势,进而发展成了当代的程序正义理念。[1]相比之下,刑事审判对抗化的起步要晚得多,即便是普通法系的对抗式刑事审判,也是在 1696 年才于英国,以《叛逆罪审判法》首次允许律师以辩护人身份参与刑事诉讼为标志而拉开序幕。此后直到 18 世纪 30 年代,辩护律师才正式介入重罪审判。之后又经历了数十年的漫长发展,对抗式审判才真正成熟。[2]

尽管如此,程序正义理念与刑事审判对抗化的深刻联系是不可否认的。一方面,程序正义理论的率先萌芽与发展,无疑推动着刑事审判对抗化的进程。约翰·豪斯泰勒教授指出:"英国对抗式刑事审判诞生于这样一个时代,彼时,英国无论在其物质面貌还是传统、文化上都经历着剧烈的转型——这指的是工业革命和启蒙运动。中世纪的法律桎梏在这一时期宣告终结。美国和法国的革命者们通过公开宣言促使权利意识觉醒。这些国家生活中的重大事件,以及由此激发的文化浪潮,与洛克哲学和 1689 年《权利法案》一起,将人权形塑为文明社会法律、道德和政治结构的内在组成部分。"[3]另一方面,刑事对抗化的演进,也丰富和发展了程序正义理念的内涵　刑事审判对抗化的诸多内容都契合于程序正义理念自始强调的制约公权力和

---

[1] 参见魏晓娜:"刑事正当程序研究",中国政法大学 2003 年博士学位论文,第 117—129 页。

[2] See John Hostettler, *Fighting for Justice: The History and Origins of Adversary Trial*, Waterside Press, 2006, pp. 17, 30. 左卫民:"对抗式刑事审判:谱系与启示——读兰博约教授的《对抗式刑事审判的起源》",载《清华法学》2016 年第 5 期,第 202、203 页。

[3] See John Hostettler, *Fighting for Justice: The History and Origins of Adversary Trial*, Waterside Press, 2006, p. 18.

保障人权的要义。[1]时至今日,程序正义理念已经得到世界不同国家和地区的普遍认同,就刑事审判这一特定语境而言,对抗性早已融入程序正义的血液之中,成为其基本要求。

20世纪70年代,以罗尔斯发表《正义论》为起点,程序正义理念经历了重大的理论化发展。[2]在罗尔斯构建起当代程序正义理论的基本框架之后,一大批西方学者积极投入到程序正义理论化的探索之中。在这一过程中,一方面,学者们依循工具主义与规范主义的分野,对程序正义的价值论以及程序正义的基本标准等问题展开探索与争论;另一方面,还有部分学者对程序正义展开法社会学研究,特别是经过心理学分析学派的努力,促成了客观程序正义理论与主观程序正义理论的分野。[3]程序正义理论的主要研究对象,正是普通法语境下的对抗式审判(以美国为主),丰富的研究成果不仅在论证对抗式审判的基本原理和正当性上发挥重要作用,也成为司法竞技主义的重要补充(或者说制衡),为对抗式审判的反思与改革提供了智力支持。

四、价值目标结构视角下的刑事审判对抗化

刑事审判程序的价值目标结构,也就是其所欲实现的具体价值目标及这些目标的相互关系。除了在诉讼构造和程序理念

---

[1] 参见魏晓娜:"刑事正当程序研究",中国政法大学2003年博士学位论文,第127页。

[2] 从历时性角度看,当代程序正义理论在近代先贤如边沁、贝卡利亚那里就已有发端,后来有关程序正义的工具主义与规范主义之区分,从当时就已萌芽。参见邓继好:《程序正义理论在西方的历史演进》,法律出版社2012年版,第100—101页。

[3] 参见苏新建:"主观程序正义对司法的意义",载《政法论坛》2014年第4期,第125页。对比西方世界,程序正义理论在我国的发展兴起于20世纪90年代。

第二章 刑事审判中异议制度的运行原理、基本原则与预期功能

方面有所反映,刑事审判对抗化也体现为刑事审判程序价值目标结构的转型。概括而言,对抗化的刑事审判在价值目标结构上呈现出的基本特点是:在坚持发现实体真实这一目标的基础上,突出强调程序公正,兼顾诉讼效率。

(一) 实体真实与刑事审判对抗化

自纠问制转向控辩制后,无论是职权制还是对抗制,都提倡规范意义上的证据裁判原则,进而将实体真实的探知视为刑事审判的基础性目标。当然,不同法域刑事审判的对抗化程度不一,刑事审判中实体真实的具体内涵也有所差别,[1]这主要体现在三个方面:

第一,在高度对抗化的刑事审判中,对实体真实的探求被具体化为一种竞争性的司法证明过程,在这一过程中,控辩双方各自举证并提出己方的事实版本,[2]展开相互质疑与争辩,而事实认定者则负责听取控辩双方的陈述,并判定哪一方的事实版本更贴近于事实真相。相比之下,在对抗化程度相对较弱的刑事审判中,实体真实的探求更接近于一场由事实认定者主导的官方调查活动,在这一过程中,尽管不绝对排斥控辩双方的争辩,但裁判者才是真正的主导者,不存在隶属于控辩双方的不同事实版本,审判的成果也不是对竞争性事实版本的消极选择,而是裁判者对事实真相的积极认定。

第二,在高度对抗化的刑事审判中,事实认定者所能接触

---

[1] 有关职权制和对抗制下实体真实的比较分析,参见 [德] 埃达·韦斯劳:"真相与传说:关于抗辩式诉讼的讨论",宗玉琨译,载赵秉志、宋英辉主编:《当代德国刑事法研究》(第1卷),法律出版社2017年版,第244页。

[2] 当然,刑事审判中控诉方负有证明被告人有罪的责任,而且证明标准很高,所以辩护方也可以选择不自行举证,而是仅仅对控诉方的证明体系展开攻击。但即使如此,我们也可以认为,辩护方仍然提出了不同于控诉方的事实版本,只不过主要不是基于己方的举证,而是以控诉方举示的证据为基础。

到的证据材料范围受到控辩双方的高度控制,证据是否被准用或排除,取决于控辩各方是否就此提出明确的举示声请或者反对意见,事实认定者则被要求尽可能保持消极中立,尽量避免主动去扩展证据调查的范围。相比之下,在对抗化程度相对较弱的刑事审判中,事实认定者所能接触到的证据材料范围更少受到控辩双方的制约,其在审判中的能动性得到认可,进而可以积极主动地扩展证据调查的范围。

第三,在高度对抗化的刑事审判中,事实认定者虽然在可接触的证据材料范围上被动受限,但是其在评价可采证据的证明力时高度自由,甚至可能被免去就事实认定结论进行说理以及接受上诉审复查的责任。相比之下,在对抗化程度相对较低的刑事审判中,事实认定者在能够积极参与、主导证据调查过程的同时,对证据证明力的评价和最终的事实裁判会受到说理义务和上诉审的双重制约。

应当注意的是,不应将不同法域具体的刑事审判制度,与前述对比所呈现出的追求实体真实的两种"模式"简单对应起来。更公允的判断是,现实制度实践更多表现为两种"模式"的混合。一方面,即使在对抗化程度最高的美国,也从未禁止法官在证据调查过程中主动采取行动,甚至某些州还允许陪审团通过法官向证人提问。另一方面,更值得注意的是,大多数具有职权主义传统的法域,法官在事实认定中的能动性已经大大受限,而控辩双方的参与度则显著提升,司法证明过程的竞争性愈发突显。

当然,我们不能由此简单地推断对抗化的刑事审判比非对抗的刑事审判能够更好地追求实体真实。毕竟,许多力挺对抗化刑事审判的学者也承认,如果单纯追求探明事实真相,非对

第二章 刑事审判中异议制度的运行原理、基本原则与预期功能

抗的程序模式可能更为有效。[1]在笔者看来,导致追求实体真实的对抗化模式不断被接受的更为深刻的原因在于,在这种模式下,对实体真实的追求能够更好地与其他不能忽视的重大价值目标相协调,尤其是与马上将提及的"程序公正"。

(二) 程序公正与刑事审判对抗化

程序公正作为价值目标,与刑事审判对抗化关系密切。一方面,刑事审判对抗化的显著特征之一,就是对程序公正的高度推崇;另一方面,不同国家和地区对程序公正的积极追求,也成为刑事审判走向对抗化的重要动因。诚如林钰雄教授所言,现代刑事诉讼尽管以实体真实为基础目标,但是,"这绝不表示刑事诉讼容许以不择手段、不问是非及不计代价的方法来发现真实,因为现代国家的刑事诉讼同时追求其他的目的,尤其是合乎法治国基准的诉讼程序"[2]。

程序公正的关注点集中于两个方面:其一,限制与规范国家在刑事诉讼中对个人尊严与权利的干预;其二,保障个人在刑事诉讼中的尊严与权利。由此,在刑事诉讼中追求程序公正,也就是要"规制并厘清追诉程序中国家与个人之间权利义务的界限"[3]。从程序公正的具体要素看,可以说对抗化是程序公正的底色。例如,客观程序正义理论的集大成者贝勒斯认为,程序公正所强调的法律程序的内在价值(process values)包括八大要素,其中自愿性、参与性、公平性等要求无疑明示或暗示

---

[1] 例如,主观程序正义理论的代表性人物蒂博和沃尔克就认为:"一种将程序控制和决定控制委诸同一个无私的第三方的独断程序,最可能有助于探求'真相'。"See J. Thibaut, L. Walker, "A Theory of Procedure", 66 *California Law Review* 3 (1978) 547-549.

[2] 林钰雄:《刑事诉讼法》(上册),元照出版有限公司2013年版,第12页。

[3] 林钰雄:《刑事诉讼法》(上册),元照出版有限公司2013年版,第9页。

了公正的程序应当具有一定的对抗性。[1]主观程序正义理论的开拓者蒂博和沃尔克指出,最适合在激烈利益冲突下实现分配正义的程序模式是"公断"(arbitration),或者说,就法律制度而言,是英美对抗式程序。[2]我国学者在论述程序公正的基本要素时,同样也明示或暗示公正的程序应当是对抗化的。[3]

国际人权法层面对公正审判的探索,同样也强调对抗化与审判程序公正性的密切关联。例如,欧洲人权法院认为,平等武装是任何被公正审判之案件的内在特征,这一原则要求在不导致一方当事人被实质性地置于相对于另一方当事人的弱势地位的前提下,给予其提出己方案件(present his case)的合理机会。[4]在涉及刑事诉讼时,欧洲人权法院认为,作为一项原则,确保控辩双方在程序上的平衡,是依据《欧洲人权公约》应当给予刑事诉讼的主要保障之一。特别重要的是,欧洲人权法院的判例一直强调,平等武装原则包含了获得对抗性听审(adversarial hearing)的权利,这要求确保控辩双方都有合理的机会评论相互的主张。[5]意大利学者斯特凡尼亚·内各里在考证后指出:"按照欧洲人权法院的说法,'可以想见,国内法可能有多

---

[1] 参见[美]迈克尔·D. 贝勒斯:《法律的原则——一个规范的分析》,张文显等译,中国大百科全书出版社 1996 年版,第 34—35 页。Michael D. Bayles, *Procedural Justice: Allocating to Individuals*, Kluwer Academic Publishers, 1990, pp. 130, 131.

[2] See J. Thibaut, L. Walker, "A Theory of Procedure", 66 *California Law Review* 3 (1978) 547-552.

[3] 参见季卫东:"法律程序的形式性与实质性——以对程序理论的批判和批判理论的程序化为线索",载《北京大学学报(哲学社会科学版)》2006 年第 1 期,第 112 页。陈瑞华:"程序正义论——从刑事审判角度的分析",载《中外法学》1997 年第 2 期,第 72—74 页。

[4] See ECHR. Guide on Article 6 - Right to a Fair Trail (criminal limb), at 92.

[5] See ECHR. Guide on Article 6 - Right to a Fair Trail (criminal limb), at 93.

种方式去满足这一要求(对抗性听审)',但是'无论选择什么方式,这一方式都应当确保另一方当事人能够注意到提出的材料,并且有真切的机会去发表意见'。因此,在欧洲人权法院看来,作为公正审判权的一项基本要求,即使是仅仅涉及程序问题的诉讼,也应当是对抗性的。"[1]

(三)诉讼效率与刑事审判对抗化

对诉讼效率的追求,实质在于对有限的诉讼资源进行合理配置,以使得诉讼程序在不同的价值目标间达到稳定、平衡、高效运转。[2]总体而言,刑事审判对抗化往往伴随着诉讼效率方面的压力。这主要源于两点:其一,刑事审判对抗化往往伴随着诉讼程序的精细化、烦琐化,这必然提高制度运行成本,进而降低诉讼效率;其二,刑事审判对抗化将程序主导权交给控辩双方,双方在基于各自利益而积极对抗时,往往不会主动顾及效率问题,反而可能因过于热忱地对抗而滋生一系列影响诉讼效率的不良现象。

针对诉讼效率与刑事审判对抗化的紧张关系,不同国家和地区普遍采取了双管齐下的应对思路。一方面,不同国家和地区普遍采取了可被概括为"核心司法"的改革思路,也就是"利用刑事诉讼程序在时空上的延展性,将各种价值冲突放置于不同的程序环节加以解决,以避免冲突相互交叠带来的压力,进而使得庭审只需要处理为数不多的核心案件中的核心问题"[3]。核心司法的具体表现,既包括通过认罪认罚从宽等机制实现案件繁简分

---

[1] Stefania Negri, "The Principle of Equality of Arms and the Evolving Law of International Criminal Procedure", 5 *Int'l Crim. L. Rev.* 4 (2005) 517-518.

[2] 参见万旭:"价值冲突与效率危机:我国刑事证据制度的转型",载谢进杰主编:《中山大学法律评论》(第14卷第3辑),中国民主法制出版社2017年版,第165页。

[3] 万旭:"价值冲突与效率危机:我国刑事证据制度的转型",载谢进杰主编:《中山大学法律评论》(第14卷第3辑),中国民主法制出版社2017年版,第165页。

流处理，也包括通过完善庭前准备程序来为正式庭审整理争点、分担压力。另一方面，不同国家和地区还普遍重视通过设置合理的程序规则来约束控辩双方的对抗行为，避免因过度对抗而影响诉讼效率。这些程序规则主要涉及两方面：其一，规定控辩双方对抗行为的时机、方式和失权问题，明确可作为对抗依据的实体性程序规则；其二，规定审判方保障审判高效、有序进行的职责和相应的诉讼指挥权限。

五、异议制度与刑事审判对抗化的联系

在对刑事审判对抗化展开多维度解析后，我们回到本书的主题，对异议制度与刑事审判对抗化的联系加以更为系统、明确的说明。以下分四方面展开：

（一）异议制度是成熟完备的对抗化刑事审判程序的基本组成部分

诚然，直至今日，我国学者在论述现代刑事审判程序的基本构成时，仍很少关注异议制度，但是，异议制度在以对抗化为特色的现代刑事审判中的基础性地位是不能否认的。英美对抗式审判中异议制度的重要性不必多言，即使在职权主义传统法域的审判程序中，异议制度的基础地位也毋庸置疑。除去本书在绪论开篇指出的德国、日本等立法例，近年来得到越来越多关注的法国刑事审判程序，同样对异议制度有基本规定——根据《法国刑事诉讼法典》第 316 条，对于一切有争议的程序性事项，法庭都应当在听取控辩双方意见后作出裁断。法国学者贝尔纳·布洛克指出，对抗性是法国庭审程序的基本特点之一，任何一方当事人都可以提出附带问题。[1]这里所谓附带问题，就

---

[1] 参见[法]贝纳尔·布洛克：《法国刑事诉讼法》（原书第 21 版），罗结珍译，中国政法大学出版社 2009 年版，第 487—488 页。

包括了控辩双方对审判中程序性事项合法性、妥当性的不同意见。因此,剑桥大学雷森教授[1]参与翻译的《法国刑事诉讼法典》的英译本,就将"有争议的附带事项"(incidents contentieux)译为"程序性异议"(procedural objection)。

(二) 异议制度体现了对抗化刑事审判在横向构造上的三大核心要求

一方面,异议声明机制既体现了控诉方适度谦抑化,也体现了辩护方实质主体化。就控诉方适度谦抑化而言,在异议声明机制的约束下,控诉方在察觉到审判过程中的程序性争议时,原则上只能以声明异议这一理性、克制的方式去寻求法院的程序性裁判,这就在实质上体现了控诉方与辩护方在程序性争议中诉讼地位的对等,以及控诉方诉讼手段的理性化。就辩护方实质主体化而言,异议声明机制不仅保障辩护方能够与控诉方围绕程序性争议展开平等对抗,使得辩护方的诉讼主体地位不至于沦为单纯的"口号",还为辩护方提供了至关重要的诉讼手段,使其能够有效地影响到审判进程。

另一方面,异议裁断机制体现了审判方客观中立化。在异议裁断机制限定下,审判方是否行使程序性裁判权处置程序性争议,原则上取决于控辩双方是否声明异议。由此,异议制度就深刻影响到控辩审三方在审判中的主导格局。其一,审判方至少不再是审判进程的唯一主导者,或者说,控辩双方至少得以与审判方分享对审判进程的控制。其二,审判方对审判的管控(诉讼指挥)方式发生转变,将更多体现为对包括异议在内的各种动议的裁断,而更少表现为对审判事务的积极组织、直接安排、主动干预。其三,由于异议制度的存在,实际上就提

---

[1] See Code of French Criminal Procedure, with the participation of John Rason.

供了一套平等适配于控辩双方的、针对审判方职权行为的即时监督机制，这会促使审判方保持客观中立。其四，异议制度的存在，也对控诉方和辩护方形成约束，避免他们以过度行使法律监督权或"死磕"辩护等非理性方式来影响审判方，这为审判方守持客观中立提供了保障。

（三）异议制度契合于司法竞技主义和程序正义理念的基本精神

就司法竞技主义而言，异议制度充分体现了该理念所强调的"对抗"与"判定"。从"对抗"维度看，异议声明机制为控辩双方提供了对等的诉讼手段，体现了"平等武装"，这对确保刑事审判的"竞技性"意义重大。美国学者西尔弗对此有过经典论述，他指出，为了维护刑事审判程序的对抗性，必须要关注控辩双方准备与提出己方案件（formulate and present her case）的程序性权利，这些程序性权利既不涉及辩护方的若干宪法性权利，也无关于控诉方拥有的可观资源，而只是对维系控辩对抗意义重大，控辩双方在这些程序性权利上的任何不平等，都是毫无意义而不可容忍的。而异议声明的权利，恰恰是西尔弗罗列的应当对等赋予控辩双方的程序性权利之一。[1]

从"判定"维度看，异议裁断机制使得审判方在面对程序性争议时，在某种意义上"中立于纠纷本身的是非"，或者说"超脱于纠纷处理的实体内容"，而体现出较强的形式性、技术性。参照王亚新教授的表述就是，审判方裁断异议，"并不直接是关于程序性争议是非曲直的伦理性判断，而根本性质更接近于有关控辩双方攻击防御活动成败与否的决定"，这就使得审判方在裁断异议时，从程序过程和结果两方面看都守持了价值中

---

[1] See Jay Sterling Silver, "Equality of Arms and the Adversarial Process: A New Constitutional Right", 1990 *Wis. L. Rev.* (1990), pp. 1038, 1039.

第二章　刑事审判中异议制度的运行原理、基本原则与预期功能

立,呈现出一种"能够有效地抑制个人价值判断和感情投入的,作为技术专家型判定者的法官形象"[1]。

就程序正义理念而言,异议制度与该理念的客观维度和主观维度均契合。从客观程序正义理念看,贝勒斯提出的法律程序内在价值的八方面内容在异议制度上均有所体现。我国学者季卫东教授在其提出的新程序主义中,强调程序的独立价值以公平正义和效率为核心,至少涉及六项要素,即平等、参与、异议、实行、威慑与问责。其中,对于"异议",他认为正义的程序应当"容纳和适当处理异议","这涉及程序自身的正当化问题及反思理性,是通过内部监督和自我纠偏而避免程序危机的重要装置"[2]。显然,本书讨论的异议制度,对于刑事审判程序,正具有季卫东教授所强调的重要意义。

从主观程序正义理念看,在蒂博和沃尔克的工具主义主观程序正义理论视角下,最适合在激烈利益冲突情况下实现分配正义的程序模式是"公断"(arbitration)。显然,异议制度正是一种典型的公断程序,以该程序来应对控辩双方的程序性争议,符合程序正义要求。在泰勒提出的规范主义主观程序正义理论视角下,构成程序正义的四项核心要求包括:表达、中立、尊重、信任。[3] 异议制度与泰勒提出的四项程序正义核心要求明显契合,异议制度本身保证了控辩双方表达不同意见的机会,由此强化了程序给予控辩双方的尊重,也使得审判方形象更趋中立,

---

[1] 王亚新:《对抗与判定——日本民事诉讼的基本结构》(第二版),清华大学出版社2010年版,第51页。

[2] 季卫东:"法律程序的形式性与实质性——以对程序理论的批判和批判理论的程序化为线索",载《北京大学学报(哲学社会科学版)》2006年第1期,第112页。

[3] See Tom R. Tyler, "Procedural Justice and the Courts", 44 *Court Review* (2007) 30-31.

能够获取控辩双方的信任。

（四）异议制度适应于多元的价值目标结构

要理解异议制度与刑事审判多元价值目标结构的关系，应从该制度与作为整体的刑事审判制度（乃至更为宽泛的刑事诉讼制度）的双重关系入手：一方面，从程序体系角度看，如认为作为整体的刑事审判程序包含前提性程序、主程序、保障性程序三大要素，[1]则异议制度属于典型的保障性程序。进言之，从异议声明的角度看，异议制度是由控辩双方主动发起的，针对审判进程中程序性争议的监督程序和救济程序；从异议裁断角度看，异议制度则是针对审判进程中程序性事项不法、不当问题的制裁性程序。另一方面，从程序结构视角看，如认为作为整体的刑事审判程序的要件涉及实体性与程序性两个面向，则异议制度明显侧重于刑事审判程序的程序性面向。进言之，不同于侧重设定不同主体在程序上的权利义务关系的实体性程序规则，异议制度属于侧重规定这些实体性规则如何激活、何以实现的实施性规则。

基于前段所阐明的异议制度与作为整体的刑事审判制度的关系，可以分两个层次理解异议制度与对抗化刑事审判的多元价值目标结构的关系。第一层次从异议制度的保障性程序定位出发。作为保障性程序，异议制度对于主程序所承载的多元价值目标及其冲突具有高度的适应性。这是因为，当控辩双方通过异议声明机制，将内含价值冲突的程序性争议诉诸审判方，要求审判方进行异议裁断时，无论这些争议所包含的价值元素

---

[1] 有学者指出，一方面，任何一个程序体系都包含三个密不可分的部分——前提性程序、主程序、保障性程序；另一方面，"一个程序无论大小，其内部均应当包含实质性和程序性两个方面的要件"。参见周欣、李亚强："刑事程序法律规范基本结构初探"，载《中国人民公安大学学报（社会科学版）》2007年第5期，第40页。

第二章　刑事审判中异议制度的运行原理、基本原则与预期功能

如何复杂，都会被转化为以事实和规范为评判基础的合法性、妥当性问题。第二层次从异议制度的程序性面向定位出发。从实体性程序规则的实施机制视角看，异议制度对多元价值目标结构的适应性也不难理解。在实体性程序规则直接设定程序参与人的权利义务关系的基础上，异议制度自然要主动适应实体性程序规则的价值目标需求，合理地设定实体性规则的实现方法、条件与步骤。

前段分析，属于比较典型的工具主义视角，是在将异议制度放在相对于主程序和实体性程序规则的从属地位的前提下，对异议制度与对抗化刑事审判的多元价值目标的适应性进行的阐释。除去这一视角，也应注意到，异议制度自身在程序设置上也面临着多重价值目标考量。须知，异议声明与裁断，实质上是控辩双方围绕程序性争议展开的一场"微型诉讼"，其自身也面临着设定不同主体的权利义务关系的任务，也需要对裁断的准确性、程序过程的公正性以及程序性争议处置的效率等问题加以平衡。[1]只有在异议制度自身设定合理、运行良好的前提下，其才能很好地完成相对于刑事审判程序的保障性任务。

至此，本书在比较系统地梳理阐释刑事审判对抗化的基础上，论述了异议制度与刑事审判对抗化的深刻联系。在接下来对异议制度运行原理、基本原则与预期功能作进一步分析时，我们应当时刻铭记刑事审判对抗化这一整体语境。

---

[1] 可见，所谓主程序与保障性程序的划分，以及程序制度的实体面与程序面的划分，均具有相对性。

第二节 刑事审判中异议声明机制的运行原理[1]与基本原则

一、作为异议声明机制分析框架的程序控制理论

(一) 程序控制理论的基本内容

对异议声明机制的运行原理与基本原则的分析，将以程序控制理论为分析框架，该理论由主观程序正义理论的开拓者蒂博和沃尔克提出，他们在1978年联合发表的论文《程序论》中，对该理论进行了比较完整的阐释。

在《程序论》中，蒂博和沃尔克首先将纠纷解决的目标划分为"正义"和"真相"，然后区分了两种纠纷类型：一种是"认知纠纷"，典型是科学研究；另一种是"利益纠纷"，典型是法律讼争。他们认为，当纠纷主要在于利益问题，而认知问题只是有助于解决利益冲突时，纠纷解决的目标就在于实现"正义"；反过来，如果纠纷主要在于认知问题，纠纷解决的目标就在于探求"真相"。因此，不应简单地判断纠纷解决的具体目标，这取决于纠纷的主题。[2]

然后，他们提出了一套以"控制"(control)为核心的理论分析框架。在这个框架中，无论是认知纠纷还是利益纠纷，都至少涉及两到三个当事方：争议双方和作为顾问或决定者的第三方。程序控制在当事方之间的分配，成为程序体系中最重要的

---

[1] 有必要说明的是，本书对刑事审判中异议制度运行原理的阐释，主要是分别根据特定的理论框架，提炼、分析异议声明机制和异议裁断机制运行中的深层次特征。

[2] See J. Thibaut, L. Walker, "A Theory of Procedure", 66 *California Law Review* 3 (1978) 543-544.

第二章 刑事审判中异议制度的运行原理、基本原则与预期功能

考量因素。控制在这里至少包含两个方面：对决定（decision）的控制和对过程（process）的控制。对决定的控制归属，是由程序参与者对纠纷结果的影响力决定的。例如，在第三方决策者单独提出纠纷解决方案时，其就享有完整的对纠纷结果的控制。与此相对，对过程的控制是指掌控程序的发展进程，以及选定作为纠纷解决基础的信息。因此，有权开展调查活动和安排举示证据的程序参与方，可被视为在实施过程控制。如果程序参与人同时享有查证和决定的绝对权力，他就完全控制了程序。过程控制和决定控制的分配，决定着程序的性质。[1]

蒂博和沃尔克认为，一种将程序控制和决定控制委诸同一个无私的第三方的独断程序，可能最有助于探求"真相"。但是，对于法律程序而言，这种独断程序不是好的选择，因为法律程序的主要目的在于实现"正义"。他们认为，在诉讼中，分配正义的实现形式是对双方当事人所提出的结果分配主张的相对权重加以评估，然后作出相应的分配决定。这些主张的提出，是为了实现当事人与"好"结果之联系的最大化，或者让其与"坏"结果的联系最小化。这样一种用来实现分配正义的程序，在由争议双方来负责过程控制时，可以最大化地发挥功能。这种控制关系之所以最佳，是因为争议各方最有资格描述自己的投入或贡献。[2]

从理论上讲，按照这一思路，既然推定各方当事人自己最有能力说明各自的投入，那么讨价还价（bargaining）应该就是最可能实现正义的程序。然而，实践中并非如此，因为在利益

---

[1] See Thibaut, John, and L. Walker, "A Theory of Procedure", 66 *California Law Review* 3 (1978) 545-546.

[2] See Thibaut, John, and L. Walker, "A Theory of Procedure", 66 *California Law Review* 3 (1978) 547-549.

冲突非常激烈时，争议各方就无法达成协议了。蒂博和沃尔克指出，在存在激烈利益冲突的情况下，需要这样一种程序模式，它有点像讨价还价，因为由争议各方控制过程，但又不同于讨价还价，因为将决定控制交给了第三方。此时，最适合用以实现分配正义的程序模式是"公断"（arbitration），或者说，就法律制度而言，是英美对抗式程序。这种程序模式下，争议各方享有的过程控制的自由，最大程度上保证了他们会相信正义已经实现，而无论判决结果如何。同时，尽管他们负责过程控制，但无权去评判对手的权重——决定控制必然掌握在第三方手中，由其将规范标准适用于不同主张所生的冲突。[1]

在提出前述核心观点后，蒂博和沃尔克谈论了一些可能限制他们观点的特定情境。第一种情境是，纠纷的结局受到精密实体规范的控制。他们强调，为了让争议各方保有完整的过程控制，法律规则必须是笼统的，以使得基于具体情况的主张是相关的。否则，立法者就抢走了当事人手中的过程控制，并将其交到了审判方手中。第二种情境是，争议各方没有充分的资源（能力）去表达自己的主张。蒂博和沃尔克强调，他们的理论模型要求，如果争议各方没有能力实现有效的过程控制，他们就应当得到援助。同时，用于优化审判程序（或其他任何利益冲突解决机制）的资源应当优先用于提升争议各方提出主张的能力，然后再用于改善审判功能。只有如此，才能实现分配有限资源时的效益最大化。[2]

（二）程序控制理论作为分析框架的优势与局限性

作为理论分析框架，程序控制理论的优势主要在于三个方

---

[1] See J. Thibaut, L. Walker, "A Theory of Procedure", 66 *California Law Review* 3 (1978) 551-552.

[2] See J. Thibaut, L. Walker, "A Theory of Procedure", 66 *California Law Review* 3 (1978) 552-554.

第二章　刑事审判中异议制度的运行原理、基本原则与预期功能

面：其一，程序控制理论能够生动、准确地展示不同参与方在特定程序制度内部的相互关系，而且，这种展示不限于静态地标注各方在程序中的具体定位和权限，而是能够动态地呈现各方在程序运作过程中的互动情况。因此，该理论非常适合用来分析异议声明机制的运行原理。其二，程序控制理论便于对异议声明和异议裁断展开融贯分析。不难注意到，作为异议制度的两个基本环节，异议声明和异议裁断分别侧重于控辩双方对异议程序的过程控制和审判方对异议程序的决定控制，所以，基于程序控制理论来剖析异议声明机制，不仅有助于深入理解异议声明机制作为过程控制机制的内在原理，还便于进一步把握异议声明机制与作为决定控制机制的异议裁断的相互关系。其三，围绕程序控制理论而积累起来的程序正义理论相关成果，对于异议声明机制研究有着重要的启示价值。

当然，也应认识到程序控制理论的局限。作为分析框架，该理论容易导致对程序制度的过度"工具主义"评价。程序控制理论的提出者蒂博和沃尔克，本身就是主观程序正义理论中工具主义进路的代表。泰勒教授在点评蒂博和沃尔克的研究时指出："他们（蒂博和沃尔克）认为争议各方关注的是处理的结果，因此也就会努力通过控制证据的提交来实现对结果的直接或者间接控制。他们认为人们会尽可能地实现直接的决策控制，而且，如果他们不得不放弃对决策的控制，他们仍会努力通过对过程的控制实现对决策的间接控制。"[1]在此基础上，泰勒强调："尽管……过程控制和决策控制已经得到全面的研究，但在可能用来评价一项程序是否公正的众多标准中，它们只不过是其

---

[1]［美］汤姆·R. 泰勒：《人们为什么遵守法律》，黄永译，中国法制出版社2015年版，第234—235页。

中的两个而已。"[1]这些批判虽然并不彻底否认"工具主义"视角的正面意义,但提醒我们,在以程序控制理论为分析框架时,也应当注意保持研究视野的开放性,注意到结合"控制"以外的基准来综合考虑异议声明机制的运行原理和基本原则。

二、异议声明机制运行的深层次特征

(一)"以控辩双方为中心"的过程控制分配

作为异议制度的基本环节之一,异议声明机制侧重于过程控制的分配,强调由控辩双方共同主导异议程序进程,呈现出"以控辩双方为中心"的过程控制分配格局。

控辩双方对过程的主导体现在两个方面:其一,特定程序性争议是否进入异议程序,取决于控辩双方是否声明异议。如果控辩双方均未声明异议,审判方原则上不应主动处置该程序性争议。其二,激活异议程序之后,原则上,将由双方主导针对程序性争议的查证、辩论活动。比较之下,在启动异议程序、着手异议裁断之前,审判方的主要任务在于倾听控辩双方的意见,而不是"代替"双方对系争事项展开查证。

当然,"以控辩双方为中心"并不等于排斥审判方介入异议程序的过程控制。一方面,尽管控辩双方对异议程序的启动有决定性影响,但审判方仍可能依职权对程序性争议展开调查、处置。另一方面,尽管由控辩双方主导程序性争议的查证、辩论,但审判方仍可能积极影响控辩双方的论证活动,乃至直接参与查证。

从不同法域的审判实践看,在对抗化程度较高的法域,主要是允许审判方针对所谓"非对抗性事项"积极介入程序性争

---

[1] [美]汤姆·R. 泰勒:《人们为什么遵守法律》,黄永译,中国法制出版社2015年版,第234—263页。

第二章　刑事审判中异议制度的运行原理、基本原则与预期功能

议处置的过程控制。这些事项往往关涉第三方权益、诉讼效率等"公益"问题，而与控辩双方没有直接利害关系，因此控辩双方缺乏就这些事项声明异议的动力。[1]在具有职权主义传统的法域，审判方积极介入程序性争议，则更多地与该法域所秉持的实体真实理念有关。同时，审判方对控辩双方在异议程序中的诉讼行为进行适当管控，也是防止双方滥用程序控制，避免异议程序偏向实质不公正的必要措施。

在前述格局下，当涉及程序性争议时，控辩双方与审判方在过程控制上呈现出"此消彼长"的互动关系。一般而言，审判方越是积极介入程序性争议，控辩双方声明异议进而主动相互对抗的积极性就越低。反之，只有审判方对于程序性争议保持相对中立、克制，控辩双方才有足够的空间与动力去积极挑明争议、展开对抗。

达马斯卡精当地指出：

"在由律师向法庭出示证据的诉讼中，……律师提出的这一类异议（反对使用某个不得采纳的证据）最终并不涉及对事实认定者——法官或正式的普通法审判中的陪审团——的批评，所以他们提出异议时相对轻松。相反，在大陆法系国家，就某信息源的特定利用方式提出异议则常常意味着对法官行为的直接挑战：因为诸多选择都是法官做出的。其结果是，积极提出异议的律师将面临使事实认定者反感的危险。"[2]

控辩双方与审判方的这一互动关系主要受三方面因素影响：

---

[1] See Dennis D. Prater et al., *Evidence: the objection method*, LexisNexis, 2007, pp. 3-8.

[2] [美]米尔建·R. 达马斯卡：《漂移的证据法》，李学军等译，中国政法大学出版社2003年版，第120页。

其一，受到特定法域的刑事司法政策导向、程序公正和实体真实理念之具体内容的影响。如果该法域提倡能动性司法，对程序公正的理解偏工具主义立场，重视审判方对实体真实的积极探知，则审判方在与控辩双方的互动中就会明显强势，异议声明机制的运行空间将被压缩。其二，受特定法域实体性程序规则的全面性、弹性，以及规则对审判方裁量权的约束程度影响。如果实体性程序规则不够全面，控辩双方围绕程序性争议的对抗就缺乏足够的规范依据支撑，相应就产生审判方运用裁量权积极介入的需求。如果实体性程序规则多属刚性规则，控辩双方通过对抗而影响程序性问题处置的空间将被压缩，审判方则会获取更多的程序控制。如果对审判方裁量权缺乏严格约束，将使其更轻易地介入程序性争议，进而压制控辩双方对抗的积极性。其三，受到律师参与程度的影响。如果缺乏律师的充分、有效参与，辩护方将难以通过与控诉方的对抗来实现程序控制，这时就不得不要求审判方积极介入，以维持程序的实质平衡，避免失控。

（二）以对抗、对等为基本特征的控辩关系

在异议程序中，控辩双方"共享"程序控制，对抗性和对等性是这一"共享"关系的两个基本特征。这两个基本特征是紧密联系的，共同影响异议声明机制的具体设置。一方面，如果不具备对抗性，控辩双方对程序性争议处断程序的过程控制将发展为完全不同于异议程序的另一套程序机制。另一方面，一旦不具备对等性，异议声明机制就会偏离程序正义的基本要求，无法实现其在刑事审判对抗化语境下的预期功能。

对抗性作为控辩双方共享关系的基本特征，具体表现为三个方面：其一，控辩双方主要是通过竞争性的诉讼活动为异议程序提供"动力"，而不是依靠沟通、协商、约定等合意行为。

第二章　刑事审判中异议制度的运行原理、基本原则与预期功能

实践中，一旦控辩双方就程序性事项的合法性、妥当性问题达成一致意见，异议程序就失去了继续运作的必要性。其二，对抗性是异议声明机制配置控辩双方程序性权利和手段的逻辑起点。异议声明本身就具有强烈的对抗性，与此同时，在受到异议时，控辩双方还拥有通过提出"补证"等方式来回应异议的权利。其三，对抗性意味着，异议声明机制将诉讼资源优先用于强化控辩双方的对抗能力。

对等性作为控辩双方共享异议程序过程控制的另一特征，另有两方面具体表现：其一，控辩双方在异议程序中所享有的程序性权利和手段，以及负担的程序性义务与责任，原则上是对等的。无论是异议声明的权利，还是在受到异议时提出"补证"、展开辩论的权利，都不偏属于控辩之一方，而是双方同时享有。而异议失权，原则上也同时约束着控辩双方。其二，控辩双方在异议程序中所处的程序地位，原则上"平等"。这种"平等"既不否认控诉方作为国家追诉机关的超当事人使命和地位，也不否认辩护方在刑事诉讼中受到的一系列倾斜性保障，而是强调双方在异议程序中平等地拥有就程序性争议提出主张、发表意见、展开辩论、要求审判方给予及时处断的权利和机会。

（三）不可或缺的律师参与

律师参与，是对抗化刑事审判的重要特征。美国联邦最高法院曾有判例指出，对于对抗式审判，律师并不是奢侈品，而是必需品。[1]不同法域理论界和实务界普遍有类似论断。[2]对与刑事审判对抗化联系紧密的异议声明机制来说，律师的充分、

---

[1] See Gideon v. Wainwright, 372 U. S. 335, 344 (1963).

[2] 比如，在日本，田口守一指出，"在审判阶段，采用当事人主义的诉讼结构，因此辩护人的活动显得更加重要了"。[日] 田口守一：《刑事诉讼法》（第五版），张凌、于秀峰译，中国政法大学出版社 2010 年版，第 81 页。

有效参与同样是必备要素。所谓"以控辩双方为中心"的过程控制分配,基本上也就是"以控辩双方的'律师'为中心"的过程控制分配。

律师参与,是异议声明机制所设定的控辩双方与审判方的关系,以及控辩双方的相互关系得以落实的必要条件。如果缺乏律师参与,审判方根本不可能在审判中守持所谓客观中立的角色,被告人与控诉方客观上的悬殊差距就会在形式上的"对等"格局下暴露无遗,围绕程序性争议的整个程序运作都将失去正当性。如果缺乏律师参与,异议声明机制所包含的各种高度技术化、对抗化、对等化的程序性规范也不可能得到顺畅、高效适用。

在异议声明机制中,异议权等程序性权利被定位为律师的自主性权利,律师被允许相对独立于被告人而自主决定是否以及如何运用这些程序手段。同时,基于律师与被告人的委托关系,律师相关诉讼活动所产生的后果,会对被告人产生直接的约束力。

当然,律师参与仅仅是异议声明机制有效运作的必要条件,律师自身的对抗意识与辩护技能、律师与被告人的协同关系是否得到充分保障等因素,都会影响到律师在异议声明机制中的实际定位与作用,进而对异议声明机制的运转产生深刻影响。

(四) 对控辩双方过程控制的理性化约束

异议声明机制在确立"以控辩双方为中心"的过程控制格局,保障控辩双方能够围绕程序性争议充分展开对抗的同时,也注重对控辩双方在异议程序中的诉讼活动的理性化约束。所谓理性化约束,具体包括两个层面,其中之一是由审判方适度介入程序性争议,对控辩双方的诉讼活动进行适当管控。这一点在前文已经有一定论述,后续章节在比较法考察中还会具体阐述。比如，在美国，初审法官就有责任通过相对积极的管控措施，来保证不因控辩双方滥用异议权而影响到审判效率和公正性。

理性化约束的另一个层面在于程序规则的设定。在异议声明机制内部，一系列程序规则不仅确认了控辩双方的相关权利，还对控辩双方的异议声明在时机、理由、方式等方面提出了明确要求，并通过异议失权规则来驱使控辩双方自觉规范行使异议权。在异议声明机制外部，一系列实体性程序规则也会对控辩双方的程序控制形成约束，比如，在一些特定问题上，实体性程序规则可能会通过刚性规定来限制控辩双方的程序控制，甚至将程序控制托付给审判方。

当然，这里所指称的双重约束，并不是截然分离的，相反，两者联系紧密。一方面，审判方对控辩双方的管控，虽然被视为其固有权的内容，但是也需要明确的规则来支撑其干预的正当性，并设定其干预的边界；另一方面，任何约束控辩双方行为的程序规则，都要依靠审判方来保障其具体实施。

三、异议声明机制的基本原则

透过前面阐释的运行原理，可以提炼出构建与运作刑事审判中异议声明机制所应遵循的若干基本原则。

（一）平等武装

异议声明机制要求建立起"以控辩双方为中心"的过程控制分配格局，维系以对抗、对等为基本特征的健康的控辩关系，这就使得平等武装应被确立为构建与运作异议声明机制的首要原则。所谓平等武装，是控辩实质平等的基本要求，其作为一项程序原则和一种诉讼理念，对我国学者来说并不陌生。但是，许多学者对平等武装的理解存在扩大化和理想化的倾向，而本书主张将平等武装确认为构建与运作异议声明机制的首要原则，是建立在对该原则加以一定检讨与澄清之基础上的。

对平等武装的扩大化理解，首先表现为将控辩平等视为贯穿审判阶段和审前阶段的通行理念，[1]其次是将辩护方权利、地位的强化与保障一律视为平等武装的内容或表现。[2]至于理想化理解，则指一些学者轻易地认为平等武装在西方法治国家已为通论，不存争议，尤其是认为在奉行当事人主义的英美法域，平等武装具有毋庸置疑的地位。[3]

对此的检讨与澄清涉及两个方面：

第一，应当注意到，平等武装原则是一项专门应用于审判阶段的原则、理念。前文在介绍欧洲人权法院对平等武装原则之阐发时已经指出，平等武装与对抗性听审有密切关系，强调的是在不会导致一方当事人被实质性地置于相对于另一方当事人的弱势地位的前提下，给予其提出案件（present his case）的合理机会。美国学者西尔弗对于平等武装原则的阐释，也表明了平等武装作为审判理念的特殊性——在郑重提倡将平等武装确认为正当程序权利之一时，他强调"在法庭上的决斗（battle），要

---

〔1〕 例如，冀祥德教授在《控辩平等论》中论述作为平等武装基本内容的"诉讼地位与权利平等"时，分别讨论了平等性在侦查阶段和审判阶段的表现。参见冀祥德：《控辩平等论》，法律出版社2008年版，第55页。管宇博士认为，"在审前程序中贯彻控辩平等武装已经成为各国司法改革和司法实践中共同遵循的理念"。参见管宇："论控辩平等原则"，中国政法大学2006年博士学位论文，第28页。

〔2〕 例如，冀祥德教授认为，"平等武装不是一般意义上的权力（利）配置，而是必须强调对被追诉人的特殊保护，赋予其一系列的'特权'（privileges）和保障，同时相应地给予控诉方一系列的特殊义务或负担"。参见冀祥德：《控辩平等论》，法律出版社2008年版，第64页。

〔3〕 事实上，我国学者似乎很少去细致考证平等武装在英美的实践与理论争议，而多止步于强调平等武装是对抗制的基本要求。典型的是刘忠："未完成的'平等武装'——刑辩律师非知识技艺理性的养成"，载《中外法学》2016年第2期，第411页。

第二章　刑事审判中异议制度的运行原理、基本原则与预期功能

求的是控辩双方所拥有的准备与提出自己案件（formulate and present her case）的程序性权利，应当是平等而旗鼓相当的"[1]。

第二，平等武装原则的核心是强调控辩双方在审判中诉讼权利、手段的对等，而不在于辩护方的专属基本权利。欧洲人权法院虽然在其判例中强调平等武装与《欧洲人权公约》第6条第3款规定的被追诉人底线性权利紧密相关，但是，其并没有直接将这些底线性权利视为平等武装的核心要求。更值得注意的是美国的情况。美国联邦法院并无判例将平等武装确认为正当程序权利的内容，相反，第二巡回法庭曾经在1980年的"美国诉图尔克西案"中否认了平等武装在刑事诉讼中的适用性，认为"与民事案件不同，刑事指控不是一种对等的（symmetrical）程序"，而得出这一结论的理由就在于："控辩双方分别享有用以对抗的独特优势。比如，控诉方拥有来自国家的丰富侦查资源，而辩护方则拥有一系列不可能也不宜适用于控诉方的宪法权利。诸如第五修正案确认的不自证己罪特权和第六修正案确认的迅速审判权和获得通知指控罪名的权利，都是例证。……因此，平等武装不是一项明智的原则（sound principle）。"[2] 西尔弗在提倡平等武装原则时，也没有直接批驳第二巡回法庭对刑事诉讼特殊性的强调，而是认为这种见解过于简单（simplistic），他承认控辩双方各自享有独特的优势，并在整体上达到公正，也承认平等武装在逻辑上就不可能取代这种平衡。西尔弗只是坚定地指出，平等武装原则并不涉及辩护方的那些坚实的宪法权利，也无关控诉方拥有的可观资源，"它调

---

[1] See Jay Sterling Silver, "Equality of Arms and the Adversarial Process: A New Constitutional Right", 1990 *Wis. L. Rev.* (1990) 1038, 1039.

[2] 这里根据西尔弗的引文与评论翻译。See Jay Sterling Silver, "Equality of Arms and the Adversarial Process: A New Constitutional Right", 1990 *Wis. L. Rev.* (1990) 1038, 1039.

整的是控辩双方准备与提出自己案件的程序性权利"[1]。

基于以上澄清,可以看到,作为控辩实质平等具体要求的平等武装原则,是一项强调控辩双方在审判进程中诉讼权利、诉讼手段对等的技术性原则。在构建与运作异议声明机制时贯彻平等武装原则,也就是要求对等地确认、保障控辩双方能够充分享有并有效运用异议声明这一诉讼权利、手段。如果脱离了平等武装,委诸控辩双方的过程控制必然失衡,控辩对抗就不可能以对等、理性的方式展开,这势必动摇整个异议制度的正当性。

当然,强调前述意义上的平等武装原则,并不排斥有针对性地给予辩护方若干专属性的权利保障。相反,给予辩护方一定的专属性保障,恰恰为在异议声明机制中落实好平等武装提供了有力支撑。尤其是对被告人获得律师帮助权,以及辩护律师在审判中权利的特别保障,更是不可或缺。

(二) 权责均衡

权责均衡,是构建与运作异议声明机制应遵循的另一项基本原则。所谓权责均衡,关注的不是权利主体与他者的关系,[2]而是强调权利主体在拥有权利的同时,应承担与此相适应的责任。遵循这一原则就意味着,异议声明机制不仅要确认和保障控辩双方的异议声明权,还要明确控辩双方在异议声明过程中所应负担的责任。

---

[1] See Jay Sterling Silver, "Equality of Arms and the Adversarial Process: A New Constitutional Right", 1990 *Wis. L. Rev.* (1990) 1039.

[2] 按照分析实证主义法学家霍菲尔德的见解,从权利(广义)主体与他者的关系看,对权利(广义)的分析涉及四组最基本的概念,其中,权利(狭义)与(他者的)义务对应,而(他者的)责任则与权力对应。参见万毅:"刑事诉讼权利的类型分析——以分析实证主义法学为视角",载《政法论坛》2014年第2期,第16页。

第二章　刑事审判中异议制度的运行原理、基本原则与预期功能

要正确理解权责均衡原则，需要全面理解责任的内涵。正如我国法理学者很早就指出的，（责任的）内涵是在不断改变和发展的，责任概念具有多义性。[1]有意见认为，内涵丰富的责任概念可以被理解为实质要素与形式要素的结合，实质要素包括客观要素，即义务，以及主观要素，即归责；至于形式要素，则指负担或约束力。"一个完整的责任概念，应当由客观、主观和形式三要素组成"，同时，"根据义务的性质、规则的要求和约束力的形式不同，人们通常说的'责任'可以分为三类：……道德责任；……纪律责任；……法律责任"。[2]

按照前段提供的责任内涵框架，控辩双方在异议声明过程中所负担的责任来自三个方面：其一，基于社会一般道德标准、价值观念和心理意识而负担的道德责任；其二，基于法律职业共同体的行业标准、价值理念等而负担的职业伦理责任；其三，基于法律规范的明确要求而负担的法律责任。

就异议声明机制的构建而言，其中的法律责任是重点所在。从法理上看，法律责任的产生源于对法律义务的违反，法律责任的具体后果则主要取决于对义务的违反程度。因此，异议声明机制要遵循权责均衡原则，就应当为控辩双方设定异议声明的具体程式、边界，由此明确控辩双方在异议声明过程中的义务，同时要区别不同程度的违反义务情形，设定适当的法律后果。

在异议声明机制的构建与运作中贯彻权责均衡原则，有着重大意义。毕竟，尽管在理想状态下，由控辩双方实施过程控制的异议声明机制比较符合程序正义的基本要求，但是，若不

---

[1] 刘作翔、龚向和："法律责任的概念分析"，载《法学》1997年第10期，第7页。
[2] 刘作翔、龚向和："法律责任的概念分析"，载《法学》1997年第10期，第7页。

加以适当约束，异议声明机制在实际运转中会面临"跑偏"风险，可能产生一系列负面效应。其中，最明显的一个负面效应是影响诉讼效率，因为在缺乏责任约束的情况下，控辩双方可能出现单纯为拖延审判、扰乱对方等不当目的而声明异议的情况，还可能出现在声明异议时有意扩张论点、长时间发表意见的情况。另一个同样明显的负面效应是影响诉讼的平和性，因为不受约束的异议声明还可能在"挑明"程序性争议的同时，迅速激化各方矛盾，甚而演化成控辩双方（甚至控辩审三方）的争吵，乃至更为极端的冲突。

从比较法上看，美国、日本等代表性国家在实现异议声明中的权责均衡时，呈现出两方面的共同点：一方面，代表性国家普遍从异议声明的时机、说理、方式等方面为控辩双方设定了义务；另一方面，代表性国家普遍有异议失权规则，根据控辩双方在异议声明时违反预定义务的具体情况，在合理限度内让构成失权的一方承担相应的程序性法律后果。

（三）理性约束

理性约束，是构建与运作异议声明机制应当遵循的第三项原则。本书在分析异议声明机制的运行原理时已经提出，异议声明机制的运作涉及对控辩双方程序控制的双重约束。前面对权责均衡原则的分析进一步表明，对控辩双方的异议声明行为施以约束具有正当性。但是，施加约束的目的本就在于促使控辩双方异议声明的理性化，由此，约束本身也应当是理性的。否则，过度的、非理性的约束将造成对控辩双方异议声明的不当干预，就背离了制度设计的初衷。

前文提到，对控辩双方的约束涉及两个层面：其一，允许审判方适度介入程序性争议，对控辩双方的诉讼活动进行适当管控；其二，设置必要的程序规则，包括异议声明机制内部的

第二章 刑事审判中异议制度的运行原理、基本原则与预期功能

一系列规则,以及异议声明机制外部的一系列规则。

理性约束原则的贯彻,当然同时涉及这两个层面。

在第一个层面,要使得审判方在对控辩双方进行管控时符合理性,关键是要落实审判方在管控时的独立性、中立性与适度性。

所谓独立性,指的是就个案而言,审判组织能够在既独立于控辩双方,也独立于外部的其他权力主体,更独立于法院系统中的科层控制的条件下,自主地对控辩双方的异议声明活动进行管控。如果缺乏独立性,审判组织对控辩双方异议声明活动的管控,就可能成为案外因素影响审判的切入口。

所谓中立性,指的是审判组织在实施管控时,应当保持不偏不倚的立场,避免带有偏袒任意一方的前见,克制潜在的致罪倾向,对控辩双方的异议声明活动一视同仁地加以管控。如果缺乏中立性,审判方对异议声明活动的干预将从根本上背离程序正义的基本要求,因而缺乏起码的正当性。

所谓适度性,指的是审判方在实施管控时,要尊重控辩双方正常的异议声明活动,应以促进控辩双方理性声明异议为干预限度,不能将管控扩张为对控辩双方异议声明活动的过度压制。如果不注意干预的适度性,控辩双方声明异议的空间和积极性都会遭受打击,审判实践将与对抗化的趋势与理念背道而驰。

在第二个层面,要使得相关程序规则的设定符合理性,关键是要在规则设计上注意法定性、操作性与合理性。

所谓法定性,意味着设定规则,最好以法律为渊源形式,至少应采取法律认可的渊源形式。如果在规则设定上不能落实法定性,可能导致相关程序标准在不同法院难以统一,造成规则的安定性不足,这不仅使得通过规则来引导控辩双方的目的

难以实现，还从根本上动摇了相关规则的正当性。

所谓操作性，意味着在设定规则时，应充分考虑到控辩双方在实际遵守、运用这些规则时可能面临的现实困难、障碍，避免设定在实践中不具备实现可能性的规则。如果设定的程序规则不具备操作性，可能带来双重问题：其一，导致规则对异议声明活动的约束落空，催生实践中的不法异议现象；其二，可能使控辩双方正常的异议声明活动遭遇过度限制，无法顺利展开。

所谓合理性，是对操作性要求的延伸，主要是强调在设定相关规则，特别是设定外部的实体性程序规则时，应注意刚性规则与弹性规则的结合与平衡，避免规则设定上的不合理导致过程控制透过刚性的程序规则，从控辩双方手中被过多转移到审判方手中。

第三节　刑事审判中异议裁断机制的运行原理与基本原则

一、作为异议裁断机制分析框架的程序性裁判理论

（一）程序性裁判理论的基本内容

这里所指称的程序性裁判理论，由陈瑞华教授提出。

程序性裁判理论的逻辑起点，是将刑事审判中的裁判区分为实体性裁判和程序性裁判。所谓实体性裁判，即"法院对被告人的刑事责任问题所进行的司法裁判"[1]，主要包括定罪裁判和量刑裁判；所谓程序性裁判，即"以解决案件中的程序性

---

[1] 陈瑞华："审判之中的审判：程序性裁判之初步研究"，载《中外法学》2004年第3期，第327页。

第二章　刑事审判中异议制度的运行原理、基本原则与预期功能

争议为目的的司法裁判活动"〔1〕，对此有广义和狭义的区分，广义的程序性裁判"可以泛指一切为解决程序性争议所进行的司法裁判活动"〔2〕，狭义的程序性裁判则仅指非法证据排除程序中的裁判。〔3〕陈瑞华教授构建的程序性裁判理论，从提出至今，一直侧重于狭义的程序性裁判。

程序性裁判理论从五个方面强调程序性裁判的相对独立性：其一，程序性裁判在一定程度上附属于实体性裁判。根据陈瑞华教授的阐释，这种附属性有三重体现，即程序性裁判由实体性裁判者负责，程序性裁判的最终结果附随于实体性裁判，以及程序性裁判的救济程序附着于实体性裁判的救济程序。其二，程序性裁判虽然发生于实体性裁判进程中，但具有相对独立的程序空间。其三，程序性裁判从启动方式看，有职权启动与诉权启动两种方式。根据陈瑞华教授的判断，从实际情况看，法院职权启动程序性裁判并不多见，诉权启动才是主要方式。其四，程序性裁判语境下，控诉方居于被申请者的地位，成为"程序性被告"。其五，程序性裁判的诉讼标的相对独立于实体性裁判，就狭义而言，特指侦查人员取证行为的合法性问题。〔4〕

基于对程序性裁判主要特征的前述认识，陈瑞华教授提炼出程序性裁判所应遵循的四大基本原则：其一，实体性违法与

---

〔1〕　陈瑞华："刑事司法裁判的三种形态"，载《中外法学》2012年第6期，第1105页。

〔2〕　陈瑞华：《程序性制裁理论》（第三版），中国法制出版社2017年版，第250页。

〔3〕　目前，陈瑞华教授对程序性裁判的研究，都是以非法证据排除程序为范例的。

〔4〕　参见陈瑞华：《程序性制裁理论》（第三版），中国法制出版社2017年版，第252—257页。

程序性违法相分离的原则。陈瑞华教授指出,对于公共权力机构的违法行为,必须在实体性违法和程序性违法上加以区分,进而将实体性裁判和程序性裁判这两种基本的诉讼形态区别开来。其二,程序性违法的先行调查原则。在辩护方提出非法证据排除申请时,法院应当先行启动程序性裁判程序,这会导致实体性裁判程序暂时中止,而且实现了证据法庭准入资格审查与证明力强弱评价的阶段性区分。其三,证据能力优先于证明力原则。该原则与先行调查原则有一定重合,但不限于要求先行调查——陈瑞华教授指出,法院即便不先行调查因非法证据排除申请而引出的证据能力问题,在继续进行的法庭调查中,"也只能限于对那些无争议的证据进行法庭调查活动,而对被告方提出异议的控方证据,法院则不应将其纳入法庭调查程序"。其四,证明责任倒置原则。该原则意味着,在辩护方积极提出非法证据排除申请时,其不必亲自承担证明责任,而是由控诉方负责证明争议证据的合法性。[1]

  结合对程序性裁判核心特征和基本原则的把握,陈瑞华教授提出了程序性裁判作为程序机制应当具备的七个基本要素:其一,程序性裁判的启动,尤其是诉讼行为合法性异议的提出;其二,程序合法性异议的受理,涉及初步审查程序;其三,程序合法性争议的答辩,也就是由被异议方进行有针对性的反驳与抗辩;其四,程序合法性问题的审查,涉及书面审查或开庭审查的取舍;其五,证据规则的特殊要求,包括证据的可采性、证明责任的分配和证明标准的确定问题;其六,程序性裁决的作出,包括对裁决结论的说理;其七,程序性裁判的救济,也就

---

  [1] 参见陈瑞华:《程序性制裁理论》(第三版),中国法制出版社2017年版,第258—270页。

第二章 刑事审判中异议制度的运行原理、基本原则与预期功能

是程序性上诉问题。[1]

(二)程序性裁判理论作为分析框架的优势与局限性

作为理论分析框架,程序性裁判理论的优势主要体现在:其一,程序性裁判理论自身受到程序控制理论的深刻影响,在已经使用程序控制理论分析异议声明机制的情况下,运用程序性裁判理论可以很好地实现对异议裁断和异议声明的融贯分析;其二,纯粹的程序控制理论侧重于关注程序的过程控制问题,却相对较少关注程序的决定控制,比较而言,直接关注程序的决定控制面向的程序性裁判理论,当然更加适合用来分析异议裁断机制;其三,程序性裁判理论经过提出者长久以来的精心雕琢,内容丰富且逻辑较为周延,包含了大量结合我国刑事审判实践特征的本土化思考,因而极具参考价值。

但是,将程序性裁判理论作为分析框架,局限性也十分突出。其局限性的根源在于,程序性裁判理论隶属于程序性制裁理论体系。本书在第一章对异议裁断和程序性制裁加以辨析时就已经指出,尽管异议裁断与程序性制裁具有深刻的联系,但是,程序性制裁理论发展至今,从来没有明确涉及刑事审判中异议制度。作为程序性制裁理论的重要分支,程序性裁判理论片面关注狭义的程序性违法,集中关注对狭义程序性违法的事后救济,忽视程序构造中的平等对抗因素。这就使得我们不可能简单套用现有的程序性裁判理论来分析异议裁断机制的运行原理与基本原则,而必须在分析过程中注意对现有的程序性裁判理论进行适当的扩展与重塑。

---

[1] 参见陈瑞华:《程序性制裁理论》(第三版),中国法制出版社2017年版,第374页。

二、异议裁断机制运行的深层次特征

（一）通过合法性、妥当性判定来处置全部程序性争议

在刑事审判对抗化的语境下，控辩双方不可避免地会在诉讼进程中围绕特定程序性事项发生分歧、产生争议。这里所指的程序性争议，既不限于对审判公正性产生严重影响的所谓重大程序性争议，也不限于因侦查机关、检察机关、审判阶段等公权力机构的行为而引发的程序性争议，而是囊括了诸多看似对审判公正性不产生显著、直接影响的技术性争议，以及由辩护方行为引发的争议。

任何程序性争议都不是单纯针对特定程序性规范是否得到遵循或遭到违反的"形式性分歧"，而是关涉更为实质性的价值取向和利益之争。如果不对程序性争议的处置过程加以必要的约束，控辩双方可能会走向非理性的对抗，这会从公正性和实效两个方面影响到审判程序的正当性。第二节讨论的异议声明机制，主要通过保证控辩双方在挑明争议、相互争论时的平等武装、权责均衡，来促进控辩双方对审判程序过程控制的理性化。而异议裁断机制，则将注意力集中于审判方。

通过异议裁断机制，审判方对程序性争议的处置被转化为对程序性事项的合法性、妥当性的判定。所谓合法性、妥当性判定，是以一定的程序性规范和证据事实作为基础，并不直接等同于对程序性事项"实质正误"的评价。通过这一转化，审判方在进行异议裁断时，得以与程序性争议所蕴含的价值、伦理、权益争执保持一定距离，进而以较为理性、客观、中立的姿态来完成对争议的处置。[1]显然，这对于异议裁断的正当性

---

[1] 这里主要参考了王亚新教授的论见，参见王亚新：《对抗与判定——日本民事诉讼的基本结构》（第二版），清华大学出版社2010年版，第53、57页。

第二章 刑事审判中异议制度的运行原理、基本原则与预期功能

有重大意义。同时,将具有复杂实质意涵的程序性争议转化为合法性、妥当性争议,也在一定程度上提升了异议裁断的可操作性,使得审判方更容易实现对程序性争议的高效处置。此外,这一转化也形成了对控辩双方过程控制的理性约束,能够引导他们在围绕程序性争议展开对抗时,自觉地将规范与事实作为对抗的基点。

与实体性裁判要求"以事实为根据,以法律为准绳"类似,审判方在异议裁断中对程序性事项合法性、妥当性的判定,也必须以一定的规范和证据事实作为基础。其中,作为异议裁断基础的程序性规范,既包括实定的程序规则、原则,也包括具有弹性的实践传统、惯例。所谓合法性与妥当性的区别,就在于前者以实定程序规范为判定基础,而后者则以实践传统、惯例等为尺度。[1]当然,这组区分并不绝对,因为实定规范本身可能是对实践传统、惯例的确认。从实践角度看,更值得注意的是,审判方在合法性判定中的裁量空间较小,而在妥当性判定中则有着更大的裁量空间。而且,当审判方对程序性事项妥当性的判定有所积累后,其先前的异议裁断会具有一定的"判例"效果,对控辩双方在未来审判中的相关行为以及审判方未来对类似问题的裁断形成约束。

异议裁断对证据事实的基础性要求,与实体性裁判对事实基础的要求存在差异。在实体性裁判中,由于审判期日必然滞后于案发之时,裁判事实基础的揭示与确认基本上属于回溯性

---

[1] 这在两大法系均有体现。对于英美法系,以美国为例,按照艾伦教授的分析,美国证据异议的实践类型包括"对答复之可采性的异议"和"对不适当提问方式的异议",前者主要根据实定的证据规则展开,而后者则"由传统的审判惯例和审判法官特有的自由裁量权来支配"。参见[美]罗纳德·J.艾伦等:《证据法:文本、问题和案例》(第三版),张保生、王进喜、赵滢译,高等教育出版社2006年版,第262页。对于大陆法系,可参考本书第三章对日本刑事审判中异议声明理由的介绍。

证明,相比之下,异议裁断对事实基础的要求并不以回溯性证明为唯一形态——同时,在多种形态中,回溯性证明甚至不是主要形态。在控辩双方及时声明异议的情况下,审判方实际上亲历了审判中程序性争议的发生过程,因而,除非控辩双方对程序性事项的发生过程存在不同解说,否则,通常不需要回溯性证明。在控辩双方就后续庭审中可能发生的事项,于开庭前先行声明异议的场合,就更不存在所谓回溯性证明,而只要求论证特定程序性争议有发生可能性。只有当程序性争议根源于先前发生的、审判方未能亲历的程序性事实时,异议裁断对事实基础的要求才会具化为回溯性证明。

(二)异议裁断与实体性裁判的相对分离

现有的程序性裁判理论已经注意到程序性裁判比之于实体性裁判的相对独立性。异议裁断作为典型的程序性裁判,无疑也与实体性裁判相对分离。本书在第一章的概念辨析中,已经就异议裁断与实体性裁判相对分离的具体表现有所阐述。

此处为深入解析异议裁断机制的运行原理,主要是进一步对异议裁断与实体性裁判相对分离的缘由展开讨论。

第一,异议裁断与实体性裁判相对分离,是贯彻证据裁判的需要。规范意义上的证据裁判,核心在于对证据能力的有效规制,以使得事实认定建立在正当的证据基础上。据此,审判方的证据裁判活动实际上包括两个方面,其一是证据能力判定,其二是证明力评价。这两个方面必须保持一定的分离,才能满足证据裁判的前述核心要求。为了确保证据能力判定与证明力评价的分离,就必须注意异议裁断(主要指证据异议裁断)与实体性裁判的相对分离。否则,由于审判方在证据异议裁断过程中不可避免地会接触到争议证据的实质内容,难免使得心证在异议裁断过程中受到不当影响。

第二章 刑事审判中异议制度的运行原理、基本原则与预期功能

第二，异议裁断与实体性裁判相对分离，是排除预断的需要。对抗化的刑事审判，强调审判过程对审判结果具有实质性且决定性的影响，同时将审判过程的充分有效展开寄希望于控辩双方的积极对抗。如果审判方对实体性裁判过早形成预断，则意味着审判过程的展开将失去对审判结果的应有影响力，同时，一旦预断成为常态，必然会打击控辩双方对抗的积极性，进一步影响到审判的实效。为了尽可能排除审判方的预断，必须注意异议裁断与实体性裁判的相对分离。毕竟，审判方在裁断异议时，很难避免预断的产生。

第三，异议裁断与实体性裁判相对分离，是避免偏见的需要。对抗化的刑事审判，提倡程序正义理念，该理念要求审判方不应对控辩各方，尤其是不应对辩护方持有偏见。异议裁断要求审判方在进行实体性裁判前，对控辩双方的一系列争议进行评断，而这些评断必然导向对其中一方的支持（对另一方的反对），因此，存有使审判者自身产生偏见，以及令控辩各方感受到偏见的风险。这种情况下，注意异议裁断与实体性裁判的相对分离，就具有重要意义。

第四，异议裁断与实体性裁判相对分离，是审判方高效诉讼管控的需要。对抗化的刑事审判，强调审判方在着手实体性裁判前守持"被动"听审的形象，这本身与审判方所肩负的对审判过程予以适当管控的职责存在紧张关系。为了及时回应控辩双方挑明的程序性争议，审判方不得不采取有别于实体性裁判的方式，及时高效地进行异议裁断。否则，将难以有效化解控辩双方的争执，也无法及时纠正已经被确证的程序性错误，最终会对审判的公正性和效率等都造成不利影响。

总而言之，正是基于证据裁判、排除预断、避免偏见以及高效诉讼管控的需要，异议裁断机制要求异议裁断与实体性裁

判相对分离。

(三) 因应控辩对抗的及时裁断

控辩双方的异议声明,针对的是已经或即将发生的程序性事项的合法性、妥当性问题,尽管争议事项可能在案件进入审判阶段之前就已经发生,但是,控辩各方在审判中挑明争议时,往往都包含寻求审判方就此及时裁判的诉求。由此,就牵引出对审判方是否有及时裁断异议之责任的追问。至少有两点理由可以支持审判方的及时裁断责任:其一,审判方及时裁断异议,是尊重与保障控辩双方在过程控制层面主导地位的应然要求,如果审判方不必及时裁断控辩双方的异议声明,无疑会使得控辩双方对程序过程的控制显得绵软无力;其二,审判方及时裁断异议,是保证审判程序有序、高效推进的应然要求,如果不能及时处置已经被挑明的争议,后续审判进程将充满不确定性,因已存和即将发生的程序错误而带来的损害也将难以弥补。

不过,刑事审判对抗化最终并不能推导出审判方及时裁断异议的当然职责。在实践中,对抗化程度最高的美国就没有将及时裁断异议确认为审判方的当然职责,反而将未能及时要求审判方裁断视为异议方的失权事由。相比之下,具有职权主义传统的日本,反而在刑事诉讼规则中对审判方及时裁断异议有原则性要求。那么,为什么在刑事审判对抗化程度更高的美国,审判方及时裁断异议的责任反而软化呢?或许,这恰恰才契合于以控辩双方为中心的过程控制分配格局——如果要求审判方必须及时裁断异议,实质上就默认审判方在应对程序性争议时有更大的积极作为权限,这可能压缩控辩双方的过程控制空间,乃至压制控辩双方声明异议的积极性。换言之,软化审判方及时裁断异议的责任,是承认并保证控辩双方过程控制的逻辑延

第二章 刑事审判中异议制度的运行原理、基本原则与预期功能

伸（也可视为相应的"代价"）。[1]此外，还有一个重要原因，即许多程序性争议并不适合立即裁断，因为这些争议性质特殊，在规范和事实基础的确认上较为棘手。如果要求异议裁断一律及时作出，无疑会增加错断的可能性。

前段分析可能被质疑与笔者先前的分析存在矛盾，因为本书第一章在辨析异议裁断与程序性制裁时曾经指出，相比于程序性制裁的"事后救济"特征，异议裁断具有明显的即时对抗性，而前段分析却强调审判方没有及时裁断异议的当然职责。对此的说明是，尽管审判方没有及时裁断异议的当然职责，控辩双方却有着要求审判方及时裁断的权限与积极性，由此，导致异议裁断具有即时对抗性的关键在于控辩双方对程序的过程控制，而不依赖于审判方自身的强制职责。换言之，及时裁断异议，是对控辩对抗的回应。

三、异议裁断机制的基本原则

结合对异议裁断机制运行原理的分析，可以提炼出构建与运作异议裁断机制所应遵循的如下基本原则。

（一）公正裁判

公正裁判，是异议裁断机制构建与运作中应当遵循的首要原则，后续的证据裁判、兼顾效率原则，都处于公正裁判原则的统摄之下。

对裁判公正性的评价，无外乎从裁判的过程与结果两方面展开。从过程看，公正的裁判应当由独立且中立的裁判者，在充分尊重争议各方，并听取各方意见的基础上作出；从结果看，公正的裁判应当以裁判者确信的事实为基础，在符合实体性法

---

[1] 当然，这一观点即使在美国也是饱受争议的，威戈摩尔就对此提出明确的批评，认为过度依赖控辩双方的裁判程序是怪异的。

律规定的条件下作出。

公正裁判的两个维度联系紧密，其中，一般认为，过程上的评价对裁判公正性的影响更为深刻，因为法律争议难免激烈，结果上即便做到"以事实为根据，以法律为准绳"，仍然很难同时让争议各方都感到满意，但是过程上若做到独立、中立、尊重与倾听，则可能让争议各方在裁判结果不利时仍然认同裁判的公正性。

异议裁断直接涉及审判中程序性事项的合法性、妥当性争议，这些争议总与审判的实体内容有着千丝万缕的关系，其中一些可能涉及关键证据的准用与排除，因而对实体性裁判产生决定性影响，还有一些看似只针对调查方式、各方言行等技术性问题，却潜藏着控辩、审辩、控审甚至三方之间爆发激烈冲突的风险。如果审判方能够做到公正裁判，就能够及时化解争议，避免矛盾的激化，维护审判的有序、高效展开；反之，如果不能做到公正裁判，审判就会走向混乱无序，无法顺利展开。而要实现公正的异议裁断，当然需要从过程与结果两方面同时用力。

在过程上，公正裁判原则对异议裁断提出了两点要求：其一，审判方在异议裁断过程中应当保持独立、中立的立场。这一点在前文阐释异议声明机制所要求的理性约束原则时曾有涉及，此处值得重申。如果审判方在裁断过程中不能保持独立性，就可能使得案外因素左右其裁断；如果不能守持中立，就容易使争议各方感到偏颇，进而难以认同审判方的权威性和裁断结果。要保证审判方裁断异议时的独立性，要求在规范层面确认审判组织拥有排他的异议裁断权；要维护审判方裁断异议时的中立性，则要求避免审判方在异议裁断时存在预断和偏见。其二，审判方在异议裁断过程中应当尊重控辩双方，充分倾听控

第二章 刑事审判中异议制度的运行原理、基本原则与预期功能

辩双方的意见。这一要求，实质上是与异议声明机制的平等武装原则和理性约束原则相连通的——审判方对控辩双方的尊重与倾听，应当是一视同仁、平等对待前提下的尊重与倾听，而要实现这一预期，就必须确认控辩双方在异议声明过程中拥有对等的诉讼权利与手段；同时，审判方的尊重与倾听，当然意味着其对控辩双方异议声明活动的管控不能过度，以免妨碍到控辩双方正常的意见表达。

在结果上，公正裁判原则对异议裁断提出了三点要求：其一，审判方在判定支持或驳回异议声明时，应以事实和规范为基础，并慎重行使手中的裁量权。审判方支持或者驳回异议声明，应取决于异议声明是否合法，程序性争议是否存在、具体如何，以及根据实体性程序规则应对程序性争议作何评价。如果脱离事实与规范，其支持或驳回异议声明的判定就是非理性的，难以得到控辩双方的认同。有时，实体性程序规范较为笼统、概括，使得审判方在评价程序性争议时拥有一定的裁量空间，在这种情况下，异议裁断仍然不能脱离事实与规范，否则会被视为恣意。其二，审判方支持或驳回异议声明后，进一步实施的处分行为应以必要为限。一般而言，审判方的处分明显超出异议方的请求，即为不必要。比如，若异议方仅指出相对方发问方式存在不当，要求其改变发问方式，那么审判方在支持异议时直接禁止相对方继续发问，就超出了必要限度。其三，控辩各方不服异议裁断时，应给予其适当的救济途径。异议裁断的结果通常难以让控辩双方都满意，而且，的确不能排除审判方的裁断结果发生错误的可能，因此，为维护裁断结果的公正性，给予不服裁断的当事人救济的途径是必要的。

（二）证据裁判

作为许多学者眼中现代刑事诉讼的"帝王原则"，证据裁判

是异议裁断机制构建与运作中应当遵循的第二项原则。对此需要从两方面把握：一方面，正如在分析异议裁断的运行原理和公正裁判原则时已经指出的，异议裁断本身应当体现证据裁判，将判断建立在证据事实的基础上，对此不多赘述；另一方面，更为重要的是，异议裁断机制（主要指证据异议裁断机制）的构建与运作，应当主动适应并促进证据裁判原则在作为整体的刑事审判程序的构建与运作中的贯彻落实，这方面的内容在前文有零散涉及，以下进行更为集中的分析。

  现代刑事诉讼贯彻的是规范意义上的证据裁判，其核心在于对证据能力的有效规制，以使得事实认定建立在正当的证据基础上。有效规制证据能力，涉及"实体面"与"程序面"两个要求。所谓"实体面"要求，就是要明确证据能力的具体要件，进而有针对性地设定完备的证据能力规则体系。至于"程序面"要求，则是要构建起合理的证据能力规则实施机制，其中的合理不仅意味着保证证据能力规则能够富有活力地得到具体适用，还要求协调好证据能力判定与证明力评价的关系，通过两者的相对分离，避免证据裁判初衷的落空。

  异议裁断机制与证据裁判的适应与协调，是以证据裁判的"程序面"要求为切入点的。在刑事审判对抗化的语境下，证据能力规则的具体适用，或者说审判方的证据能力判定活动，主要是通过对证据能力异议的裁断来实现的——通常，只有在控辩双方声明证据能力异议的情况下，审判方才会基于对异议的裁断来具体适用证据能力规则。这样一来，证据裁判的"程序面"要求就由实现证据能力判定与证明力评价的相对分离，转化为证据异议裁断与实体性裁判的相对分离。为实现相对分离，实践中摸索出了多种方案。其一，在审判组织内部，对证据异议裁断权与实体性裁判权的具体分配作出技术化的安排。

第二章 刑事审判中异议制度的运行原理、基本原则与预期功能

比如，在美国的陪审团审判中，证据异议裁断权原则上归属于初审法官；在日本的裁判员审判中，证据异议裁断权归属于构成裁判官；在我国人民陪审员参与的审判中，证据资格的判定权归属于职业法官。其二，在审判的具体展开过程中，设置隔离措施，避免仅享有事实认定权的审判组织成员参与或接触到对证据能力异议的裁断。这主要发生在美国的陪审团审判中。但是，审判组织内部的分权与是否采取隔离措施没有必然联系，像日本虽然存在分权，可非但在裁断异议时不采取措施隔离裁判员，还明确规定裁判员可以列席裁断过程。其三，鼓励在正式庭审前完成对证据能力异议的裁断。在陪审团审判中，这种做法属于实现陪审团"隔离"的具体举措之一，在不强调隔离的法域，这种做法则被认为有助于缓和审判方在证据能力判定时的预断风险。其四，增添审判方在实体性裁判中对证据能力异议裁断的表态、说理责任。这意味审判方在对证据能力异议进行裁断时，应当就争议证据的证据能力作出明确的表态，特别是在否认其证据能力时，应明确宣告是整体排除还是部分排除，而这一宣告将成为审判方作出实体性裁判时的具体负担。

（三）兼顾效率

兼顾效率，是构建与运作异议裁断机制所应遵循的第三项基本原则。称之为"兼顾"，意味着效率不是异议裁断机制的唯一目标或核心追求。但是，兼顾效率作为一项原则，仍然是贯穿于异议裁断机制构建与运作的每一个环节的，前述公正裁判与证据裁判两项原则，也都受到兼顾效率原则的深刻影响。

兼顾效率，本身是公正裁判的内在要求。如果审判方对异议声明的裁断迟缓低效，客观上会增加案外因素影响裁断独立性、中立性的可能，而且会影响控辩双方对裁断过程公正性的

感受与评价，还会导致程序性争议悬而未决，造成裁断结果公正性被打折扣。反之，高效及时的裁断更可能使审判方独立、中立地进行判定，也能够让控辩双方在裁断过程中更强烈地感受到来自审判方的尊重，更容易使控辩双方相信己方的意见得到了审判方的认真倾听与考虑，同时，高效的异议裁断也能够及时化解控辩双方围绕程序性事项的争议，更有效地补救程序性错误，这就提升了裁断结果的公正性。

兼顾效率，影响到在异议裁断中贯彻证据裁判原则的限度与模式。证据裁判原则强调对证据能力的有效规制，这既涉及"消极面"的非法证据排除，也涉及"积极面"的证据查证属实。其中，就查证属实，以证据方法严格性和证明程度上的差异为标准，存在严格证明与自由证明的划分。在实体性裁判层面，由于涉及"有罪无罪"这一刑事诉讼中最重要的判断，理应贯彻严格证明法则。但是，在异议裁断这样的程序性裁判中，严格证明法则不再必要，而在多数情况下允许仅适用自由证明法则。这种在贯彻证据裁判时的模式转换，固然以异议裁断中事实基础的特性为基础，但很大程度上也受到效率因素的影响——异议裁断适用自由证明法则，能够在维持基本的事实基础的同时，促进裁断及时作出，这能够及时为围绕实体裁断的严格证明创造条件，也节省了大量司法资源；反之，如果异议裁断过多适用严格证明法则，不仅会过度占用本就有限的司法资源，还会压缩围绕实体性裁判进行严格证明的空间，导致审判的整体冗杂、拖延。

兼顾效率作为一项原则，还对异议裁断的救济机制产生深刻影响。异议裁断作为一种程序性裁判，是审判方通过合法性、妥当性判定来处置控辩双方提出的全部程序性争议。为兼顾效率，对异议裁断通常不设置专门的救济路径，而是将不服异议裁断纳入一般的上诉程序中予以调整。这意味着,一旦审判方作出异议裁断,控辩双方不能就裁断所涉的程序性事项再次声明异议,通常也不能立即针对该异议裁断而向上级法院寻求救济。对异议裁断救济机制进行这样的"一事不再理"的处理,之所以体现了对效率的兼顾,主要是因为如此制度安排能够有效避免程序性争议在审判进程中"久拖不决"。

第四节 刑事审判中异议制度的预期功能与关键制约条件

在深入分析刑事审判中异议制度的运行原理与基本原则的基础上,本节进一步追问:通过这一制度的构建与运作,有可能实现哪些预期功能?所谓预期,既体现出这些功能具有实现的可能性,同时也暗示这些功能的实现必然受到诸多条件制约,在实效上存在不确定性。因此,本节不仅会对刑事审判中异议制度的三项最重要的预期功能加以描绘,还会论及实现这些功能所要认真对待的关键制约条件。

一、刑事审判中异议制度的三项预期功能

(一)实现程序性争议的公正、高效化解

在刑事审判对抗化的语境下,程序性争议的发生属于"正常现象",因为控辩双方在立场上相互对立,当然容易在评价具体程序性事项时发生分歧、产生争议,同时,在对抗化语境下,控辩双方对审判方的职权行为比较"敏感",当认为审判方的活动与己方立场、权益相冲突时,也可能走向争执。在一定意义上,对抗化的刑事审判,正是通过不断地引出并解决程序性争议,来实现诉讼进程的推进。如果控辩双方相互之间,或者控辩各方与审判方之间在审判进程中鲜有分歧,不存在争议,反

而达成了共识,那么采取对抗化审判模式的必要性将会降低,审判很可能走向更为简化、平和的模式。

但是,与此同时,在发生程序性争议的情况下,如果审判制度的运作不能做到公正、高效地化解争议,那么这些程序性争议非但不会助力诉讼进程的推进,反而将导致审判陷入停滞、混乱。正因如此,对抗化的刑事审判必然要求配置能够公正、高效处置程序性争议的专门制度——由异议声明机制与异议裁断机制构成的异议制度,正是多数走向刑事审判对抗化的法域的普遍选择。

通过以平等武装、权责均衡和理性约束为基本原则的异议声明机制,一方面,控辩双方不仅有权以适当的方式向审判方及时表明对程序性事项的反对意见,还有权就相对方的质疑进行回应、展开辩论,同时有权要求审判方及时就程序性争议进行判定、处置;另一方面,控辩双方负有以理性、规范的方式发表不同意见、尊重审判方的诉讼指挥和异议裁断、承受因异议失权带来的不利后果的责任。

通过以公正裁判、证据裁判、兼顾效率为基本原则的异议裁断机制,一方面,审判方能够在判定与处置控辩双方提出的程序性争议时维系独立、中立的裁断者形象,而且有权对控辩双方的异议声明行为进行适当管控;另一方面,审判方有责任在进行裁断时尊重控辩双方、耐心倾听各方意见,并且慎重地将裁断建立在事实与规范基础之上,还有责任在管控异议声明活动和具体进行裁断时注意兼顾效率。

总而言之,异议制度的运行原理和基本原则决定了其有能力在对抗化的刑事审判中发挥公正、高效化解程序性争议的功能。

第二章　刑事审判中异议制度的运行原理、基本原则与预期功能

（二）推动实体真实的技术化实现

理论上对实体真实的分析主要是区分积极实体真实论与消极实体真实论，前者倾向于在事实存疑时容忍错判有罪，后者则倾向于容忍错判无罪。显然，积极/消极实体真实论的背后，是打击犯罪与人权保障这两大价值目标的权衡取舍。[1]本章第一节结合刑事审判对抗化程度对实体真实的分析则表明，在强调消极实体真实优先之余，还应关注实体真实的实现在过程、方法、技术上的特点。这就涉及实体真实的技术化实现或者说技术化的实体真实论这样一个新命题。所谓对抗化与职权化两种实体真实模式，本身就是对实体真实的技术化实现的两种倾向的比较。

技术化的实体真实论与积极/消极实体真实论并非泾渭分明。技术化的实体真实论将实体真实的实现分解为两个层次，第一层次为"减少错误"，即提示事实认定的准确性，减少事实认定错误；第二层次为"分配错误"，即在事实存疑时考虑由此导致的不利后果由何方承担。在两层次结构中，积极/消极实体真实论属于第二层次即"分配错误"的问题。[2]由此，可以认为，传统上集中关注积极/消极实体真实论的观点是存在片面性的，技术化的实体真实论的提出，是对传统见解的检讨与补充。

实体真实的技术化实现，主要从两方面入手，一是构建起全面合理的证据规则体系，二是构建与此相匹配的规则实施机制，并在这两个方面做到对"减少错误"与"分配错误"的合

---

[1] 参见万旭："价值冲突与效率危机：我国刑事证据制度的转型"，载谢进杰主编：《中山大学法律评论》（第14卷第3辑），中国民主法制出版社2017年版，第181—182页。

[2] 这里借鉴了美国学者拉里·劳丹的观点，参见［美］拉里·劳丹：《错案的哲学：刑事诉讼认识论》，李昌盛译，北京大学出版社2015年版，第2页。

理兼顾。[1]异议制度与实体真实的技术化实现的关联在于，其是一种重要的证据规则实施机制。作为一种实施机制，异议制度能够合理兼顾"减少错误"与"分配错误"，因而推动实体真实的技术化实现。

首先，通过异议制度，控辩双方能够及时激活各种证据规则，这就有助于及时纠正证据调查中的错误，提升事实认定的准确性。例如，交叉询问是一套经典的证据调查规则，其对于发现事实真相有积极意义，但也蕴含着妨碍发现事实真相的风险。这一风险的根源在于，交叉询问的应用本身也可能出现违法、不当的情况。要保障诸如此类的证据调查规则在合法、合理轨道上运作，就要确立适当的异议制度，以便及时发现、处置证据调查过程中的合法性、妥当性争议。

其次，异议制度具有相对独立性，特别是异议裁断与实体性裁判相对分离，因此，通过异议制度，能够为控辩审三方围绕"分配错误"层面的证据问题展开充分、理性、有效的互动创造条件——对于控辩双方来说，相对独立的异议程序缓和了就"分配错误"问题展开对抗可能引发的不当影响事实认定者心证的风险；对于审判方

---

[1] 就这两方面而言，对抗化与职权化两种实体真实模式既有相近之处，也不乏差异。从传统见解看，对抗化模式的技术化色彩更强，这不仅由于传统上认为对抗化语境下证据规则体系更为精致复杂，还由于传统上认为对抗化语境下由于提倡控辩双方的参与和主导，证据规则的实施机制会比法官主导的职权模式更强调程式、规范，也就更技术化。笔者认为，这一结论实际上是很模糊的，而且包含不容忽视的误解、误读，因而意义有限——不应草率地认为职权化语境下证据规则体系就粗疏简陋，也不应认为职权化模式就不注重规则实施的程式、规范，而且，两种模式的划分主要存在于理论层面，现实中的成例都是两种模式的混合物。因此，不应简单地认为对抗化模式相对于职权化模式更具"优越性"。在笔者看来，对抗化模式之所以不断被接受，进而在世界范围内形成了刑事审判对抗化的趋势，重要的深层次原因在于，这一模式能够更好地兼顾实体真实的两个层次，进而适应刑事审判价值目标多元化。明确这一点，有助于我们更为准确、深刻地理解，为什么作为对抗化刑事审判基本组成部分的异议制度，能够有力推动实体真实的技术化实现。

第二章 刑事审判中异议制度的运行原理、基本原则与预期功能

来说,也能够在更为中立、超脱的条件下处理"分配错误"问题。

(三) 促进提升对抗化刑事审判的活力

异议制度与刑事审判对抗化联系紧密,其本身是成熟完备的对抗化刑事审判程序的基本组成部分,体现了对抗化刑事审判在横向构造上的三大核心要求,契合于司法竞技主义与程序正义理念的基本精神,而且适应多元化的价值目标结构实践表明,合理的异议制度有助于提升对抗化刑事审判的活力。

控辩双方能否自主、充分地声明异议,决定着他们是否真正主导着审判进程,进而决定了刑事审判是否充满活力。合理的异议制度,能够从"正反"两方面引导控辩双方积极声明异议,当然也就有助于提升对抗化刑事审判的活力。所谓"正面"引导,即异议制度确认并保障控辩双方声明异议的权利,为控辩双方声明异议创造了条件、提供了便利;所谓"反面"引导,即设定了失权规则,使得控辩双方在怠于异议时承受不利后果,由此提升双方声明异议的积极性。

在刑事审判对抗化程度最高的美国,实体性程序规则(包括证据规则)更多地被视为律师借以与相对方对抗,并提出己方主张的手段。据此,这些规则是否以及何时被激活,几乎完全取决于律师的抉择。如果律师决定激活特定规则,他必须适当地声明异议,否则就要承担失权后果。这样一来,异议制度就被置于美国对抗化刑事审判的核心位置,正是通过合理的异议制度,纸面上的程序规则才得到了具体、充分的应用,审判实践才显得如此生机勃勃。同样,在标榜当事人主义的日本,早在其新刑事诉讼法实施之际,著名法官横川敏雄就将异议制度视为"构成当事人主义构造的根本"[1]。对于日本审判实践

---

[1] 转引自 [日] 大出良知等编著:《刑事辩护》,日本刑事诉讼法学研究会译,元照出版有限公司2008年版,第232页。

中存在的书面裁判、公审空洞化等问题，许多学者也将控辩双方（特别是辩护方）没有充分利用异议制度，不积极声明异议视为重要原因。[1]同时，日本异议制度本身的一些不合理之处，成为控辩双方声明异议积极性不高的主要原因，这也从侧面佐证了合理的异议制度对于保障对抗化刑事审判活力的重要意义。[2]

当然，合理的异议制度并不盲目地鼓励控辩双方积极对抗，而是同时注意通过理性约束，让审判中的控辩对抗维持在合理限度内。

二、影响预期功能实现的关键制约条件

通过构建与运作异议制度，能否实现前述预期功能，受到多方面条件的制约，本书此处集中分析其中三个较为关键的制约条件。

（一）作为整体的刑事审判程序的完备性和对抗化程度

相对于作为整体的刑事审判程序，异议制度处于保障性程序、侧重于程序面这样的从属地位。这一特殊地位在使得异议制度适应作为整体的刑事审判程序所承载的多元价值目标结构的同时，也决定了异议制度预期功能的发挥在很大程度上受制于作为整体的刑事审判程序的完备性和对抗化程度。

对作为整体的刑事审判程序的完备性，需从两方面理解：其一，刑事审判程序所包含的前提性程序、主程序和其他保障性程序应当完备。如果前提性程序、主程序或其他保障性程序缺失，作为保障性程序的异议制度自然会受到限制。例如，如

---

[1] 参见汪振林：《日本刑事诉讼模式变迁研究》，四川大学出版社2011年版，第261页，第268—270页。
[2] 详见本书第四章第三节。

第二章 刑事审判中异议制度的运行原理、基本原则与预期功能

果刑事审判程序没有设置庭前准备程序,那么庭前异议制度就没有构建与运作的时空条件;再如,即使设置有庭前准备程序,如果庭前的证据开示程序不到位,那么即使在规则上允许控辩双方提出庭前证据异议,这一规则也难以有好的实效;又如,若不能从制度上保证律师与被告人能够结成稳定的协同关系,即使确认律师有权相对独立于被告人而展开异议声明活动,其在异议声明中的地位与作用也仍然会比较有限。其二,刑事审判程序在实体面应当完备。如果实体性程序规则本身尚未构建、缺乏合理性,那么作为实施机制的异议制度必然难以发挥预期功能。例如,假设实体性规则一刀切地禁止控辩双方在人证调查中进行诱导发问,那么异议制度的运作可能反而会影响交叉询问发挥查明事实真相的积极功能。

对作为整体的刑事审判程序的对抗化程度,也要从两方面把握:其一,只有在刑事审判程序所包含的前提性程序、主程序具有较高的对抗化程度时,异议制度作为保障性程序的重要性才会凸显,其预期功能才能更好地实现。如果前提性程序、主程序本身的对抗性有限而职权性突出,那么前述预期功能的实现将更多地依靠法官的职权活动,而强调由控辩双方主导过程控制的异议制度的重要性将锐减。同样,如果前提性程序、主程序中没有贯彻控辩双方的平等武装,那么异议制度也无法良性运转。其二,只有在刑事审判程序所包含的实体性程序规则具备足够的弹性,可以容纳控辩双方的对抗活动的前提下,异议制度的预期功能才有实现的可能性。如果实体性规则本身过于刚性,审判程序的过程控制就必然掌握在审判方手中,异议制度的运作空间会被高度挤压。

同时,在更开阔的视野下,就作为整体的刑事诉讼程序而言,是否真正确立了以审判为中心的纵向程序构造,使得刑事

审判真正成为一个相对独立于各种外部的权力、舆论因素的，能够容忍控辩双方基于法律规范与事实证据展开理性对抗的，能够保障审判方守持客观中立的定位进行公正裁判的法空间，无疑也对异议制度能否发挥预期功能有着根本性的影响。

（二）参与异议制度运作的法官、检察官、律师的个体因素

异议制度能否发挥其预期功能，高度受制于具体参与制度运作的法官、检察官、律师[1]的个体因素。这里所谓个体因素，应从理念因素、伦理因素和技能因素三方面分别把握。同时，虽然称之为个体因素，但不应仅仅割裂地关注单个的法官、检察官或律师，而是要同时关注这些个体的相互关系、相互影响。

就理念因素而言，前文指出，异议制度与刑事审判对抗化关系紧密，而刑事审判对抗化在程序理念层面强调司法竞技主义和程序正义理念。显然，法官、检察官和律师是否理解、认同这些对抗化的程序理念，并因此在实践互动中达成某种共识，对于异议制度良性运作并发挥预期功能是至关重要的。如果法官不认同这些理念，就很难在审判中守持客观中立的定位，而更容易积极干预审判进程，主动介入程序性争议；如果检察官不认同这些程序理念，就很难甘于在审判中采取与辩护方对等的诉讼手段来平等对抗，而更容易走向公权压制；如果律师不认同这些理念，就可能缺乏积极声明异议、展开对抗的自觉意识与担当勇气，更容易在审判中唯唯诺诺。

就伦理因素而言，无论是异议声明还是异议裁断，都会受

---

[1] 需要说明的是，正如本章第二节指出的，就运行原理而言，律师参与对异议声明机制来说是不可或缺的，因此，律师是否有效、充分参与，本身也可被视为异议制度预期功能实现的制约因素。只不过，因为前文已经较为充分地论述了律师参与的重要性，所以此处侧重于在律师参与的基础上，关注律师、法官、检察官个体因素对异议制度功能实现的影响。

第二章 刑事审判中异议制度的运行原理、基本原则与预期功能

到策略性因素的影响，控辩双方可以单纯出于打乱相对方庭审节奏、模糊庭审焦点或者向事实裁判者暗中传递信息、给处于窘境的己方证人提供提示或喘息机会等目的而声明异议；法官可能为了避免自己的裁断面临上诉审的复查而故意怠于作出明确的裁断。尽管异议制度自身在运行原理和基本原则上就强调对控辩审三方的理性约束，但是，如果法官、检察官、律师自身缺乏必要的、符合对抗化刑事审判要求的职业伦理素养，那么异议制度的实际运作就很难不被各种诡计、恶意充斥，这不仅会使得异议制度的运作偏离初衷，无法发挥预期功能，还可能有损刑事审判的正当性。

就技术因素而言，无论是异议声明还是异议裁断，都是高度技术化的诉讼行为，且受到程序规则的重重限制。对于法官、检察官和律师而言，不仅要熟悉异议声明与裁断的具体条件、方式，还要熟悉庞杂的实体性程序规则，否则，在对抗化审判的快节奏下，异议制度的运作难免走形。同时，异议声明与异议裁断对法官、检察官和律师的实践经验也有很高要求，因为异议制度所对接的程序性争议具有开放性，单纯通过书本或课堂无法学习全部的争议状况。从比较法上看，美国刑事审判中异议制度运作良好，与其法律职业群体普遍重视异议技能的训练，且注意积累相关实践经验有密切关系，而日本在新刑事诉讼法实施之后，从早期的异议现象极为匮乏、异议规则被虚置到现在的异议现象逐渐增加，与其法律职业群体的相关职业技术水平的提升不无关系。

（三）异议制度自身设计的合理性

最后，异议制度自身设计的合理性同样影响到异议制度预期功能实现与否。试想，如果异议制度自身设计不合理，脱离实践，不具备可操作性，那么，即使作为整体的刑事审判程序

在向着完备与对抗化积极变革，即使法官、检察官和律师在理念、伦理和技术因素上积极主动迎合贯彻异议制度的需要，异议实践仍然不会取得良好效果，预期功能仍然不可能实现。

例如，假设异议制度没有考虑到指向审判方的异议声明的特殊性，没有对控辩双方声明此类异议在时机、方式上提供特殊照顾，而是一律要求他们在注意到审判方不法、不当行为时立即异议，那么这一规则实际上就将控辩双方置于"要么放弃异议，要么得罪法官"的两难境地，严重影响控辩双方声明此类异议的积极性。再如，假设异议制度要求控辩双方在声明庭上异议时必须采用书面方式，并详细说明异议根据，那么必然强化异议制度与庭审效率的紧张关系，要么在控辩双方积极声明异议时妨碍效率，要么会使得控辩双方不愿意声明异议。又如，假设在陪审团审判中，异议制度没有要求在异议裁断时贯彻"陪审团隔离"，那么陪审团很容易透过异议裁断过程接触到不可采的证据信息，这必然导致制度设计的预期功能落空。

应当注意到，前述关键制约条件是相互影响的，并不是说必须彻底地克服了前面两个制约条件，才能考虑异议制度自身的合理设计。相反，合理设计的异议制度本身是有助于刑事审判程序自身合理性和对抗化程度的提升，也有助于法官、检察官和律师转变理念、提高职业伦理素养、提升职业技能与经验的。同样，这些制约条件与异议制度预期功能之间也是相互影响的关系，一方面，制约条件的逐步克服，无疑有利于异议制度预期功能的发挥；另一方面，异议制度预期功能的逐步实现，本身也能够推动制约条件的改善。

第三章 比较法视野下的刑事审判中异议声明机制[1]

第一节 美国刑事审判中的异议声明机制

一、美国刑事审判中异议声明的主体

(一) 律师在异议声明中的定位与作用

"律师化",是美国对抗式刑事审判的基本特征。美国学者德雷斯勒和迈克尔斯教授指出,美国刑事诉讼程序于"制定法和宪法上的制度设计……均立足于以下前提设计:被告人有一个称职的律师代表着他的利益。……可以毫不夸张地说,美国刑事司法体系的正当性正是依赖于称职的、具有职业道德的辩护律师们的参与——他们勤勉地帮助当事人实现利益的最大化"[2]。其实,对于控诉方,律师参与同样不可或缺——政府不可能亲自参与个案审判,只能由检察官作为政府代表参与,而在美国,检察官被视作"政府的律师"。正如张建伟教授指出的,在美

---

〔1〕 本章和下一章对刑事审判中异议制度的比较法考察,主要围绕美国、日本刑事审判中异议制度的比较展开,如此限定比较范围的原因,已在本书绪论部分述明。

〔2〕 [美] 约书亚·德雷斯勒、艾伦·C. 迈克尔斯:《美国刑事诉讼法精解》(第四版,第二卷·刑事审判),魏晓娜译,北京大学出版社2009年版,第49页。事实上,在辩护律师参与的情况下,尽管其在整体辩护策略、重要决策和涉及基本权利问题上应当与被告人磋商——这是美国律师协会制定的《职业行为模范规则》的明确要求,但是,辩护的控制权将在很大程度上掌握在律师手中。联邦最高法院也在判例中承认辩护律师在审判中行为的相对独立性。参见该书第68—69页。

国,"由于强调控辩平等、权利对等,在审判中人们更习惯于将检察官称为'控方律师',检察官是一种官方律师,代表控诉方进行诉讼活动"[1]。

在高度律师化的刑事审判中,检察官和辩护律师均享有自主的异议声明权。就辩护律师而言,其在行使异议权时(无论是决定异议还是放弃异议),都不必征求被告人同意;就检察官而言,其在行使异议权时,也不必寻求上级长官的许可。[2]事实上,在美国刑事审判中,异议声明基本上是律师的专属技能,只有接受过专业训练,而且实践经验丰富的律师,才有可能在审判中熟练地声明异议。毕竟,美国刑事审判中的实体性程序规则非常庞杂(尤其是证据规则),而异议声明又在时机、依据

---

[1] 张建伟:《司法竞技主义——英美诉讼传统与中国庭审方式》,北京大学出版社2005年版,第122页。诚然,美国检察官在刑事诉讼中的角色并不总是符合对抗制的想象,有美国学者指出,"检察官是刑事司法制度中权力最大的官员"——他们在起诉、辩诉交易等方面有着几乎不受监督制约的自由裁量权。参见〔美〕安吉娜·J. 戴维斯:《专横的正义:美国检察官的权力》,李昌林、陈川陵译,中国法制出版社2012年版,第3页。但是,至少在刑事审判阶段,特别是正式庭审中,检察官的"当事人"色彩是相当鲜明的。在笔者看来,"专横的"美国检察官之所以在审判阶段会明显地谦抑化而贴近于对抗制下控诉方的理想定位,主要是因为其在审判阶段,特别是在庭审中,会受到多方面的约束,其中有一些约束是为检察官量身定制的,但更多则是平等适用于控辩双方:其一,检察官在审判阶段受到许多明确的程序规则的约束,其参与诉讼所依靠的权利、手段都是事先规定好的;其二,检察官在审判阶段面临辩护方的对抗,如果其行为违反规定,或者不妥当,随时可能遭到辩护方的异议;其三,在审判阶段,法官作为中立第三方,成为保证检察官谦抑化的关键因素,基于辩护方的异议,其可以随时制止控诉方的越轨行为。

[2] 当然,不应将律师的自主性理解为绝对的独立性。就辩护律师而言,其与被告人在沟通与协商基础上建立的协同关系,是有效辩护的前提,"假如律师不告知被告人有关的诉讼进程和诉讼事项,也不与被告人进行适当的沟通商议,由此所造成的不利诉讼结果,就有可能被视为律师的不正当决策或者不称职辩护,并进而被法院认定为无效辩护"。陈瑞华:"论协同性辩护理论",载《浙江工商大学学报》2018年第3期,第6页。就检察官而言,其上级检察官仍然可能通过参与拟定控诉方案等方式影响与制约检察官在审判中的诉讼活动。

和方式上受到重重限制，对于缺乏专业知识和操作经验的普通被告人来说，实在是很难亲自完成异议声明。

辩护律师享有自主的异议声明权的背后，是其与被告人在决策权分配上的特殊关系。在美国，主流观点认为，被告人选择律师辩护之后，其就让渡了绝大多数决策权，除有限的几项"根本性事项"外，被告人将"将不会也没有任何权利去决定与辩护有关的绝大多数事项"〔1〕，相应地，律师有着直接而且最终的责任去"决定是否和何时提出异议，如果有的话，哪位证人需要传唤，以及提出何种抗辩"〔2〕。

当然，美国并不强制要求辩护方只能通过律师来声明异议。这是因为，自行辩护被联邦最高法院确认为被告人受宪法第六修正案保护的基本权利。

在法塔雷诉加利福尼亚州案中，联邦最高法院指出：

"……违背被告人的意愿而强行为其提供律师，不符合修正案的逻辑。一旦如此，律师就不是被告人的助手，而成为主宰；宪法所坚持的辩护权的个人性质就由此被剥夺了。……被告人必须能够自主地判断，就自己的案件而言，律师辩护是否有利于己。尽管他的自行辩护可能最终导致不利后果，但他的选择仍然是对'尊重个人乃法律之命脉'这一信条的彰显。"〔3〕

实践中，为了减轻被告人自行辩护给对抗式审判顺利运转带来的压力，法官可能为自行辩护的被告人指定一位陪席律师

---

〔1〕 [美] 詹姆斯·J. 汤姆科维兹：《美国宪法上的律师帮助权》，李伟译，中国政法大学出版社2016年版，第73页。

〔2〕 [美] 詹姆斯·J. 汤姆科维兹：《美国宪法上的律师帮助权》，李伟译，中国政法大学出版社2016年版，第76页。

〔3〕 See Faretta v. California, 422 U. S. 806 (1975).

(standby counsel),由其为被告人提供即时的咨询意见,指导被告人适当地声明异议。联邦最高法院在麦卡斯克尔诉维金斯案的判决中确认了这种做法的合宪性。[1]王兆鹏教授认为,法官为被告人指定陪席律师,不仅免除了法官对被告人进行解释说明的责任,还确保了审判进程的顺利推进。当然,除非被告人同意由陪席律师担任其辩护人,否则陪席律师并不享有辩护律师那样的自主异议声明权。

(二)"三面构造下多人角力"审判局面下异议声明主体的特殊问题

在美国刑事审判实践中,"三面构造下多人角力"审判局面主要在三种情况下发生:其一,被告人虽然有辩护律师,但仍决定积极参与审判,开展自行辩护;其二,被告人委托了多名辩护律师,也就是存在一个辩护律师团;其三,共同犯罪案件并案审理。在这些情况下,由于审判中各方关系复杂,如果不对异议声明主体作适当约束,可能影响审判效率和公正性。

据康奈尔大学凯文·克莱蒙教授介绍,在第一种情况下,美国法官有权对辩护方作出一定限制,但这必须以辩护方滥用权利为前提。实践中更常见的情况是允许辩护方自行商议决定由谁具体实施行为。在第二种情况下,也就是辩护方有多位律师时,法官会更倾向于要求他们确定由一名律师来负责发言。[2]

---

[1] See McKaskle v. Wiggins, 465 U.S. 168 (1984).

[2] 笔者通过电子邮件向克莱蒙教授请教了这一问题,他的回复原文为:"In the US, the judge could impose limits, but the judge will not unless there is abuse. It is usually left up to the defendant and his lawyer to decide who will do what. If there are multiple parties on the same side, the court is much more apt to order that they speak through one lawyer."在第一种情况下,法官有权作出限制的关键在于,联邦最高法院曾经在麦卡斯克尔诉维金斯案中确认:"宪法并未赋予被告人律师辩护和自我辩护的'混合'权利。"因此,法官可以强迫被告人在自我辩护和律师辩护之间作出选择。参见[美]詹姆斯·J.汤姆科维兹:《美国宪法上的律师帮助权》,李伟译,中国政法大

至于第三种情况,有判例表明,原则上,如果其中一位共同被告人已经就特定证据声明异议,其他共同被告人就不必通过进一步异议来保留这一争点。[1]

二、美国刑事审判中异议声明的时机

(一) 同步异议规则

同步异议规则(the contemporaneous objection rule),是美国刑事审判中异议声明的核心规则,该规则强调的是异议声明的"适时性"(timeliness)。同步异议规则的基本含义,可以从两方面把握:其一,原则上,初审的特定程序性争议如果没有通过异议声明而被适时标记,就不能被保留为上诉争点;[2]其二,原则上,因审判中程序性争议受有不利影响的一方如果不适时声明异议,就被视为"放弃"对应的程序性权益。[3]

美国确立同步异议规则,主要目的有三:其一,促使当事方在初审中适时声明异议,以便法官有充裕的机会处置程序性争议,也使得相对方能够有机会及时补救程序性错误;其二,约束控辩双方的异议声明行为,避免控辩双方故意怠于声明异议,或故意在不当时机声明异议;[4]其三,提高司法效率,避免

(接上页) 学出版社2016年版,第70页、第72页。

[1] See U. S. v. Gatling, 96 F. 3d 1511, 1520–1522, 45 Fed. R. Evid. Serv. 1041 (D. C. Cir. 1996)

[2] See Singer v. United States, 380 U. S. 24, 38 (1965).

[3] 参见[美]约书亚·德雷斯勒、艾伦·C. 迈克尔斯:《美国刑事诉讼法精解》(第四版,第二卷·刑事审判),魏晓娜译,北京大学出版社2009年版,第359页。

[4] "没有这一规则,辩护律师可能会选择在初审阶段不对错误提出异议,并因此立于不败之地:如果确实存在错误,但他的当事人被无罪开释了,双重危险条款确保他不会再次受审;如果他的当事人被定罪,那么他可以在上诉中提出这些错误并获得一场新审判。"[美]约书亚·德雷斯勒、艾伦·C. 迈克尔斯:《美国刑事诉讼法精解》(第四版,第二卷·刑事审判),魏晓娜译,北京大学出版社2009年版,第359页。

本可以在初审阶段得到处置的程序性争议被拖延到上诉审。

在联邦法层面,同步异议规则为《联邦刑事诉讼规则》第51条(b)和《联邦证据规则》第103条(a)所确认。根据前一条款,在法官作出决定或提出指令时,当事人如要保留上诉争点,要么向法官明示其意愿,要么向法官明示其异议以及异议的理由。根据后一条款,适时声明异议或提出证据删除动议,是就法官准用证据的裁断保留上诉争点的必要条件。

(二)违反异议声明"适时性"要求的两种基本情形

过晚或过早声明异议,都可能违反异议声明的"适时性"要求。所谓声明过晚,也就是声明不及时。根据相关判例,对异议声明过晚的判断颇具弹性,原则上,只有在导致法官没有充分机会处置争议问题时,异议声明才构成不及时。

例如,联邦第七巡回法庭曾经指出:

"我们不能认为,为了满足《联邦证据规则》第103条(a)关于'适时性'的要求,异议就必须在系争证言被作出时完美地同步声明。与此不同,即使异议声明是在证言作出后的一定时间里作出的,只要该异议使得初审法院有充分机会去纠正程序错误,这一异议声明就是及时的。"[1]

但是,有弹性不等于毫无原则,在美国诉本书特·戈麦斯案中,联邦第一巡回法庭认为,对于物证和书证,异议声明的恰当时机是该证据被正式举示之时,而一旦该证据已经被准用,异议就太晚了。[2]

过早声明异议,被称为"早产的异议"(premature objection)。

---

[1] See Jones v. Lincoln Electric Co., 188 F. 3d 709, 727 (7th Cir. 1999).

[2] See United States v. Benavente Gomez, 921 F. 2d 378, 385 (1st Cir. 1990).

如果在发问方提问完毕或者举证方对书证或物证奠定完证明基础之前声明异议,法官就可能以时机尚未成熟为由,直接驳回异议。驳回"早产的异议"的原理在于,在举证方表述完问题或者奠定完证明基础之前,法官是无法判断(gauge)系争证据是否具有可采性的。[1]"早产的异议"通常不能实现保留上诉争点的目的。根据《联邦证据规则》第103条(b),除非法官已经作出明确的异议裁断,否则异议方应当在时机成熟时重申异议以保留上诉争点。

(三)同步异议的四种变通情形

1. 持续性异议

持续性异议(continuing objection)是一种将类似或相关联的问题作为整体而提出的异议,典型情况是,当法官已经驳回了适用于许多问题的同种异议,而律师又希望为上诉保留争点时,法官可以准许律师提出持续性异议。[2]根据联邦第九巡回法庭在美国诉戈麦斯-诺雷纳案中的判决,持续性异议如果得到法官许可,则只要该异议足够具体明确,它就能够对类似或相关联的发问或举证问题保留上诉争点。[3]

2. 庭外录证中的异议

《联邦刑事诉讼规则》第15条(g)规定,控辩之一方在庭外录证(deposition)过程中声明异议的,必须当场陈述理由。但在实践中,通常只有针对录证方式的异议,才被要求及时提出。除此之外,指向证人资格、证据相关性、传闻等问题的异议,

---

[1] See John Henry Wigmore, *Evidence in Trials at Common Law*, Little, Brown and Company, 1983, 801.

[2] See Bryan A. Garner, *Black's Law Dictionary*, 9th ed., West Group, 2009, p. 1178.

[3] See United States v. Gomez-Norena, 908 F. 2d 497, 500 n. 2 (9th Cir. 1990).

则可等到庭外所录证言在法庭上举示时声明。[1]这种区别对待不难理解，因为对录证方式的及时异议有助于补正相应的瑕疵，比如及时改变发问方式。而且，由于法官不在庭外录证现场，只有及时异议才能把这类争议"固定"下来，给法官在庭审中作出裁断保留机会。相比之下，像证人资格、证据相关性等问题，即使庭外录证时不声明异议，也不会妨碍法官在庭审中充分处置这些问题。

3. 针对法官行为的异议

在《联邦证据规则》中，就针对法官行为的异议，在适时性上有两处变通规定。

第一，根据《联邦证据规则》第605条，当主持审判的法官自行在庭审中作证时，控辩双方无须通过及时异议来保留这一争点。对应的委员会评注将此称为一种"自动"（automatic）异议。如此规定的理由在于，如果要求控辩双方及时声明异议，他们将面临两难选择：要么放弃异议声明，这意味着法官的证言被准用；要么坚持声明异议，这可能得到排除证言的结果，但代价则是在后续的审判过程中，法官可能认为自己的尊严被异议方冒犯了。[2]

第二，根据《联邦证据规则》第614条（c），针对法官主动传召证人、询问证人的行为，控辩双方既可以立即声明异议，也可以在随后的一次陪审团不在场时声明异议（the next opportunity when the jury is not present）。对应的委员会评注指出，如此规定是为了缓和控辩双方在陪审团面前针对法官行为声明异议

----

〔1〕 See Olin Guy Wellborn, "Cases and materials on the rules of evidence", West Group, 2017, p. 309.

〔2〕 See Notes of Advisory Committee on Proposed Rules, https://www.law.cornell.edu/rules/fre/rule_605，最后访问时间：2017年12月8日。

的顾虑，同时也确保了异议在适当时机被声明，以便有机会采取矫正措施。[1] 实践中，除非律师相信法官的不当行为已经严重到引起陪审团的反感，否则其也会倾向于在陪审团不在场时对法官行为声明异议。[2]

4. 针对附条件可采性的异议

附条件可采性是一种用于解决举证之证明顺序的司法技术，其允许法官采纳任何种类的潜在不可采的证据，只要举证方随后能够提出为驳回有关异议所必需的补充证据。[3] 当法官准许特定证据附条件可采时，异议方声明异议的时点也随之发生变动——其不仅要在证据初次举示时声明异议，还要在举证方进行后续证明时通过证据删除动议来重申异议，否则就被视为弃权。[4]

（四）庭前异议声明的时机

1. 一般规定

《联邦刑事诉讼规则》第 12 条（b）（1）规定，控辩之一方可以通过庭前动议的方式，提出任何法官无须就相关情形进行正式庭审就可以处置的辩解、异议或请求。可见，只要符合前述条件，控辩之一方即可在开庭前声明异议。根据《联邦证据规则》第 12 条（c），在传讯或紧随其后的可行时机（or as soon afterward as practicable），法官可以为控辩双方在庭前声明异议设定最后时限，或者安排专门的动议听证会（motion hear-

---

[1] See Notes of Advisory Committee on Proposed Rules, https://www.law.cornell.edu/rules/fre/rule_614，最后访问时间：2017 年 12 月 8 日。

[2] See Scott D. Lane Fred Lane, *Lane Goldstein Trial Technique*, 3rd ed., §13:65

[3] 参见［美］罗纳德·J. 艾伦等：《证据法：文本、问题和案例》（第三版），张保生、王进喜、赵滢译，高等教育出版社 2006 年版，第 251 页。

[4] See United States v. Dougherty, 895 F. 2d 399, 403 (7th Cir. 1990)

ing）。如果法官没有这么做，最后时限就是开庭前。而且，在开庭前的任意时机，法官可以延长或重设最后时限。

2. 证据免提动议的时机[1]

证据免提动议旨在请求法院指令控诉方不得在庭审中提及或出示特定不可采证据。对于证据免提动议是否适时，进而起到保留上诉争点的效果，美国曾有争议，争议的根源在于，有意见认为证据免提动议在时机上过早。传统上，绝大多数州曾认为被驳回的证据免提动议不能有效保留上诉争点，换言之，在庭审中正式重申异议是必要的。

这一传统在20世纪末期已经松动，在《联邦证据规则》第103条于2000年修订前，绝大多数联邦巡回法庭（以及部分州法院）已经选择更为灵活的进路，即如果证据免提动议涉及的问题在动议中被充分呈现，该问题在性质上又可以被提前处置，而法官也毫不含糊地作出了裁断，那么证据免提动议就足以保留上诉争点。[2]修订后的《联邦证据规则》103条（b）专门规定："无论在庭前还是庭审中，一旦法官的明确裁断被记录在案，控辩双方就无须通过重申异议或重新补证来保留上诉争点。"

3. 非法证据排除动议的时机

与证据免提动议不同，非法证据排除动议针对的是以非法方式获取的证据。[3]这种动议的根据是渊源于宪法的狭义非法证据排除规则（exclusionary rule），而不是基于国会立法和普通

---

[1] 针对与证据相关事项，辩护方在开庭前可以提出两种异议：一种是证据免提动议（motion in limine），另一种是非法证据排除动议（motions to suppress）。

[2] See Olin Guy Wellborn, *Cases and Materials on the Rules of Evidence*, West Group, 2017, p. 309.

[3] See Bryan A. Garner, *Black's Law Dictionary*, 9th ed., West Group, 2009, p. 1578.

法的证据规则。在美国大多数法域,非法证据排除动议被要求必须在庭前提出。《联邦刑事诉讼规则》第 12 条(b)也将其列为必须在庭前提出的动议之一。同时,根据第 12 条(c)(3)的规定,原则上,如果被告方没有在法官确定的最后时限届满之前提出非法证据排除动议,该动议就是不及时(untimely)动议。例外只有一个,即被告人表明了正当理由(good cause)。为保障辩护方在庭前能够有合理可行的基础提出非法证据排除动议,第 12 条(b)(4)规定控诉方有义务主动或应辩护方要求,披露其对证据的使用意图。

(五)同步异议的例外情形——显见错误

根据《联邦刑事诉讼规则》第 52 条(b)和《联邦证据规则》第 103 条(e),即使控辩双方没有及时声明异议,法官也应当注意到显见错误。"显见错误意味着过目难忘(clear in retrospect),同时也造成了司法不公。"[1]

就证据异议,联邦第五巡回法庭在汤普金斯诉希尔案中指出:

"有四个先决条件,用于判断初审法院在准用特定证据时是否犯了显见错误:①存在一个错误;②这个错误在现行法下是清晰而明确的;③这一错误对被告人的实质性权利造成不利影响;④如果不予以纠正,这一错误会严重影响司法程序的公平、正洁以及公信力。"[2]

不过,控辩双方不能因为显见错误这一例外而对异议声明有所松懈。在美国诉奥拉诺案中,联邦最高法院指出:显见错误规则是许可性的,而非强制性的,否则,《联邦刑事诉讼规

---

[1] See Wilson v. Williams, 182 F. 3d 562, 568 (7th Cir. 1999).
[2] See Jimenez v. City of Chicago, 732 F. 3d 710, 720 (7th Cir. 2013).

则》第 52 条和《联邦证据规则》第 103 条赋予法官的裁量权就会被虚化。点明显见错误的存在及其对裁决之影响，是上诉方的责任。[1]

三、美国刑事审判中异议声明的理由

(一) 明确具体性的一般要求

明确具体性（specificity），是美国刑事审判中异议声明在适时性之外的又一项基本要求。异议声明既要提供具体的规范依据，还要指明确切的争议所在，才堪称明确具体。原则上，只有同时具备明确具体性与适时性，异议声明才能保留上诉争点。异议声明如果不具备明确具体性，通常会导致异议失权。在联邦法层面，《联邦证据规则》第 103 条（a）就规定，异议声明不仅要及时，还要阐明具体明确的异议理由（the specific ground），除非异议的理由从当时的情境看是显而易见的（it was apparent from the context）。

联邦第八巡回法庭阿诺德法官指出：

"一般情况下，保留上诉争点要求及时向初审法官声明异议，并清晰地陈述异议的根据，以便初审法官在初审中就有机会阻止或纠正错误。即使确实存在错误，除非争议通过前述方式引起初审法官的注意，否则我们不愿意翻案。这至少基于两点理由：其一，如果不提出及时明确的异议，上诉法院就无法确知上诉人当时是否虽然清楚这一争点，但仍决定服从初审法官的裁断并期望这不会对己方造成损害。也就是说，上诉法院无法确认上诉人当时是否不同意这一争点。其二，在绝大多数情况下，由于初审法官没有机会处置的问题而推翻原审是不公

---

[1] See United States v. Olano, 507 U. S. 725 (1993).

正的。在我们的对抗制中,只要诉讼是在基本公正的界限内展开的,初审法官就没有职责去预知和考量每一个可能涉嫌错误的问题。相反,律师的作用正在于让法官注意到这些问题。"[1]

(二)笼统异议的法律效力

就其主旨(tenor)而言,异议要么是笼统的,要么是明确具体的,也就是说,异议要么笼统地声称被举示的证据不可采,要么明确具体地指出系争证据违反了哪条证据规则。[2]原则上,如果"笼统异议"(general objection)被法官驳回,将无法起到保留上诉争点的效果。

联邦第十一巡回法庭曾经判决指出:

"一项异议既要具体到某一部分证据,也要提供相应的具体理由。如果证据的一部分可采而另一部分不可采,那么一项针对证据整体的异议即便附有有效的理由,仍然会被驳回。相应地,只要异议方不能恰当地明确哪一部分证据不可采,整个证据就会被准用。"[3]

实践中的难点在于,在个案中如何判断具体的异议声明是否笼统。公认的判断标准是,异议方是否为法官判断异议理由进而作出明智裁断提供了充分的信息。显然,基于这一宽泛的标准,一些非常笼统的措辞——在其他情况下毫无信息量的措辞——可能在特定情形下提供了丰富具体的信息,以至于仅仅说出"反对"就堪称具体明确的异议。换言之,一项看似笼统

---

[1] See United States v. Thornberg, 844 F. 2d 573, 575 (8th Cir. 1988).

[2] See John Henry Wigmore, *Evidence in Trials at Common Law*, Little, Brown and Company, 1983, p. 818.

[3] See Collins v. Seaboard Coast Line R. R., 675 F. 2d 1185, 1194 (11th Cir. 1982).

的异议有可能信息量充足以至于被视为明确的异议。[1]根据《联邦证据规则》第103条（a），如果看似笼统的异议在当时情境下具有明确具体的含义（apparent from the context），那么这一异议也足以保留上诉争点。至于法官需要多少信息才能作出明智的裁断，则是一个颇具弹性的问题，取决于异议的性质、争议问题的复杂性等因素。

值得注意的是，一旦笼统异议得到初审法官支持，它就不会对异议方上诉造成任何不利影响。得到初审法官支持的笼统异议，只要有任何理由支撑，上诉法院就将予以维持，即使这些理由在初审中没有被异议方阐明。对于举证方来说，如果对手提出的笼统异议被初审法官支持，他就应当考虑追问异议的具体理由。当他不确定如何继续进行举证时，就更是如此。若他意识到异议的理由，则应当考虑是否通过"补证"来保留上诉争点。[2]

（三）泛泛异议与恶意异议

1. 泛泛异议的实践问题

尽管强调异议声明应当明确具体，但是，在美国刑事审判实践中，对于庭上异议，异议方通常只需要点明争议事项所违反的一般性程序原则就够了。如果异议声明过于细致，以至于包含超出法官裁断异议所需的信息量，就会变成泛泛异议（speaking objection）。许多法官都反感以至于禁止律师提出泛泛异议，有时甚至对律师声明异议的说理方式预先予以限定。[3]

---

[1] See John Henry Wigmore, *Evidence in Trials at Common Law*, Little, Brown and Company, 1983, p. 824.

[2] See John Henry Wigmore, *Evidence in Trials at Common Law*, Little, Brown and Company, 1983, p. 827.

[3] See Bryan A. Garner, *Black's Law Dictionary*, 9th ed., West Group, 2009, p. 1178.

第三章　比较法视野下的刑事审判中异议声明机制

法官限制泛泛异议，主要基于两方面考虑：其一，泛泛异议会耗费更多的时间，拖慢庭审节奏，影响审判的整体效率；其二，泛泛异议存在职业伦理上的风险，律师可能利用说明异议理由的机会，向证人或陪审团传递不良信息，这会影响审判的公正性。

美国律师为了能够在庭审中准确、简单、明快地阐明异议声明的根据，发展出一套约定俗成的行话（buzz words）。[1]广为奉行的一条经验是，异议的措辞应当与《联邦证据规则》章节的标题一样明确。比如，《联邦证据规则》第7章的标题是"传闻"，那么针对引出传闻证言的发问，只要声明"反对，传闻！"就足够了；同样，第9章标题包含了"鉴真"，因此，"反对，不充分的鉴真！"也足够了。[2]通常，这些简洁措辞足以满足异议声明的明确具体性要求。只有在相对方就异议的根据展开争辩，或者法官明确指示就异议根据作进一步说明时，异议方才需要更为细致地论证异议根据。

与前述形成对比的是，对于庭前异议，法官通常会要求提出方详尽地（with particularity）说明理由。比如，如果辩护方希望通过证据免提动议，使得法官预先禁止控诉方将被告人的前科作为证据使用，那么辩护方不仅要说明该前科作为证据可能导致陪审团产生偏见，还要阐明为何通过庭上异议将不足以避免这一危险。[3]

---

〔1〕 "出庭律师会学着将'相关词'（buzz words）和适当的异议联系起来，直到很自如地运用这种联系。相关词仅仅是一个词或者短语，而有经验的律师会习惯性地知道哪些是可以提出异议的。"［美］托马斯·A.马沃特：《庭审制胜》（第七版），郭烁译，中国人民大学出版社2012年版，第371页。

〔2〕 See Edward J. Imwinkelried, *Evidentiary Foundations*, 9th ed., LexisNexis, 2015, p.14.

〔3〕 ［美］罗纳德·J.艾伦等：《证据法：文本、问题和案例》（第三版），张保生、王进喜、赵滢译，高等教育出版社2006年版。

2. 恶意异议的实践问题

在实践中，控辩双方也可能在明知缺乏基础的情况下声明异议，此时，异议目的不在于指明程序性事项的合法性、妥当性问题，而是拖延庭审、搅扰对手等。[1]这种异议声明由于缺乏根据且妨碍庭审，被称为恶意异议（vexatious objection）。虽然与泛泛异议在表现形式上不同，但恶意异议同样影响庭审效率，对证人和陪审团产生不道德的影响。法官应被异议方的要求，会限制提出方的恶意异议行为，甚至训诫提出方，有时也会主动出手干预。

（四）异议理由错误的法律效果

在美国刑事审判中，初审法官在裁断异议时，只会根据异议方指明的异议理由作出决定。这意味着，如果一项异议声明因为其所附理由站不住脚而被法官驳回，那么，即便存在其他未被异议方指明，但足以支持异议声明的合适理由，上诉法院仍然会维持初审法官对异议声明的驳回裁断。其背后的原理在于，当异议方选定异议根据之后，就被视为放弃了其没有选择的那些异议根据。[2]

这里以美国诉威尔逊案作为例证来说明。在该案初审阶段，控诉方在举证时出示了一把在被告人行李箱中发现的手枪，辩护方以《联邦证据规则》第401条和第402条为根据声明异议，要求初审法官将这把手枪作为无关证据排除。初审法官驳回了这一相关性异议。在上诉审中，辩护方主张初审法官应当排除这把手枪，理由是根据《联邦证据规则》第403条，该手枪的偏见效果超过了其证明力。在初审中，辩护方在声明异议时并

---

[1] See Bryan A. Garner, *Black's Law Dictionary*, 9th ed., West Group, 2009, p. 1178.

[2] See John Henry Wigmore, *Evidence in Trials at Common Law*, Little, Brown and Company, 1983, p. 830.

没有提出手枪的偏见问题，当初审法官在席旁磋商中明确表述该手枪作为作案工具具有相关性，并将此作为裁断理由记录在案时，辩护方也没有提出手枪的偏见问题。[1]

联邦第七巡回法庭在维持本案初审法官的异议裁断时指出：

"一项单纯基于相关性的异议声明并不能保留有关《联邦证据规则》第403条的上诉争点。……威尔逊基于相关性而提出的异议提醒初审法官注意到两条证据规则，即第401条和第402条……他明确地要求初审法官基于第402条排除这把手枪。然而，威尔逊现在援引的是第403条，该条属于第402条的例外性规定……威尔逊的异议声明没有具体明确到让初审法官注意到手枪的偏见问题，因此，威尔逊没有恰当地保留基于第403条的上诉争点。"[2]

与此形成对比的是，即使异议方在声明异议时提供了错误的根据，只要初审法官已经支持了该异议，未考虑或援用的其他根据仍足以使上诉法院维持初审法官的异议裁断——只要上诉人不会因此受到不公平的不利影响[3]。上诉法院如此操作的

---

[1] See Dennis D. Prater et al., *Evidence: the objection method*, LexisNexis, 2007, p. 39.

[2] See United States v. Wilson, 966 F. 2d 243 (7th Cir. 1992)

[3] 上诉人受到影响的典型情况是，原本如果异议方在初审中以正确的理由声明异议，上诉人就可以及时消除（obviate）异议所针对的瑕疵。例如，上诉人在初审中打算出示一份电话录音，相对方提出的异议理由是该证据系传闻，初审法官支持了异议。上诉审中，上诉法院认定该电话录音并非传闻，正确的异议理由应当是上诉人当时没有就证据的同一性奠定充分基础。由于初审法官维持了相对方的传闻异议，上诉人无法在初审中通过重新奠定证明基础来及时弥补证据瑕疵。在这种情况下，除非初审法院的异议裁断属于无害错误，否则上诉法院应当推翻这一裁断。See 1-103 J. Weinstein & M. Berger, *Weinstein's Federal Evidence*, n. 39, § 103 [02], at 27, 28 (1986); G. C. Lilly, *An Introduction to the Law of Evidence* (2nd ed., 1978) 384-85; E. Morgan, *Basic Problems of State and Federal Evidence* 48 (5th ed., 1976); Kenneth S. Broun, 1 *McCormick on Evidence* (7th ed., 2016), § 52, at 358 n. 40 & 41.

原理在于，如果基于上诉人无法反驳的其他理由，系争证据必然会被准用，那么发回重审也就失去了意义，上诉人也没有因初审法官的"错误"裁断而受到损害。

四、美国刑事审判中异议声明的方式

在美国刑事审判中，庭上异议通常以口头方式声明。至于庭前异议，根据《联邦刑事诉讼规则》第47条（b），原则上应当以书面方式提出，除非法官准许以其他方式提出。

对于口头声明庭上异议，有必要进一步展开分析。通常，庭上异议是在时机适宜时，由异议方通过说出"反对！"（Objection!），并简要说明异议根据来完成的。但是，还存在一种特殊的庭上异议声明方式，即证据删除动议（motion to strike）。所谓删除，也就是将系争证据从庭审记录中删去。证据删除动议主要适用于对人证调查相关问题声明异议。在三种情况下，为了反对特定人证调查事项，异议方应当提出证据删除动议。第一种情况，是举证方发问合法、适当，但证人的回答不当，比如证人的回答超出了发问的范围。第二种情况，是证人回答过于迅速，以至于异议方没有机会在其回答前以一般方式及时声明异议。第三种情况，是证人看似进行了适当的回答，但在随后的审判进程中，异议方意识到并非如此。比如，在直接询问过程中，证人号称是基于亲身知识作证，但在交叉询问中，他却承认自己实际上是通过第三人的转述才了解到相关事实的。[1]

异议声明的一般要求都适用于证据删除动议。这意味着，与通常的异议声明一样，证据删除动议必须适时而且明确具体。如果证人的回答不适当，异议方应当在证人回答下一个问题之

---

[1] See Edward J. Imwinkelried, *Evidentiary Foundations*, 9th ed., LexisNexis, 2015, pp. 16-17.

前及时提出证据删除动议，并说明异议根据。如果法官指出了证据删除动议，异议方还应进一步要求法官对陪审团给出必要的指示。

五、美国刑事审判中的异议失权

异议失权（the waiver of the objection），是美国刑事审判中异议声明机制的关键一环。理论上，美国将异议失权区分为明示的弃权与默示的失权，有学者将后者特称为"forfeiture"。[1] 所谓明示的弃权，即享有异议权的一方[2]明确表示不声明异议，而默示的失权则系基于一定的条件事实，推定异议权方丧失了以声明异议为必要条件的程序性权益。本书将明示的弃权与默示的失权统称为异议失权。一旦异议失权，既意味着异议权方未能阻止程序性错误的发生，或者说其直接或间接地认可了特定程序性事项的合法性、妥当性，更意味着异议权方失去了就该程序性事项寻求上诉救济的资格。

（一）因不声明异议（no objection）而失权

在美国刑事审判中，除非存在有碍其实质性权利的显见错误，否则，如果不异议，就意味着失权。就证据问题而言，如果在控诉方举示证据时，辩护方不声明异议，该证据通常就被视为可采。再次援引威戈摩尔的经典表述——"对不适格证据的排除完全取决于对造……一项证据规则如果不经异议声明而被激活，就相当于被放弃了"[3]。联邦第七巡回法庭在美国诉

---

[1] 参见[美]约书亚·德雷斯勒、艾伦·C.迈克尔斯：《美国刑事诉讼法精解》（第四版，第二卷·刑事审判），魏晓娜译，北京大学出版社2009年版，第359页。

[2] 在美国刑事审判中，绝大多数刑事上诉都是定罪后的上诉，而且被告人是上诉人。因此，异议失权所涉及的主要是辩护方。

[3] See John Henry Wigmore, *Evidence in Trials at Common Law*, Little, Brown and Company, 1983, p.790.

维德案中也指出："保持沉默构成异议失权。"[1]

因不异议而失权存在许多例外，前文基本上都已论及。比如，经过法官许可的持续性异议，使得异议权方不必对持续出现的同种争议反复声明异议。再如，当多位共同被告人同时受审时，除非法官明确要求各个被告人都自主声明异议，否则，任意一名被告人的异议就代表了全部被告人。也就是说，在一些情况下，一名被告人的异议就足以使其他共同被告人就类似情形保留上诉争点，相应地，其他被告人的沉默就未必构成异议失权。[2]

（二）因异议不适时而失权

异议声明过晚或过早，都可能因不符合适时性要求而导致失权。如果异议声明过晚，往往会被认为构成不异议。而一旦异议声明过早，除非初审法官已经就该声明给出明确裁断，否则异议权方应当在时机成熟时重申异议，不然将无法保留上诉争点。此外，正如前文已经提到的，当法官准许特定证据附条件可采时，异议方声明异议的时点也随之发生变动——其不仅要在证据初次举示时声明异议，还要在举证方进行后续证明时通过证据删除动议来重申异议，否则就被视为弃权。

（三）因异议不明确或有取舍而导致失权

这两种失权的根源在于异议声明不符合明确具体性要求。异议不明确，当然可能导致失权，前文已经提到，笼统异议如果被法官驳回，原则上就无法保留上诉争点。此时，异议权方如果不提出更为明确的异议，就会发生失权。异议有取舍，则意味着异议权方在确定异议根据的同时，也就放弃了其他异议

---

[1] See United States v. Weed, 689 F. 2d 752, 756 (7th Cir. 1982)

[2] See United States v. Gatling, 96 F. 3d 1511, 1520-1522, 45 Fed. R. Evid. Serv. 1041 (D. C. Cir. 1996)

理由。正因如此，一项明确具体的异议声明只能依据其所附根据来保留上诉争点。

亚利桑那州最高法院在拉什诉弗朗斯案中指出：

"本院在考虑初审法院异议裁断是否正确时，除去那些在初审中已经声明的理由，不会考虑其他理由。这是一项通行的规则……律师只能主张他们在要求初审法官作出裁断时提出的理由，这是因为律师被假定了解自己的案件，因此如果他们没有声明其他异议，就被推认放弃了这些异议。"[1]

(四) 因主动"开门"而失权

如果控辩之一方在举证时就不适格的证据主动"开门"(open the door)，也会产生一定的失权效果。例如，一方律师率先举示有关某一不当主题的证据之后，他就不能就相对方通过对同一主题举证来弹劾的行为声明异议。在美国诉大卫案中，联邦第九巡回法庭指出，大卫本人在主询问过程中有关"我从来不会吩咐任何人去伪造文件"的陈述，为公诉人利用涉及其伪造票据盗取前雇主财产的前科证据进行弹劾打开了大门。[2]

与此不同的是，如果法官错误地驳回异议，进而准用了不适格证据，那么异议方在随后对此证据进行质证并不导致失权。[3]更为复杂的问题是，在法官错误地驳回异议之后，异议方就同一主题举示其他证据是否导致失权。对此要区别分析，如果其另行举证是基于纯粹的防御目的，就不应导致失权；但

---

[1] See Rush v. French, 25 P. 816, 822, 1 Ariz. 99 (1874).

[2] See United States v. David, 337 Fed. Appx. 639, 103 A. F. T. R. 2d 2009-2711 (9th Cir. 2009).

[3] See Scott D. Lane, Fred Lane, *Goldstein Trial Technique* 3rd ed., §13.13 (3d ed.); State v. Wells, 52 N. C. App. 311, 278 S. E. 2d 527, 530 (1981).

是，如果是基于其他目的而积极使用不可采证据，则相当于放弃了其针对相对方早前类似举证行为的异议。[1]

(五) 因未获法官的明确裁断而失权

即使已经提出了合格的异议，如果异议权方未能获得法官对异议声明的明确裁断，或者法官的裁断没有在审判记录中明确备档，也可能导致失权。这一点将在下一章对美国刑事审判中异议裁断的论述中详细展开。

第二节 日本刑事审判中的异议声明机制

一、日本刑事审判中异议声明的主体

(一) 控辩双方作为异议声明主体

在日本，作为控诉方的检察官和作为辩护方的被告人及其辩护人，均有权声明异议，这一点得到《日本刑事诉讼法》的明文确认——第309条前两款规定：

1. 检察官、被告人及其辩护人可以对证据调查声明异议。

2. 除前款规定之外，检察官、被告人及其辩护人可以对审判长的处分行为声明异议。

此外，《日本刑事诉讼法》第276条第3款确认了检察官、被告人及其辩护人有权对法院变更公判期日的行为提出异议；第316条之16和第316条之19分别确认了被告人及其辩护人，以及检察官在整理程序中就相对方的证据调查请求有权声明异议；第326条则确认了检察官、被告人及其辩护人有权对书面证据的使用提出异议。

---

[1] See United States v. Silvers, 374 F. 2d 828, 832 (7th Cir. 1967)

第三章 比较法视野下的刑事审判中异议声明机制

同时,《日本刑事诉讼法》的许多条文还规定法院在进行诉讼指挥或职权调查时,应当在作出决定前听取检察官和被告人或其辩护人的意见,如此规定实际上也间接地确认了控辩双方的异议声明主体地位。例如,根据第158条和第281条,法院在决定于法院外或公判期日外询问证人时,应当听取控辩双方意见;根据第291条之2,法院在决定适用简易程序前应当听取控辩双方意见;根据第297条,法院在决定和变更证据调查的范围、顺序与方式时应当听取控辩双方意见;根据第299条第2款,法院在决定依职权调查证据时,应当听取控辩双方意见;根据第304条第3款、第305条第4款,审判长在对人证、书证的调查方式予以调整时,应当听取控辩双方意见。

日本在立法层面充分确认控辩双方的异议声明主体地位,与其奉行当事人主义相关。日本当事人主义的核心在于保证控辩双方的诉讼追行权,而诉讼追行实质上涉及双方当事人的诉权与法院的审判权之互动。

田口守一指出:

"在当事人主义诉讼构造下,原则上诉讼程序是通过双方当事人的攻击和防御而展开的。因此,必须明确双方当事人诉讼行为的权限。当事人能够推进诉讼的权限,称为诉讼追行权。检察官的诉讼追行权叫公诉权,被告人的诉讼追行权叫应诉权。与上述权限相对应,法院有审判权。诉讼程序是建立在公诉权、应诉权及审判权基础之上的,是由各种诉讼行为组成的。"[1]

诚然,控辩双方存在很大差异,导致公诉权与应诉权的具

---

[1] [日]田口守一:《刑事诉讼法》(第五版),张凌、于秀峰译,中国政法大学出版社2010年版,第136页。

体内容多有不同,比如,应诉权所包含的沉默权与辩护权,就不可能是公诉权的内容。但是,与此同时,检察官的公诉权与被告人的应诉权又是相互对应的,两者的相当一部分内容是一致的。[1]异议声明权,恰恰是一项同时被公诉权和应诉权接纳的程序性权利。声明异议,属于典型的由控辩双方发起的诉讼追行行为。

(二) 辩护律师在异议声明中的定位与权限

尽管被告人被视为与检察官处于对等地位的诉讼当事人,但"事实上检察官和被告人在权限上有很大的差异,被告人处于劣势这一事实是不能否认的"[2]。这种差异不仅影响到审判程序的正当性,还给程序规则的实际操作带来困难。解决这一问题的重要措施,就是让被告人获得辩护人的帮助。根据《日本刑事诉讼法》第31条,辩护人原则上应从律师中选任。

谷口安平在论述律师于民事诉讼中的作用时曾经指出:

"当事人主义的诉讼结构意味着双方当事者彼此之间以及和法官之间围绕主张和证据展开的信息交流和反应的相互作用过程。这种三方面信息的交换及意思疏通的质量决定了当事者主义诉讼本身的质量。为了使信息和意思能够得到顺利的交换和疏通,参加者三方必须在同一个框架里进行对话。……如果对话的三方缺乏共通的认识框架,许多信息就不会得到对方的有效反应。"[3]

---

[1] 比如公诉权和应诉权都包含申请证据调查、交叉询问等权利。

[2] [日] 田口守一:《刑事诉讼法》(第五版),张凌、于秀峰译,中国政法大学出版社2010年版,第183页。

[3] [日] 谷口安平:《程序的正义与诉讼》(增补本),王亚新、刘荣军译,中国政法大学出版社2002年版,第78—79页。

第三章 比较法视野下的刑事审判中异议声明机制

显然，当事人本人往往难以具备与法官"在同一个框架里进行对话"的能力。律师的重要性进而凸显——与当事人本人相比，律师是精通法律技能、善于辩论的专家，更加了解诉讼实务，能够更加客观冷静地把握诉讼纠纷情况，同时还受到特有的职业伦理规范的制约，这就使得通过律师参与，能够有效支撑起当事人主义的诉讼框架。

前述分析同样适用于解说律师在刑事审判中的作用。诸如异议声明这样的诉讼事务，被告人本人通常既不熟悉相关程序要求，也不了解哪些事项可异议或应予异议，更不具备洞悉异议时机与恰当方式的经验技巧。同时，被告人处于被追诉地位，还可能对声明异议这种对抗性行为是否会给裁判者留下不好印象存有更多顾虑，因而缺乏声明异议的动力。在这种情况下，要想确保当事人主义得到激活与贯彻，就必须由律师作为辩护人，辅助被告人参与审判。

在日本，辩护人不仅是被告人的简单代理人，还是其保护人。[1]这意味着辩护人在审判中与被告人的关系是"既密不可分，又相对独立"——由于被告人处于压力之下，又缺乏法律知识和其他辅助条件，可能难以准确判断自身所处的利害情势和安危，这就需要辩护人发挥"监护、保护"被告人的作用。正基于此，辩护人在审判中的权利被区分为固有权和代理权。其中，固有权指不以代理为基础的权利，包括诸如会见权、阅卷权等专属于辩护人的权利，以及最后陈述权等其与被告人都具有的权利。至于代理权，则可区分从属代理权和独立代理权，前者指不能违背被告人意思而行使的权利，后者指即使违背被告

---

[1] [日]土本武司：《日本刑事诉讼法要义》，董璠舆、宋英辉译，五南图书出版公司1997年版，第53页。

人明示的意思，仍然可以行使的权利。[1]

在这样一个颇为复杂的辩护人权利体系中，异议声明权被定位为辩护人所享有的独立代理权，这意味着，在审判中，即使被告人本人明确表示对证据调查或审判长的处分不声明异议，辩护人仍然可以独立提出异议。[2]理论界更有观点认为："在刑事诉讼法针对严格证据调查的程序以及证据能力有详细无遗的规定之下，运用声明异议以确保证据调查程序的适正性，保护被告人的权利，可以说是辩护人最重要的职责之一。"[3]

(三)"三面构造多人角力"局面下的特殊问题

这里主要讨论两种具体情形：

第一，被告人有多位辩护人的情形。《日本刑事诉讼法》对这种情形有两重限制。

其一是通过确定主任辩护人和副主任辩护人，为辩护方确定"发言人"。《日本刑事诉讼法》第33条规定，被告人如有多位辩护人，则应根据法院规则确定主任辩护人。结合《日本刑事诉讼规则》第19条至第22条，主任辩护人只能由律师担任，具体的选任首先考虑被告人或全体辩护人的意志，并以审判长依职权指定为补充。《日本刑事诉讼规则》第23条还明确了在主任辩护人不能履行职责时，副主任辩护人的确定方式。《日本刑事诉讼规则》第25条规定了主任辩护人与副主任辩护人的权

---

[1] [日] 土本武司：《日本刑事诉讼法要义》，董璠舆、宋英辉译，五南图书出版公司1997年版，第53页。

[2] 这主要是就狭义的异议声明（即《日本刑事诉讼法》第309条规定的异议声明）而言。从广义上看，辩护人有一部分异议声明权属于从属代理权，比如根据第21条2款，辩护人可以为被告人的利益而申请法官回避，但此申请不能违背被告人明示的意思。

[3] [日] 大出良知等编著：《刑事辩护》，日本刑事诉讼法学研究会译，元照出版有限公司2008年版，第232页。

限,其中第 2 款明确规定,未经审判长或其他法官准许,任何主任辩护人或副主任辩护人以外的辩护人不得提出申请、请求、质问、询问或者陈述。显然,辩护方的异议声明也受到这一规则的限制,即除非审判长或其他法官许可,否则非主任辩护人或副主任辩护人不得代表辩护方声明异议。

其二是限制辩护人的数量。《日本刑事诉讼法》第 35 条规定,依照法院规则的规定,以特别情况为限,法院可以限制被告人或嫌疑人的辩护人人数。《日本刑事诉讼规则》第 26 条明确了法院可以将被告人的辩护人人数限制在 3 人以内。这种对辩护人数量的限制间接地影响到辩护方的异议声明,这是因为,通常而言,辩护人数量越多,越可能在辩护策略和对审判程序的认识上发生分歧,进而带来异议声明上的混乱失序风险,如果预先限制辩护人数量,这一风险相应就得到了缓和。

第二,被害人参与审判的情形。根据《日本刑事诉讼法》第 316 条之 33,特定犯罪的被害人、其法定代理人或所委托的律师,经法院准许,可以参加案件审判。根据第 316 条之 35、36、37、38,被害人或其代理律师在参与审判时有权陈述意见、申请询问证人、质问被告人等,而且,检察官被要求在行使公诉权时反映被害人的意思。不过,因为并不实行所谓"被害人追行主义",被害人参与刑事审判并没有改变当事人主义的基本诉讼结构。[1] 相反,日本在探索被害人参与刑事审判的同时,相当注意调和这一举措与当事人主义的紧张关系,尽可能缓和被害人参与对审判基本构造的冲击。结果,被害人并无审判请求权、诉因设定权、证据调查请求权、上诉权等诉讼追行的核心权能,也未被《日本刑事诉讼法》第 309 条确认为异议声明的主体。

---

[1] 参见 [日] 田口守一:《刑事诉讼法》(第五版),张凌、于秀峰译,中国政法大学出版社 2010 年版,第 192 页。

二、日本刑事审判中异议声明的时机

（一）"若不服即声明异议"——庭上异议时机的一般要求

这里所谓庭上异议，指控辩双方依据《日本刑事诉讼法》第309条，在法庭上提出的异议。第309条本身并没有涉及异议声明的时机，但是，根据《日本刑事诉讼规则》第205条之2，庭上异议以立即声明（直ちにしなければならない）为一般原则。同时，《日本刑事诉讼规则》第205条之3规定，对于迟延声明的庭上异议，法院原则上予以驳回，唯一的例外是迟延声明所针对的事项非常重要，以至于对其加以裁断是适当的。在实践层面，这一例外一方面赋予法院较大的裁量空间，另一方面则给予迟延声明方较重的说服责任。根据土本武司的解读："所谓'立即'应从两方面说明，如果是'作为'处分，那么应当在行为完毕时提出异议；如果是不作为处分，在不作为状态下即将其移至下一个程序提出。"[1]至于要求立即声明异议的原因，则在于"若不及时声请就可能难以收到实效，或可能因迟延时机而招致程序的混乱和拖延"[2]。

日本学界在论及异议声明时，比较重视异议声明的及时性问题。有学者认为：

"放弃留下争议程序，具有承认法院判断的意义。从而，若有不服，即应当机立断声明异议。即使轻易地遭驳回，声明异议也决非全然不具意义。因为，声明异议，毫无疑问地会提高法庭的紧张程度，会唤起法官和检察官对于裁判乃至本于当事

---

[1] [日] 土本武司：《日本刑事诉讼法要义》，董璠舆、宋英辉译，五南图书出版公司1997年版，第243页。

[2] [日] 土本武司：《日本刑事诉讼法要义》，董璠舆、宋英辉译，五南图书出版公司1997年版，第243页。

人主义构造的思维。至少会让法官、检察官感受到辩护人的冲劲，确立不敢轻忽的契机。"[1]

由此立场出发，该学者反思日本实践中有关异议声明未充分运用的状况，指出对此应予以正视，从辩护的角度看，"若辩护人认为'不妥'，'立即'声明异议，才符合刑事诉讼法的期待"[2]。

在实务层面，及时声明庭上异议被认为有多重效果，这里从辩护角度略作介绍：首先，及时的异议声明能够引起法官、检察官的关注，进而唤起法庭审判的临场感，并传达辩护人对于案件的热情与投入，成为提醒法院辩护人的存在之契机；其次，及时的异议声明使检察官感到压力并阻止其不当的诉讼行为，同时能够影响检察官调查证据的脉络，提升控诉方证据调查的可预见性；最后，在人证调查过程中，及时的异议声明可使证人得到喘息的机会，避免证人因检察官的压迫式发问而失去理智、扭曲证词。[3]

（二）公判准备环节的异议声明时机

控辩双方在公判准备环节（这里仅指争点及证据整理程序中）的异议声明主要有两种：其一，就相对方的证据调查申请的异议，这实质上还是对《日本刑事诉讼法》第 309 条的应用；其二，就相对方依据《日本刑事诉讼法》第 326 条使用书面证据的异议。

根据《日本刑事诉讼法》第 316 条之 16 和第 316 条之 19，

---

[1] [日] 大出良知等编著：《刑事辩护》，日本刑事诉讼法学研究会译，元照出版有限公司 2008 年版，第 230 页。

[2] [日] 大出良知等编著：《刑事辩护》，日本刑事诉讼法学研究会译，元照出版有限公司 2008 年版，第 232 页。

[3] [日] 大出良知等编著：《刑事辩护》，日本刑事诉讼法学研究会译，元照出版有限公司 2008 年版，第 279—280 页。

控辩双方在公判准备环节声明前列异议的时机，原则上是在接受相对方的证据开示时，同时，法院有权在听取控辩双方意见的基础上，另行确定声明异议的期限。这意味着，公判准备环节的异议声明，在时机要求上相对宽松。当然，根据《日本刑事诉讼规则》第217条之22，控辩双方应当严格遵守法院确定的期限；第217条之23、之27则明确，即使控辩双方在法院确定的期限内没有明确发表意见、提出主张或请求证据调查（包括声明异议），法院只要认为开始或恢复正式审理是适当的，就可以终结整理程序。当然，根据《日本刑事诉讼法》第316条之24，在终结整理程序前，法院应当与控辩双方确认争点及证据整理的结果。

三、日本刑事审判中异议声明的理由

（一）合法性异议与妥当性异议

在日本刑事审判中，控辩双方在依据《日本刑事诉讼法》第309条声明异议时，必须提供支撑其主张的理由。第309条本身并没有对异议理由作明确要求，但是《日本刑事诉讼规则》第205条对此进行了明确规定：①控辩双方在依据《日本刑事诉讼法》第309条第1款声明异议时，可以证据调查相关事项违反法令或不妥当为理由；②但是，对有关证据调查的决定，只能以违反法令为理由；③在依据《日本刑事诉讼法》第309条第2款声明异议时，只能以审判长处分行为违反法令为理由。

与美国比较，对异议声明的理由作合法性与妥当性之区分，是日本异议声明制度实践的一个特色。[1]理论界在解释前述规

---

〔1〕 当然，这只是就成文规则的表述特点而言，而绝不意味着美国实践中就不能区分以不合法为根据的异议和以不妥当为根据的异议。请参阅本书第一章第一节对异议声明理由开放性的分析。

第三章　比较法视野下的刑事审判中异议声明机制

则时,大致有如下要点:

第一,《日本刑事诉讼法》第 309 条实际上确认了两种异议声明类型,即"关于证据调查的异议"和"对审判长其他处分的异议"。

第二,"关于证据调查的异议"要进一步区分为"对有关证据调查的决定之异议"和"对其他有关证据调查行为之异议"。[1]前者只能以"不合法"作为异议根据,后者则还能以"不妥当"为异议根据。

第三,所谓"不合法",是对异议事项进行的"程序上评价",即主张相关事项违反了明定的程序规则;所谓"不妥当",是对异议事项进行的"实体上评价",即主张相关事项对特定诉讼原则、合法权益等有实质性不良影响。[2]就相互关系而言,"不合法"的评价不必涉及"妥当性"问题,而"不妥当"的评价也不以"不合法"为前提条件。

第四,对于审判长实施的有关证据调查的处分行为,通说认为应界定为"证据调查相关事项",因适用《日本刑事诉讼法》第 309 条第 1 款,控辩双方可以"不妥当"为异议根据。[3]

第五,由此,所谓"对审判长其他处分的异议"也就不涉及与证据调查相关的部分,而仅指对审判长基于诉讼指挥权或

---

[1]　在理解这一组划分时应当注意到,事实上,对有关证据调查的一切事项,控辩双方都可声明异议。通说认为主要包含三类:①要求纠正与证据调查有关的裁判长/法院的处分和诉讼关系人的行为的异议;②要求排除证据的异议;③对裁判长/法院有关证据调查的决定不服的异议。

[2]　[日] 土本武司:《日本刑事诉讼法要义》,董璠舆、宋英辉译,五南图书出版公司 1997 年版,第 242 页。

[3]　[日] 土本武司:《日本刑事诉讼法要义》,董璠舆、宋英辉译,五南图书出版公司 1997 年版,第 243 页。

法庭警察权所作处分的异议。对此，控辩双方只能以"不合法"为异议根据。

第六，之所以在针对审判方的异议上，有可能将异议根据限定为"不合法"，主要考量因素在于诉讼效率，即"如果允许对属于审判长裁量范围的妥当性进行争辩，会导致诉讼程序的拖延"〔1〕。

第七，有时，"不合法"与"不妥当"可能难以界分，此时应由上诉审作最终判断。

(二) 简要说明异议理由

《日本刑事诉讼规则》第205条之2规定，控辩双方在声明异议时，应当分别针对所异议的行为、处分或决定"简要说明理由"。根据《日本刑事诉讼规则》第205条之5，法院如认为异议声明缺乏理由，将予以驳回。

在理论界，就控辩双方对异议根据的说明应当达到何种程度，曾存在争议。例如，从辩护方的角度，有意见认为："部分辩护人'滥用'声明异议的情形，与辩护人负有'应协助程序进行的职责'有违，因此，就辩护人而言，'应强调负有义务仔细斟酌异议本身是否适法，才可声明异议'。"〔2〕

反对此观点的意见认为，声明异议时的说理责任应当与声明异议的及时性要求结合考虑：

---

〔1〕 [日] 土本武司：《日本刑事诉讼法要义》，董璠舆、宋英辉译，五南图书出版公司1997年版，第243页。据土本武司介绍，在新刑事诉讼法实施之后，日本就法院作出的与证据调查相关的决定，以及没有事后声明不服之救济机制的法院决定，存在过"不得声请异议"和"有权声请异议"的争论，日本在1951年对刑事诉讼规则进行修正时，通过对异议根据进行"不合法"与"不妥当"的区分，实质上就对法院决定的异议问题采取了折中的方案。

〔2〕 转引自 [日] 大出良知等编著：《刑事辩护》，日本刑事诉讼法学研究会译，元照出版有限公司2008年版，第232页。

第三章 比较法视野下的刑事审判中异议声明机制

"声明异议,在本质上应'立即'为之……'延误时机所为之声明异议会遭驳回'……'仔细斟酌'异议的适法性所需的时间,并不在保障的范围。毋宁说,刑事诉讼法原本即将活跃地运用异议声明,视为预定之事,并视情况(其结果在实践上并无充分考虑的余地)将可能是不适法的声明异议也列入考量,应该说'立即'声明异议,才与规定的意旨相符。或许会有不适法的声明异议,但这是活化当事人主义的代价,似乎已经过刑事诉讼法的考虑。毋宁说,'仔细斟酌'的要求,将使声明异议萎缩,甚至动摇'当事人主义的根本'。不仅如此,针对未声明异议的程序,就'原则上认定瑕疵已治愈'的见解来看,必须说佐藤论文的这个主张(即辩护人应仔细斟酌异议根据),是本于大幅限制辩护权意旨的见解。"[1]

在实务层面,简要说明异议根据的要求可能影响到控辩双方声明异议的积极性。曾经有学者观察实务中辩护人对检察官讯问的异议情况后指出:

"现行实务(20世纪80年代末至90年代初),提出异议者非常少见。最大的理由,乃在于异议应于检察官讯问证人后证人回答前,极其短暂时限内毫不迟疑地提出,然对于相关程序却不够熟悉。再者,丧失此良机则担心所提出之异议'偏离主题',反而妨害法院心证,以致大多选择沉默以对。"[2]

针对此现状,该学者就"如何能顺利地提出异议"提供了

---

[1] 转引自[日]大出良知等编著:《刑事辩护》,日本刑事诉讼法学研究会译,元照出版有限公司2008年版,第232—233页。

[2] [日]大出良知等编著:《刑事辩护》,日本刑事诉讼法学研究会译,元照出版有限公司2008年版,第278页。

若干建议，值得留意的有两点：其一，充分地进行事前准备，对检察官讯问情况进行模拟、预判，这样，"如事情依照预想而进行，则可毫无迟疑地提出异议"；其二，清楚地提出"异议"，因为，"若不清楚地提出异议，法院也无法清楚地作出判定，书记官也无法以异议来记载。能将辩护人意思表示之记录保留是重要的"。[1]

当然，前述争论的具体语境，是20世纪80年代末至90年代初的日本。此后日本刑事审判制度又有新发展，特别是争点及证据整理程序和证据开示的完善，使得异议声明中的说理责任与声明适时性的紧张关系得到一定调和。

（三）公判准备环节异议声明的说理

在公判准备环节，由于不涉及实体审理，而以争点及证据的整理为核心事务，实际就为异议声明提供了更为宽裕的时空条件，也使得对异议根据的说明能更为充分细致。

在争点及证据整理程序中，控辩各方要依法向审判方和相对方提交记载拟证明事实的文书。根据《日本刑事诉讼规则》第217条之19，该文书应具体而简洁地载明对争点及证据整理而言必要的事项。《日本刑事诉讼规则》第217条之20更进一步要求，控辩各方在明示前述事项时，应当通过具体指明待证事实与主要证据的关系等适当方法，勉力使争点与证据整理顺利进行。这样一来，相比于强调集中、言词性审理的正式公判，控辩各方在整理程序中能够以更为客观、翔实的方式获取相对方的证据信息，这为其更为充分地研究相对方的证据，进而确定合适的异议根据奠定了重要基础。

---

[1]　[日] 大出良知等编著：《刑事辩护》，日本刑事诉讼法学研究会译，元照出版有限公司2008年版，第278—279页。其他建议包括："仔细聆听掌握提出异议之时机"，"适时提出切中要害的异议"，"相信效果"。

同时,在整理程序中,控辩双方可以与法院协商确定就相对方开示之证据发表意见的期限,这意味着,相比于明确要求"立即"声明异议的正式庭审,控辩双方能够有更加宽裕的时间去分析相对方开示的证据,进而提供更为充分具体的异议理由。

四、日本刑事审判中异议声明的方式

就庭上异议而言,口头声明是基本方式——受《日本刑事诉讼规则》第205条之2的规定限制[1],书面声明基本不具备可操作性。同时,与美国法中在通常的异议声明之外还存在所谓证据删除动议类似,在日本,控辩双方也有权以不能作为证据为理由提出异议,以排除已经调查之证据。根据《日本刑事诉讼规则》第205条之6,如果法院支持该证据排除异议,将对系争证据的部分或全部予以排除。

在公判准备环节,异议声明不必然以口头方式作出,在预定提交意见期限的情况下,控辩各方可以选择以书面方式提出异议。

还应注意的是,审判方基于诉讼指挥权,可以对控辩双方的异议声明方式作出一定的指引或限制性安排。比如,若某一方频繁提出缺乏根据的异议、在声明异议时言辞过于激烈或者明显出于拖延诉讼等不当目的声明异议,审判长可以要求其注意异议声明方式,甚至直接驳回异议。当然,如果控辩双方认为审判方就异议声明方式的干预有违法令,可以就此声明异议。

五、日本刑事审判中的异议失权

与美国类似,日本刑事审判中也存在异议失权,对此也可

---

[1] "声明异议,应当针对所异议的行为、处分或决定简洁说明理由并立即作出。"

划分为明示的弃权与默示的失权，前者的基本含义为异议主体明确表示不异议，后者的基本含义为基于一定的条件事实，推定异议主体丧失了以声明异议为必要条件的程序性权益。与美国的差异在于，日本将异议失权（特别是其中的默示失权）问题纳入诉讼行为理论体系中加以考虑。

日本重视诉讼行为理论，与其早前曾以大陆法系国家为师有很大关系。通说认为："诉讼行为，是指具有诉讼法上效果的构成诉讼程序的各个行为。"[1]这一定义排除了司法行政事务和法庭职员实施的若干不产生诉讼法上效果的行为。诉讼行为理论的体系框架涉及诉讼行为的种类、构成要件、评价三大部分，与异议失权产生直接关联的是诉讼行为的评价问题。诉讼行为的评价涉及四个层次：①成立与否；②合法与否；③有效与否；④有无理由。诉讼行为成立与否的评价，是后三个层次评价的前提，若不成立，则不存在合法与否、有效与否或有无理由的问题。诉讼行为的合法性评价则与有效性评价呈现交叠关系，不合法的诉讼行为未必无效。至于有无理由，则是对有效诉讼行为的最终评价。[2]

在诉讼行为的有效性评价层面，区分原始无效与后发无效：前者指诉讼行为自始无效，又划分为当然无效与需要裁判的无效；后者指本来有效的诉讼行为因故演变为无效。就后发无效的诉讼行为，通说承认其存在瑕疵治愈的可能性，而治愈诉讼行为瑕疵的基本情形有两种，其一为对诉讼行为瑕疵进行积极补正、追补，其二为基于相对方放弃责问权而推定瑕疵治

---

〔1〕 ［日］田口守一：《刑事诉讼法》（第五版），张凌、于秀峰译，中国政法大学出版社 2010 年版，第 150 页。

〔2〕 参见［日］田口守一：《刑事诉讼法》（第五版），张凌、于秀峰译，中国政法大学出版社 2010 年版，第 150—156 页。

愈。[1]异议失权,其实质就是责问权的放弃,这意味着,异议失权与诉讼行为理论的联结点就在于诉讼行为瑕疵的治愈问题。

在解释异议失权为何得以治愈瑕疵时,主流见解将此与当事人主义相结合,认为:"在当事人主义下,诉讼行为无效的主张,原则上是受此不利影响的当事人的责任,因此在为当事人的利益而规定的程序中承认这种治愈方式即可。"[2]与此同时,也有意见指出,如果被告人的基本权利规定本身存在瑕疵,原则上就不应承认放弃责问权。

对于明示的异议失权,应当注意到,由于异议声明权被定位为辩护人的独立代理权,其有权违背被告人明示的意思表示而独立声明异议。所以,单纯被告人不表示异议,并不必然意味着辩护方的异议失权。至于默示的异议失权,其所对应的条件事实主要有两个:其一是异议迟延。《日本刑事诉讼规则》第205条之3规定,法院对延误时机而提出的异议声明,原则上应予驳回。其二是异议无根据。《日本刑事诉讼规则》第205条之5规定,法院认定异议声明无根据的,应予驳回。

应当注意的是,所谓"责问权"以及"放弃责问权"的表述,渊源于日本民事诉讼——根据《日本民事诉讼法》第90条,一方当事人如果知道或已经知道违反诉讼规范之情形,但没有及时声明异议,将丧失质疑该程序事项的权利,除非相关权利不能被放弃。但是,刑事诉讼毕竟与民事诉讼不同,异议失权在刑事诉讼语境下受到更多限制,这体现在《日本刑事诉

---

[1] 参见[日]田口守一:《刑事诉讼法》(第五版),张凌、于秀峰译,中国政法大学出版社2010年版,第155—156页。

[2] 参见[日]田口守一:《刑事诉讼法》(第五版),张凌、于秀峰译,中国政法大学出版社2010年版,第155页。

讼规则》第205条之4的后段，其为因迟延异议而造成的异议失权设置了例外，即如果迟延异议所涉事项重要，因而对其作出裁断实属适当，法院就不得仅因为异议迟延而予以驳回。[1]

第三节　美国、日本刑事审判中异议声明机制的比较小结

前两节的考察表明，美国和日本都构建起了比较完备的刑事审判中异议声明机制。在规范、制度层面，两国的异议声明机制具有诸多相似、相通之处。笔者将此概括为三点：其一，就制度定位而言，在两国作为整体的刑事审判制度中，异议声明机制与裁断机制一起被置于十分重要的地位；其二，就整体框架与许多技术细节而言，两国异议声明机制具有相通性，均包含了主体、时机、理由、方式、失权等基本要素，而且对这些要素的具体要求不乏共识；其三，基于前列相通性，两国异议声明机制均在相当程度上反映并佐证了本书第二章所构建、阐释的刑事审判中异议声明机制的运行原理、基本原则与预期功能。

同时，虽然在规范、制度层面存在相似、相通之处，但是，两国异议声明机制还是存在差异。尤其值得注意的有两方面：其一，规则渊源上的差异。美国对于异议声明主体、时机、理由、方式乃至失权等要素的规定，多是通过判例来积累，成文法上的相关规定绝大多数属于对判例法的总结，而日本则更多在刑事诉讼法及其规则中对相关要素作出明确规定。这种规则渊源上的差异，也使得美国的异议声明机制显得更为技术化且相对冗杂，而日本的异议声明机制则相对概括但更为系统、清

---

[1] 参见［日］田口守一：《刑事诉讼法》（第五版），张凌、于秀峰译，中国政法大学出版社2010年版，第156页。

晰。其二，规则具体内容上的差异。这里以异议失权规则的设定为例。美国的异议失权规则比日本更为严格，虽然表面上看两国都强调异议权方会因明示或默示原因承担失权后果，但是日本在许多情况下要求审判方在作出程序性决定前主动询问控辩双方有无异议，这就使得保证异议的适当时机不单纯是控辩双方的责任，实际上就软化了异议失权规则。

更值得关注的，是两国异议声明机制在运作实效上的显著差异。在美国，异议声明机制在审判实践中得到充分运用，控辩双方十分注重在审判中声明异议，异议技能的养成也是律师职业培训的重要课题。相比之下，在日本，异议声明机制在审判实践中的应用情况显然不如美国活跃，在许多审判中，控辩双方并不会积极声明异议，异议技能的养成在律师职业培训中的重要性也不及美国。尽管日本理论界不乏提倡、鼓励检察官、律师积极声明异议的主张，但是在相关呼吁背后，无不默认了异议声明机制在实践中运作不佳这一事实。

异议声明机制运作不佳，使得日本实务界在践行当事人主义时产生了一系列负面效应。兹举两例：

第一，异议声明机制运作不佳，加剧实践中的笔录裁判、庭审空洞化现象。本来，在立法层面，日本刑事审判中的证据调查应以贯彻直接言词为原则，以人证调查为中心，但是，在实践中却呈现出空洞化的趋势，异化为以控诉方的笔录证据为中心的实践模式。日本学界有观点将此描述为笔录裁判与证人裁判的对立。[1]导致笔录裁判的原因颇多，其中最重要的直接原因，是实践中控辩双方的互动并未以对抗为常态，尤其是辩护方缺乏对检察官所开示与请求调查之证据声明异议的积极性，

---

[1] 相关介绍，详见汪振林：《日本刑事诉讼模式变迁研究》，四川大学出版社2011年版，第265页。

导致立法层面以控辩双方积极对抗为前提而设置的精密规则难以被激活。有日本学者明确批评指出:"辩护人轻易地同意使用证据,使得本来在公判时应尽力举证之检察官或应在公判中形成心证之法官感到'轻松'或'省事',促使刑事裁判更进一步空洞化。"〔1〕

第二,异议声明机制运作不佳,导致由控辩双方主导的人证调查效率低下。王兆鹏于 2000 年赴日本东京地区考察日本刑事审判实务时注意到,"实务对证人的讯问或诘问,极为详尽,时间亦极为冗长"〔2〕。按其见解,这种情况的发生,与日本"片面"践行当事人主义有直接关系:一方面,因提倡当事人主义,审判方往往容忍控辩双方进行冗长、细致发问——"在我(指王兆鹏)所观察的全部审判中,除了无争执的案件,常见讯问者(检察官或辩护人)在讯问证人的过程中……一个问题接着一个问题,不断讯问。几乎每一个讯问者,事先皆以书面准备好一连串的问题,当事人双方对诉讼有充分的准备"〔3〕。另一方面,控辩双方往往却不愿行使异议权,"在我(指王兆鹏)所观察的诸多审判中,从无当事人对他方的讯问表示异议"〔4〕。

导致两国刑事审判中异议声明机制在相似、相通的同时又存在差异,且出现实效反差的原因来自多个方面,我们将在下一章对两国刑事审判中异议裁断机制的比较进行小结时集中论述。

---

〔1〕 [日] 大出良知等编著:《刑事辩护》,日本刑事诉讼法学研究会译,元照出版有限公司 2008 年版,第 181—182 页。

〔2〕 王兆鹏:《路检、盘查与人权》,翰芦图书出版有限公司 2001 年版,第 226 页。

〔3〕 王兆鹏:《路检、盘查与人权》,翰芦图书出版有限公司 2001 年版,第 226 页。

〔4〕 王兆鹏:《路检、盘查与人权》,翰芦图书出版有限公司 2001 年版,第 227 页。

第四章 比较法视野下的刑事审判中异议裁断机制

第一节 美国刑事审判中的异议裁断机制

一、美国刑事审判中异议裁断的主体

在美国，刑事审判中异议的裁断权原则上归属于负有审判管控责任的法官。在陪审团审判中，这意味着法官与陪审团在裁判权上的内部分工——陪审团原则上不参与异议裁断。就联邦法而言，勉强可算作例外的，是《联邦证据规则》第104条（b）。

审判方采纳或排除特定证据，总是取决于一个或多个先决条件。根据《联邦证据规则》第104条（a），原则上，有关证人有无作证资格、特免权是否存续乃至证据是否可采等先决问题，应当由法官根据优势证据标准加以裁断。但是，《联邦证据规则》第104条（b）对此设置了一个被称为"附条件相关性"（conditional relevancy）的例外，即当控辩双方举示之证据的相关性以另一事实的存在为条件时，法官只负责判定举证方是否就"该条件事实的存在"提供了充分的证明，至于举证方所举示之证据本身的先决问题，则交由陪审团自行判断。[1]

《联邦证据规则》第104条（b）所包含的充足性证据标准，

---

[1] [美]罗纳德·J.艾伦等：《证据法：文本、问题和案例》（第三版），张保生、王进喜、赵滢译，高等教育出版社2006年版，第242—244页。

比第 104 条（a）所包含的优势证据标准要低得多，此时法官只起到有限的初步排除（或者说筛选）作用。这一规定相应地提升了陪审团事实认定的权力。有权威学者指出，尽管在实务中很多法官允许反对方针对这种争议申请预先审查（voir dire），但严格而言反对方并没有这种权利。因为如果他有相反的证据，就应当交给陪审团而不是法官。[1]可见，当控辩之一方以对方所举证据缺乏条件事实而声明异议时，我们可以认为陪审团至少与法官共享了对此异议的裁断权。

二、美国刑事审判中异议裁断的时机

（一）庭上异议的裁断时机

在美国刑事审判中，庭上异议的裁断时机所涉及的主要问题在于，法官是否必须在收到异议声明时，立即且终局性地进行异议裁断。美国理论界很早就指出，推迟裁断时间，或在嗣后撤销裁断，可能在两方面对异议方构成不利影响，其一是影响异议方接下来的证据调查活动，其二是有损异议方在陪审团心目中的形象。

威格尔摩认为：

"异议方通常有权获得宣告系争证据是否可采的即刻裁断，这一裁断应当在举证方举证完毕前作出，既可以是绝对的，也可以是附条件的。否则，异议方将无法确知接下来他需要就哪些证据问题进行解释或反驳。"[2]

---

〔1〕 参见［美］约翰·W. 斯特龙主编：《麦考密克论证据》（第五版），汤维建等译，中国政法大学出版社 2004 年版，第 118 页。

〔2〕 See John Henry Wigmore, *Evidence in Trials at Common Law*, Little, Brown and Company, 1983, p. 844.

第四章 比较法视野下的刑事审判中异议裁断机制

然而，正如皮特·蒂勒斯指出的，现实情况并非如此。尽管初审法官一再被告诫，当事人"有权"获得"即刻"裁断，但实际上，只有很少（如果有的话）的上诉案件认定初审法官未能即刻裁断异议构成可撤销判决的错误（reversible error）。而且，控辩各方可能因没有在适当时机声明异议或进行补证而失权，也暗示了初审法官未能及时裁断异议并不当然构成可撤销判决的错误。虽然初审法官的脾性和风格多种多样，但众所周知的是，许多初审法官经常就证据问题的裁断有所保留。[1]

蒂勒斯认为，对此问题的简单反思表明，要求异议裁断一律即刻作出是不明智的。即使是所谓"简单"案件，涉及的证据问题也可能颇为复杂。毫无疑问的是，如果法官有机会反复斟酌，进行必要的研究，而且收到来自控辩双方的书面意见，那么其在就证据问题作出裁断时，就会更少犯错。诚然，这里也要考虑法官进行合理迅速裁决所包含的利益，而且，在一些案件中，对异议裁断的延误的确有害，以至于需要重新审判，但这些不寻常的情况似乎应当根据个案情况加以检视，而可以预设的固定规则非常有限。由此，问题基本上就转换为法官管控审判的权限问题。基本的结论是，法官有权保留（reservation）或者撤销对异议的裁断。

如果法官保留裁断，异议方可能就需要在随后的适当时机重申异议或提出证据删除动议，以便保留上诉争点。同时，异议方无权将一项裁断视为终局裁断，因此，当法官撤销了先前的支持异议裁断而暂时准用系争证据时，异议方不能仅仅基于陪审团由此接触到可采性存疑的证据就提起上诉。最终，争取法官对异议声明的裁断，成为异议方的责任。如果他不这么做，

---

[1] See John Henry Wigmore, *Evidence in Trials at Common Law*, Little, Brown and Company, 1983, pp. 846-847.

将丧失保留上诉争点的权利。也就是说,当法官实际上并未裁断异议时,如果异议方不当地误以为自己的异议已经被驳回,进而容忍相对方举示系争证据,那么他无权就此提出上诉。总而言之,对异议方来说,要想保留上诉争点,单纯声明异议是远远不够的。[1]

(二) 庭前异议的裁断时机

根据《联邦刑事诉讼规则》第12条(d),除非有正当理由延期裁决,否则法官必须在开庭前对每一项庭前异议作出裁断。如果延期会导致当事方上诉权利受到不利影响,法官就不得延期裁断。前文也已经提到,如果法官在庭前进行明确的裁断,庭前异议就足以保留上诉争点。但是,在实践中,法官仍有可能推迟或者说保留(defer or reserve)对庭前异议的裁断。这往往是因为异议所涉争议不属于法官无须就相关情形进行正式审理就可以处置的事项,比如,对于某一证据免提动议,法官由于时间限制,在开庭前不能充分审查证据,他就可能将相关裁断搁置到系争证据在庭审中举示之时。在这种情况下,基于提出证据免提动议一方的要求,法官可能发出庭前指令,要求诉讼相对方在庭审中举示系争证据之前,必须来到法官席前通告这一意图,以便动议方届时有机会声明异议。

三、美国刑事审判中异议裁断的程序构造

(一) 当事人激活模式

在美国刑事审判中,异议裁断的程序构造无疑是对抗化的,但是,这并不意味着实践中每一次具体的异议裁断过程都呈现为"实打实"的对抗化局面。异议裁断是否实际呈现为对抗化

---

[1] See John Henry Wigmore, *Evidence in Trials at Common Law*, Little, Brown and Company, 1983, p.852.

局面，主要取决于控辩双方的选择。其中，被异议方的选择更具决定意义，只有在被异议方决定通过"补证"等方式回应异议方，进而展开对抗时，异议裁断才实际呈现为对抗化的构造。相应地，如果被异议方决定不回应相对方的异议声明，美国法官通常不会主动要求被异议方进行回应，而会仅基于异议方的"一面之词"就裁断异议。正因如此，笔者将美国刑事审判中异议裁断对抗化构造的呈现模式概括为"当事人激活模式"。

当然，美国在强调控辩双方的选择对异议裁断程序构造的影响力时，不排斥法官主动引导控辩双方就争议事项展开对抗。从程序正义角度看，为了保证审判的公正性，法官应当在充分保障控辩各方异议声明权的同时，为被异议方及时回应、积极对抗创造条件。

(二) 被异议方的"补证"

所谓"补证"，是对英文中"offer of proof"的译称，其含义颇具技术性，指在控辩之一方声明证据异议之后，被异议方向法官进行的回应性的补充证明活动。我国有学者在翻译乔恩·R.华尔兹的《刑事证据大全》时，将"offer of proof"直译为"证明的提供"或"提供证明"，这一译法并不能体现"offer of proof"的特质。其实，正如华尔兹所言："所谓提供证明（补证）与我们前面所谈到典型的提供言词或实物证据截然不同……在对证人席上的证人进行询问的过程中，提供证明（补证）的需要最为常见……对方律师提出异议得到支持……询问律师必须提供证明（补证），除非他愿意承认对方律师异议的正确性。"[1]

"补证"主要针对相对方提出的证据异议，其基本要素包括三部分：①述明证据本身；②述明举证目的及相关性；③述明

---

[1] [美] 乔恩·R.华尔兹：《刑事证据大全》（第二版），何家弘等译，中国人民公安大学出版社 2004 年版，第 77 页。

证据得被准用之理由。从时机上看,"补证"既可能发生于法官作出异议裁断之前,也可能发生在法官支持某一异议声明之后。[1]关于"补证"的功能,联邦第七巡回法庭在威尔逊诉芝加哥案中有精当表述:"首先,'补证'向初审法官提供了进行明智的(informed)裁断所需要的信息。法官不会读心术,即使是准备最充分的法官也无法像律师本人那样了解控辩各方的论证和诉讼策略。当发问的相关性并非不言而喻时,解释清楚预期的证人回答是什么,以及这一回答对本方论据有何促进意义,就至关重要了。其次,如果没有此一说明,上诉法院就无法判断对系争证据的排除是否有失偏颇。"[2]

在审判实践中,"补证"的方式多种多样。对于有形证据(tangible evidence),通常的方式是将证据移交法庭,以使其成为审判记录的一部分。对于言词证据,"补证"方式就更加灵活。被异议方可以通过询问证人而进行规范的补证,也可以采取不那么规范的方式。后者通常被称为"律师补证",在此情况下,律师简单陈述他预期如果允许发问,证人可能提供的证言。"律师补证"可能非常详细,也可能很简略而仅仅包含对被排除证据之证明主旨的概述。联邦第七巡回法庭在美国诉皮克案中指出,"律师补证"如果缜密地(particularity)涵括了被排除的证据之证明主旨,其就是充分的。[3]

对于"补证"的方式与时机,法官享有一定的管控权力。根据《联邦证据规则》第 103 条 (c),法官可以指定"补证"方式。联邦第十巡回法庭的判例指出,第 103 条没有对"补证"

---

[1] See John Henry Wigmore, *Evidence in Trials at Common Law*, Little, Brown and Company, 1983, p. 858.

[2] See Wilson v. City of Chicago, 758 F. 3d 875, 885 (7th Cir. 2014).

[3] See John Henry Wigmore, *Evidence in Trials at Common Law*, Little, Brown and Company, 1983, p. 859.

的方式作具体要求,取而代之的是,法官拥有决定"补证"方式的裁量权。实践中,以一问一答的规范方式进行"补证"被认为更可靠,异议方可能请求法官指定以这种方式进行"补证",以揭穿相对方的虚张声势。[1]

与异议声明类似,"补证"也包含对适时性与明确具体性的基本要求,也存在失权问题,也受有害错误规则和显见错误规则的调整。就证据异议制度而言,正是异议声明与"补证"的相互对应、相伴相随,才使得异议裁断具有了对抗化的程序构造。

(三) 异议裁断程序的灵活性

在审判实践中,异议声明的类型多种多样,不同异议声明所处时境各有特质,这就要求异议裁断在程序构造上不能机械、僵化,而要有一定的灵活性。

在正式庭审过程中,异议声明主要发生于证据调查(尤其但不限于人证调查)环节,这些异议声明所挑明的程序性争议,多数直接指向证据调查方式的合法性、妥当性,其中相当一部分还会延伸到对证据可采性的质疑。这些异议声明所匹配的裁断程序,首先被要求简洁明快,以免造成审判程序的拖沓,乃至模糊审判的主题、重心。因此,庭上异议裁断程序一般比较简便,自声明异议到作出裁断,甚至可能仅仅花费几秒钟时间。

不过,效率不是庭上异议裁断程序唯一要考虑的因素,必须同时兼顾程序公正,在陪审团审判中还要贯彻证据隔离。由此,庭上异议裁断程序也可能适度复杂化,采取席旁磋商(sidebar conference)的形式。在实践中,控辩各方在声明异议或者进行补证时,可以向法官建议进行席旁磋商,而法官根据

---

[1] See Prtkind v. Silver Mt. Sports Club & Spa, LLC, 557 F. 3d 1141, 1147 (10th Cir. 2009).

庭审情况也可以主动指示控辩双方进行席旁磋商。席旁磋商，实际上在法庭内临时创造出一个相对独立的空间，控辩双方在这个空间内能够对争议事项展开相对充分的辩论，而陪审团乃至证人则无法接触到磋商信息。显然，席旁磋商更为充分地保障了控辩双方的发言机会，因此更显公正，同时还实现了证据隔离，避免陪审团受到影响，而且还免除了因陪审团退庭或另行组织听证导致的效率损耗。

当然，如果庭上异议涉及的程序性事项争议很大，席旁磋商不足以保证控辩双方的充分辩论，也无法使法官获得作出裁断的充足信息，法官就可能要求陪审团退庭并进行专门的听证，或者暂时休庭而召集控辩双方到法官办公室进行磋商，或者干脆指定其他日期进行听证。

对于庭前异议，效率考量的比重相对下降，法官为使裁断基础更为扎实，可以组织进行专门的听证，也可以选择召集控辩双方以庭前会议的方式进行磋商。

四、美国刑事审判中异议裁断的方式

（一）支持与驳回

在美国刑事审判中，法官的异议裁断一般以口头方式作出。就内容构成而言，异议裁断涉及可概括为"判定与处置"的两个相对独立的步骤：其一，法官判定支持或者驳回异议声明；其二，在此基础上，法官就后续程序进程给予相应处置。

这两个步骤关系紧密，前一判定为后续处置奠定了基础，而后续处置则决定了前一判定能否落实。

对于控辩双方来说，法官对异议声明的判定有着重要意义。首先，只有获取法官的明确判定，他们才能进一步保留上诉争点，否则，很可能被上诉法院认定失权。其次，只有获取法官

第四章 比较法视野下的刑事审判中异议裁断机制

的明确判定,他们才能判明审判走势,调整诉讼策略,更好地实现对审判的过程控制。最后,基于法官的明确判定,他们能够识别出法官是否对案件存有偏见,进而决定是否弹劾法官,这会对法官在审判中的管控行为构成有力的制约。因此,从法庭技术层面看,除非有特别的策略性因素,否则控辩双方应当积极督促法官明确判定是否支持异议声明。[1]

但是,正如美国法官没有及时进行异议裁断的责任,他们也没有判定支持或驳回异议声明的当然责任。实践中,许多法官反而会倾向于绕过对异议声明的判定,而直接对程序性争议进行一定的调控处置。对于法官来说,这样做的好处在于,单纯的调控处置行为通常不会被记入审判记录,因而避免了受上诉法院审查的可能性。对于控辩双方来说,面对有意回避判定的法官,他们可能陷入两难甚至"三难"境地:其一,如果放任法官规避判定,自己将承受放弃上诉争点这一损失;其二,如果执意要求法官作出判定,有可能引起法官的反感,在后续审判中被"穿小鞋";其三,在陪审团审判中,与法官的正面冲突还可能给陪审团留下不好的印象。

在美国刑事审判中,并不强制要求法官在判明支持或者驳回异议声明时进行说理。实践中,法官很少在判定庭上异议时进行说理,但是在判定庭前异议或涉及重大争议的庭上异议时,法官可能会主动说明自己进行判定时所考虑的因素以及权衡的理由。对控辩双方而言,如果他们认为法官对异议声明的判定于己不利,应当积极要求法官说明理由——对于被驳回异议声

---

[1] 参见[美]乔恩·R. 华尔兹:《刑事证据大全》(第二版),何家弘等译,中国人民公安大学出版社2004年版,第75页。"与对证据的异议相关联的审判记录只有在获得审判法官的裁定之后才有效地完成。求得明确的裁定是提出异议之律师的职责。这对上诉复审来说是至关重要的,因为审判法官的沉默并不被认为相当于对异议的驳回。"

明的一方,获得法官对判定的说理,能够更好地保留上诉争点;而在异议声明得到支持的情况下,被异议方获得法官的说理,则能够更有针对性地进行补证,这增加了使法官改变判定的可能性,同时也能够更好地保留上诉争点。

(二)法官指示

在美国刑事审判中,法官判定支持或者驳回异议声明后,会对后续审判程序予以相应的处置。这种处置可能是"不言而喻"的,尤其在庭审过程中,当异议涉及的是证据调查方式的争议时,法官给出支持或驳回异议声明的判定后,控辩双方通常会迅速、自觉地调整证据调查方式,因而无须法官明确作出指示,其判定就已经得到"执行"。但是,在很多情况下,为落实对异议声明的判定,法官处置方式需要更为明确具体。

法官调整程序进程的基本方式是发出指示(order),根据指示对象的不同,可以划分出四种主要类型,即对控辩双方的指示、对陪审团的指示、对证人的指示和对书记官的指示。对控辩双方的指示,既可能在裁断庭前异议时作出,也可能在裁断庭上异议时作出。在前一种情况下,如果受到指示的一方在后续审判进程中违反了相应指示,相对方需要通过再次声明异议来保留上诉争点,否则可能失权。对陪审团的指示,主要发生在裁断庭上异议时,例如,当证人提供了不具备可采性的证言时,法官在判定支持异议后,指示陪审团在评议时不应考虑该证言。对证人的指示,也主要发生在裁断庭上异议时,例如,在直接询问方提出了一个不当问题时,法官在支持异议后,指示证人不要回答这一问题。对书记官的指示,既可能发生在裁断庭前异议时,也可能发生在裁断庭上异议时,通常是指示书记官对审判记录进行一定的增删。

美国法官在发出前述指示时,享有较大的裁量权,但这并不排斥控辩双方的影响。实践中，声明异议的一方在获得法官支持后，往往会就法官的后续指示提出明确的要求，比较典型的是在证据可采性异议获得支持后，要求法官指示书记官将系争证据从审判记录中删除。

五、美国刑事审判中异议裁断的救济

在美国，法官裁断异议后，控辩双方如有不服，原则上只能通过上诉审寻求进一步的救济。上诉救济主要涉及两方面问题：其一，上诉争点保留，即备档；其二，上诉争点过滤机制，即对有害错误、无害错误与显见错误的区分。

（一）备档作为上诉争点保留机制

在美国，审判记录是初审与上诉审的重要衔接媒介。完整的审判记录由三部分组成：案件中的文书、听证和审判笔录、由当事人注明辨认标记并提供为证据的展示实物。[1]控辩审三方在初审阶段的程序活动都会被如实记录，其中，控辩双方主动要求法官将特定资讯记录在案的行为，就被称作备档或者形成记录（making the record）。[2]由于奉行对抗制，将争议事项记录在案，主要是控辩双方的责任，如果他们认为有些争议对于上诉有帮助，应当主动提出备档。对于上诉法院来说，上诉方主张的初审情况如果没有被完整且易懂地记录在案，就等于"没有发生过"。诚如华尔兹指出的，任何律师都不可能有自己会在初审中胜诉的绝对把握，所以，他们必须尽可能创作出能够向上诉法院指明审判中不公之处的审判记录。"上诉法院既不

---

[1] 参见［美］乔恩·R. 华尔兹：《刑事证据大全》（第二版），何家弘等译，中国人民公安大学出版社2004年版，第40—43页。

[2] ［美］史蒂芬·卢贝特：《现代诉讼辩护分析与实务》，吴懿婷译，商周出版社2002年版，第274页。

能推测在审判中发生的事情,也不能盲目相信律师就下级法院发生的没有证实的陈述。上诉法院只能根据由审判法院的书记员正式传送的有关该审判的正式书面记录展开行动。"[1]在历史上,美国曾经要求律师通过对审判方的程序性裁判提出明确的"复议"(exception)来完成备档,这一要求已基本上被废除。如今,通常只要获得了审判方明确的程序性裁判,备档就已达成。

(二) 有害错误、无害错误与显见错误规则作为上诉争点过滤机制

如果主张初审中异议裁断有误的上诉方通过备档进行了适当的上诉争点保留,上诉法院将对该争点进行审查。只有在认定异议裁断构成"有害错误"时,上诉法院才可能据此推翻初审判决。相应地,如果上诉法院认定异议裁断仅存在"无害错误",则不会据此推翻初审判决。有害错误与无害错误的分界线,在于该错误是否对上诉方的实质性权利构成妨害,而证明异议裁断构成有害错误的责任则被分配给了上诉方。

有美国学者指出,有害错误的含义模糊且高度受制于具体语境。上诉法院通过对审判记录的全面审查,[2]来判断异议裁断的错误是否有害到了对初审裁判结果形成妨害的程度。当然,虽然有害性的评判属于个案判断,但透过一系列判例、规则和学术评论,仍然可以提炼出一些通行要点。一方面,可以明确的是,不影响正式审理的单纯技术性瑕疵不会构成有害错误;另一方面,在异议裁断导致错误地准用特定证据的情况下,如

---

[1] 参见 [美] 乔恩·R. 华尔兹:《刑事证据大全》(第二版),何家弘等译,中国人民公安大学出版社2004年版,第41页。

[2] 这里要注意的是,美国上诉法院对审判记录的全面审查,是围绕上诉争点展开的全面审查,除非涉及显见错误,否则不会超出初审保留的上诉争点范围,因而属于典型的"有限的事后审",而非"全面的事后审"。

果一旦不考虑被错误准用的证据，其他在案证据就不足以支持定罪，则该裁断错误必然构成有害错误。联邦最高法院曾经判决指出，如果初审中的证据裁断错误"实质性地影响"（substantially swayed）陪审团的定罪判决，或者"对陪审团评议产生实质性的妨害"（materially affected the deliberations of the jury），就应构成对上诉方实质性权利的妨害。[1]

从实践情况看，由于并不存在完美无缺的审判（perfect trial），无害错误检验支配了上诉法院对初审中证据问题的分析。许多时候，上诉法院认定存在错误，但最终结论往往是无须推翻原判。

在克蒂科斯诉美国案中，联邦最高法院深入阐发了无害错误的教义：

"它（无害错误）归结为一个十分明显的忠告：不涉及技术性错误，或者说，技术性错误不会对当事人的权利造成真正的妨害，在审判中不会，在该错误产生的技术性后果中也不会⋯⋯在进行全面权衡后，如果确信特定错误对陪审团的定罪判决没有产生影响，或者仅仅有轻微影响，定罪判决就应当得到维持，除非存在源于宪法或国会法令的例外⋯⋯但是，如果在将错误行为从整体上剥离后，经过公允的深思熟虑，上诉法院无法宣称初审裁判未受该错误的实质影响，就不可能得出上诉方的实质性权利未受妨害的结论。调查不能仅限于现有证据是否足以支持判决结果，而将错误对初审的过程性影响排除。相反，即便如此（现有证据足以支持判决），问题还是在于错误本身是否有实质性影响。如果有，或者说对此存在严重的怀疑（grave

---

[1] See Roger C. Park, Aviva Orenstein, *Trial Objections Handbook*, 2nd ed. (Trial Practice Series), Thomson Reuters, 2017, 12.2.

doubt),就不应维持定罪判决。"[1]

在对审判记录进行全面审查时,上诉法院会考虑多重因素,包括错误数量与审判时长的关系,事实争议的密集程度,争议证据是否与关键事实相关,证据的偏颇程度,法官指示的情况,争议证据是否与其他言词证据有重要的印证关系,等等。不过,当定罪证据十分充分时,一些法院会不顾裁断错误对陪审团的影响,而以初审法院得出了"正确"结果为由认定无害错误。尽管这一做法与克蒂科斯诉美国案提供的标准存在冲突,但是,就连联邦最高法院也多次在认定无害错误时强调存在充分定罪证据这一事实。[2]

不同上诉法院在认定有害错误与无害错误时,把握着不同的标准。这些标准在"排除合理怀疑"和"优势盖然性"之间徘徊。在刑事案件中,如果初审中的异议裁断涉及宪法性错误,控诉方在证明错误无害时,必须达到排除合理怀疑的程度。在其他情况下,许多上诉法院对刑事案件和民事案件适用统一的无害错误认定标准,另有一些上诉法院则对刑事案件与民事案件有所区分。在联邦上诉法院和各州的上诉法院,认定标准也存在差异。[3]

如果上诉方在初审中未能遵循程序规范的严格要求,也就是未能妥当地保留上诉争点,可能面临失权风险。换言之,异议裁断的上诉救济,原则上是以上诉方在初审中保留上诉争点为前提的。但是,联邦上诉法院和许多州的上诉法院还是为未

---

[1] See Kotteakos v. United States, 328 U. S. 750, 66 S. Ct. 1239, 90 L. Ed. 1557 (1946).

[2] See Roger C. Park, Aviva Orenstein, *Trial Objections Handbook*, 2nd ed. (Trial Practice Series), Thomson Reuters, 2017, 12.2.

[3] See Roger C. Park, Aviva Orenstein, *Trial Objections Handbook*, 2nd ed. (Trial Practice Series), Thomson Reuters, 2017, 12.2.

能保留上诉争点的上诉人提供了一条有限的救济通道，这就是主张显见错误。显见错误规则作为一条救济路径，主要是考虑到初审本身的紧迫性和快节奏，导致即便是最有能力的律师也可能未妥当声明异议，或者在备档时出现失误。显见错误规则体现出对重要权利的关注，但是上诉法院对认定显见错误十分谨慎，因此诉讼各方被告诫不应当过度依赖这一规则。[1]

要构成显见错误，首先必须是有害错误，即该错误必须对上诉方的实质性权利构成妨害。同时，该错误还应当是显而易见的。只有在未被异议的错误如此有害且明显，以至于上诉法院愿意以初审法院未能主动识别该错误为由推翻原判时，才算构成显见错误。在1993年的美国诉奥兰诺案中，联邦最高法院提出了显见错误四步检验法，即检验初审中的错误是否：①未被上诉方明示地放弃；②清楚或明显，即不存在合理的争议；③影响到上诉方的实体性权利；④严重到妨害诉讼程序的公平、正洁、公信力。[2]可以注意到，本书第三章第一节提到的联邦第五巡回法庭在汤普金斯诉希尔案中针对证据问题的显见错误四步检验法，与奥兰诺检验法有明显的承继关系。

第二节　日本刑事审判中的异议裁断机制

一、日本刑事审判中异议裁断的主体

在日本，异议裁断被视为诉讼指挥权的一部分，而且由法律明文将其保留由法院而非审判长行使——《日本刑事诉讼法》

---

〔1〕　See Roger C. Park, Aviva Orenstein, *Trial Objections Handbook*, 2nd ed. (Trial Practice Series), Thomson Reuters, 2017, 12. 3.

〔2〕　United States v. Olano, 507 U. S. 725, 732-33, 113 S. Ct. 1770, 123 L. Ed. 2d 508 (1993).

第 309 条 3 款规定："法院应当对前两款的异议声明作出裁断。"在法官裁判的案件中，法院作为异议裁断主体并不难理解，主要的疑难在于裁判员参与的案件。

根据《日本裁判员法》第 2 条，在裁判员参加审判的案件中，由职业法官与裁判员共同组成合议庭，具体包括 3 名职业法官和 6 名裁判员组成的"大合议庭"和由 1 名职业法官与 4 名裁判员组成的"小合议庭"，其中，职业法官被称为构成裁判官（member judge）。根据《日本裁判员法》第 6 条，由构成裁判官与裁判员共同裁断的事项包括：①认定事实；②适用法令；③量刑。由构成裁判官单独负责裁断的事项包括：①对法令的解释；②除《少年法》第 55 条外，对诉讼程序问题的裁断；③其他不属于裁判员裁断范围的事项。理论上认为，之所以将对法令的解释和对诉讼程序问题的裁断划归构成裁判官负责，是因为这些事务要求有法律专业知识，非裁判员所能胜任。[1]不过，根据《日本裁判员法》第 60 条，对于裁判员无权参与判断的事项，法院仍可允许裁判员和候补裁判员列席程序。

显然，在这样的混合式合议庭内部，裁判权的分配结构与陪审团审判和参审制均存在区别。一方面，与陪审团审判相比，裁判员参与的审判并不存在类似的"严格的裁判员隔离"要求，对于裁判员无权参与裁断的事项，法院没有确保裁判员不接触相关事务的职责，反而有权允许裁判员列席；另一方面，与参审制相比，裁判员参与之后，其与构成裁判官并非完全"同权平等"，而是存在比较细致的分工。因此，区别于彻底分权的陪审制和不分权的参审制，日本裁判员参与审判时，审判组织的内部分权属于典型的相对分权模式。

---

[1]［日］田口守一：《刑事诉讼法》（第五版），张凌、于秀峰译，中国政法大学出版社 2010 年版，第 234 页。

基于这一相对分权模式，在裁判员参与的案件中，异议裁断权归属于构成裁判官，其中，若为大合议庭，则由 3 名构成裁判官基于评议共同裁断；若为小合议庭，则由唯一的构成裁判官独立作出异议裁断。但是，异议裁断权的这一分配并不牵引出将裁判员隔离于异议裁断过程的要求，相反，只要法院允许，裁判员就可以列席异议裁断的全过程。

二、日本刑事审判中异议裁断的时机

《日本刑事诉讼法》第 309 条将异议裁断权分配给法院的同时，并没有明确涉及异议裁断的时机。根据《日本刑事诉讼规则》第 205 条之 2，对于异议声明，法院应当不迟延地予以裁断。与不对异议裁断的时机作原则性要求的美国相比，日本将及时裁断异议确立为一项原则，又成为一项特色。及时裁断异议，有利于定纷止争、提升审判效率，也有利于及时纠正审判中的程序性错误，调整审判进程中的不当之处。

实践中的一个操作性问题是，如果法院没有及时裁断异议，异议方如何救济？从性质上看，迟延裁断异议，显然构成了对诉讼法令的违反。但是，由于异议裁断的主体为法院而非审判长，迟延裁断异议不属于可基于《日本刑事诉讼法》第 309 条 2 款声明异议的事项。不过，对于异议方来说，从准备控诉审的角度看，面对迟延裁断的法院，还是应当主动督促法院作出裁断。

在公判准备环节，法院仍有不迟延裁断异议的责任，但是，既然控辩各方声明异议的时机相对放宽，法院裁断异议的时机也会更为灵活。在法院听取控辩双方意见，确定控辩各方就相对方的证据开示和证据调查请求发表意见的期限后，异议裁断的时机也就相应地"延后"。不过，裁断时机的放宽也有其限度，因为法院在办结整理程序时应当向控辩双方确认争点及证据整理的结果，这就要求其在此时点前应裁断异议。

三、日本刑事审判中异议裁断的程序构造

（一）当事人激活模式与审判方激活模式并举

在日本，异议制度被视为当事人主义的典型表现与关键机制，无疑具有对抗化的程序构造。本书第一章指出，在实践中，异议裁断的对抗化程序构造有当事人激活模式与审判方激活模式两种不同的呈现模式。本章第一节指出，在美国刑事审判实践中，异议裁断对抗化构造的呈现属于典型的当事人激活模式，即异议裁断是否实际呈现为对抗化局面，主要取决于控辩双方的选择。

比较之下，日本异议裁断对抗化构造的呈现，则形成了当事人激活模式与审判方激活模式并举的特色。一方面，当事人激活模式体现在当控辩之一方声明异议时，相对方可以选择立即通过向法院进行解释说明、与异议方展开争辩的方式予以回应。另一方面，审判方激活模式既体现在审判长在必要时有权要求被异议方就异议所涉事项予以说明乃至证明，也体现在法院在作出程序性决定前有责任主动听取控辩双方的意见。两种模式并举，在彰显日本以当事人主义为基本目标的改革方向的同时，也显现出日本刑事审判在一定程度上保留了传统上的职权主义因素。

（二）异议裁断程序的灵活性

在日本刑事审判实践中，异议裁断程序具备一定灵活性。在裁断庭上异议时，通常无须另行指定期日进行专门的异议听证、辩论与裁断，而是将异议裁断程序附着于主程序之上展开。例如，在控辩之一方询问证人时，相对方声明异议，其应当场简明阐述异议根据，而被异议方也应迅速予以回应，法院则应

不迟延地进行裁断,而一旦法院裁断并处置完毕,证据调查将继续推进。这个过程可能不过十数秒钟。同时,如果异议所涉事项重大、复杂,在必要时,法院也有权在听取控辩双方意见的基础上,决定启动期日间整理程序,专门处理异议裁断事项。

需要注意的是,尽管日本现行刑事审判程序受到美国法的深远影响,但是,在日本刑事审判中,异议裁断程序灵活性的考量因素与美国不完全一致。详言之,效率是两国共同考虑的因素,但是,美国异议裁断程序因陪审团制度而高度重视的证据隔离问题,在日本却并不突出——日本刑事审判中不存在类似席旁磋商这样的程序安排,同时,法院在适用期日间整理程序时,不必将裁判员排除于外,反而有权允许裁判员列席。

四、日本刑事审判中异议裁断的方式

(一)驳回与支持

在日本刑事审判中,针对来自控辩各方的异议,法院应当判明支持还是驳回。根据《日本刑事诉讼规则》的规定,广义的驳回异议包括两种情况:其一,根据《日本刑事诉讼规则》第205条之4,对于延误时机、明显以拖延诉讼为目的等不合法的异议,法院应当予以"驳回"(决定で却下しなければならない);其二,根据《日本刑事诉讼规则》第205条之5,对于缺乏理由的异议,法院应当"不予受理"(决定で棄却しなければならない)。"驳回"和"不予受理"的区别,可能源于诉讼行为的层次性评价——前文已经指出,根据日本理论通说,对诉讼行为的评价涉及成立与否、合法与否、有效与否、有无理由四个层次,[1]异议声明本身属于一种当事人诉讼行为,《日本刑

---

[1] 参见[日]田口守一:《刑事诉讼法》(第五版),张凌、于秀峰译,中国政法大学出版社2010年版,第153—155页。

事诉讼规则》第205条之4、之5分别涉及合法性判断与有无理由之判断这两个不同层次，因此以"驳回"和"不予受理"来区别标示。但是，也应当注意到，尽管涉及对异议声明在不同层次的评价，但这两种裁断的实际效果并无差别，而且，日本法务省提供的《日本刑事诉讼规则》英译本，在翻译"驳回"和"不予受理"时均使用了"dismiss"，这也体现出两种裁断在效果上的一致性。因此，本书倾向于将所谓"驳回"异议和"不予受理"异议概称为对异议的驳回。

至于支持异议，根据《日本刑事诉讼规则》第205条之6，意味着法院认定异议声明有理由。一旦支持异议，法院在决定中还应明确就异议所涉事项作何处分。

根据《日本刑事诉讼规则》第206条，支持或驳回异议的判定，会直接产生一个重要的法律效果，即阻却就裁断所涉及的事项再次声明异议。如果重复异议，法院得依《日本刑事诉讼规则》第205条之4予以驳回。当然，这只是限制了异议裁断的救济路径，而不意味着异议裁断不可救济。

（二）支持异议的相应处分

法院在认定异议声明有理由后，应当明确就异议所涉事项作何处分。根据《日本刑事诉讼规则》第205条之6第1款，法院可实施的处分主要包括指令停止、撤回、撤销或者变更被异议的行为。所谓指令停止，即要求被异议方不再实施相关诉讼行为。例如，当辩护人声明异议，指出公诉人重复发问，而法院判定支持异议时，法院可指令公诉人停止重复发问。所谓撤回，"属于使将来诉讼行为的效果消灭的行为"[1]。例如，当辩护人声明异议，指出公诉人申请调查的某一物证属于无证

---

[1]［日］田口守一：《刑事诉讼法》（第五版），张凌、于秀峰译，中国政法大学出版社2010年版，第154页。

据能力的证据,而法院判定支持异议时,法院可指令公诉人撤回该证据调查申请。所谓撤销,"是以瑕疵为理由认定诉讼行为无效的行为"[1]。例如,当公诉人声明异议,认为法院依职权作出的证据排除决定不合法,法院判定支持异议时,其可撤销先前的证据排除决定。所谓变更,则是通过一定的补正或追补行为,消除被异议之行为的瑕疵。例如,当辩护人声明异议,指出公诉人不当诱导询问,而法院判定支持异议时,其可指令公诉人进行调整,以非诱导的方式完成发问。

在具体处分的择取上,法院拥有一定的裁量空间,异议方也可以通过在声明异议时提供建议的方式,影响法院对具体处分的选定。实践中,法院未必以明示的方式确认处分,比如,在公诉人向证人发问时,辩护人以存在诱导询问为由声明异议,法院可能只是简单表示支持异议,而由公诉人自觉调整发问方式。此时,辩护人可以要求法院进行明确的处分。

《日本刑事诉讼规则》第 205 条之 6 第 2 款规定,如果控辩各方声明的根据在于已接受调查的特定证据不能作为证据使用,且法院判定支持异议,则法院应当排除该证据的全部或一部分。这一规定是证据裁判原则的体现。法院作出的排除证据决定,是一种明确的表态、"承诺",将对其最终实体判决中的证据分析、说理形成约束。

五、日本刑事审判中异议裁断的救济

就异议裁断的救济,日本施加了一定限制,这主要体现在两个方面:

第一,日本确立了异议裁断的"一事不再理"原则。前文

---

[1] [日]田口守一:《刑事诉讼法》(第五版),张凌、于秀峰译,中国政法大学出版社 2010 年版,第 154 页。

已经指出,根据《日本刑事诉讼规则》第206条,审判方的异议裁断会直接产生一个重要的法律效果,即阻却就裁断所涉及的事项再次声明异议。如重复异议,法院得依《日本刑事诉讼规则》第205条之4予以驳回。如此规定,主要是为了避免由于重复异议而造成庭审拖延,妨碍诉讼秩序和效率。

第二,日本禁止就异议裁断提出通常抗告。抗告原本是控辩双方不服法院的决定或命令而提出的申请,属于广义的"上诉"范畴,在类型上可划分为通常抗告与即时抗告。《日本刑事诉讼法》第420条第1款对通常抗告的适用范围施加了大幅度限制,根据该款,对判决以前作出的有关诉讼程序的裁断,除法律允许提出即时抗告的情况外,不得提出抗告。按照土本武司的评论,如此一来,"实际上可以通常抗告的范围是极其狭小的"[1]。异议裁断无疑属于在判决以前作出的有关诉讼程序的裁断,因此被包含在不能提出抗告的范围内。如此限定,主要是因为"此类裁定与判决具有内在的、事理的关联性,通常只是为了得出判决结果之过程所为的中间决定,因此,若有不服,应随同终局判决一并上诉救济;若是类此裁定皆予以即时救济之途径,案件容易'开花',造成不必要的拖延"[2]。

在前述两重限制之下,控辩双方在不服异议裁断时,最重要的救济路径是以异议裁断违反法令且明显影响判决为理由提起控诉审。与美国的上诉审类似,控诉审作为异议裁断的基本救济路径,也涉及控诉争点保留与过滤。

---

[1] [日] 土本武司:《日本刑事诉讼法要义》,董璠舆、宋英辉译,五南图书出版公司1997年版,第427页。

[2] 林钰雄:《刑事诉讼法》(下册),元照出版有限公司2013年版,第411页。林钰雄本身评论的是我国台湾地区现行"刑事诉讼法"第404条,该条规定,"对于判决前关于管辖或诉讼程序之裁定,不得抗告"。显然,这与《日本刑事诉讼法》第420条第1款完全一致,因此,在此完全可以援引林钰雄的论见。

第四章 比较法视野下的刑事审判中异议裁断机制

(一) 日本刑事审判中的控诉争点保留机制

日本刑事诉讼法规定的控诉审，"是针对第一审（地方、家庭、简易法院）判决向第二审法院（高等法院）提出的上诉"[1]，相当于我国刑事诉讼法规定的"二审"。根据《日本刑事诉讼法》第376条和第392条第1款，控诉人有提出控诉理由书的义务，而控诉法院则应对控诉理由书记载的事项进行调查。日本理论通说据此认为，"控诉审的结构以事后审为原则，续审为特殊"[2]。事后审，意味着控诉法院"不是审理案件本身，而是审查原判决是否得当"，而且，"控诉意向（理由）书中引用的事实，限定于诉讼记录中和原法院调取的证据中所反映的事实"[3]。从法理上讲，这属于典型的"有限的事后审"。

审判笔录是衔接第一审与控诉审的重要媒介。这里所谓审判笔录，即根据《日本刑事诉讼法》第48条和第316条之12，在第一审过程中形成的，记录公判准备环节和公判期间重要程序性事项的官方笔录。审判笔录是案卷的重要内容。前文已经指出，对于其所记载的事项，审判笔录具有排他性的证明力，这使其在上诉审中意义重大。根据《日本刑事诉讼法》第378条和第379条，如果控诉人以第一审存在①管辖认定违法或者管辖错误，②违法受理公诉或者不受理公诉，③对请求审判的案件未予判决或者对没有请求审判的案件作出判决，④判决没有附具理由或者理由存在矛盾，⑤其他违反程序法令以至于显

---

[1] [日] 土本武司：《日本刑事诉讼法要义》，董璠舆、宋英辉译，五南图书出版公司1997年版，第412页。

[2] 参见 [日] 田口守一：《刑事诉讼法》（第五版），张凌、丁秀峰译，中国政法大学出版社2010年版，第355页。

[3] [日] 田口守一：《刑事诉讼法》（第五版），张凌、于秀峰译，中国政法大学出版社2010年版，第355页。

然影响判决的情形作为控诉理由的,应当在控诉理由书中援引足以表明相关情况的载明于案卷(主要就是审判笔录)的事实或者已由第一审法院调查过的证据。

据此,对于控辩双方来说,为了确保在未来的控诉审中能够有效提出控诉理由,在第一审中应当高度重视审判笔录的制作问题。尤其是在对第一审中程序性事项的合法性、妥当性存在疑虑时,最好能通过声明异议来确保相关争点载明于审判笔录。"若未及时声明异议,相关的违法争点,在上级审即完全无争辩余地……"〔1〕

正如土本武司所言:

"异议声请是审判笔录的必要记载事项……可成为上诉的对象……所以,对当事人而言,即使声请未被受理,在提出之后仍是一种利益;反之,如果看到程序有瑕疵而放任不管,即视为放弃责问权而使程序之瑕疵因而治愈,其后将蒙受不能争执的不利益。"〔2〕

(二) 日本刑事审判中的控诉争点过滤机制

《日本刑事诉讼法》第377条至第382条、第382条之2、第383条详细规定了控诉理由。同时,第384条明确规定,只有在以前述条款规定的事实为理由时,才能提出控诉申请。在理论上,对立法规定的控诉理由可作双重划分:其一,以判决之构成要素为基准,可将控诉理由划分为事实认定错误、违反法令和量刑不当三种;其二,以第一审瑕疵对第一审判决的影响

---

〔1〕 [日] 大出良知等编著:《刑事辩护》,日本刑事诉讼法学研究会译,元照出版有限公司2008年版,第230页。

〔2〕 [日] 土本武司:《日本刑事诉讼法要义》,董璠舆、宋英辉译,五南图书出版公司1997年版,第244页。

第四章　比较法视野下的刑事审判中异议裁断机制

力为基准，可区分为绝对控诉理由与相对控诉理由。[1]显然，这两重划分存在交叠，比如本书应重点关注的违反诉讼程序法令问题，就同时涉及绝对控诉理由和相对控诉理由。

所谓绝对理由，即一旦确认存在此事由，就足以构成控诉理由；而相对理由则意味着，在确认存在此事由的基础上，还须该事由显然影响到第一审判决，才得以构成控诉理由。土本武司指出："本来，控诉审以救济具体案件的判决中的违法与不当为目的的，原则上控诉理由也应是相对的。立法上将重大违法与不当视为因此已影响判决，而规定为绝对控诉理由。"[2]按其解读，所谓影响判决，意指"如果没有该事由就不会出现此判决这种意义的相当因果关系"[3]。

被法律视为当然影响判决，因而构成绝对控诉理由的违反诉讼程序法令的情形包括：①第一审法院的构成违反法律规定；②依法不得参与裁判的法官参与了裁判；③违反有关审判公开之规定；④管辖认定违法或管辖错误；⑤违法受理公诉或者不受理公诉；⑥对请求审判的案件未予判决或者对没有请求审判的案件作出判决；⑦判决没有附具理由或者理由存在矛盾。[4]

至于构成相对控诉理由的违反诉讼程序法令的情形，《日本刑事诉讼法》第379条则予以开放性的概括规定，即指"绝对控诉理由之外的关于构成原判决基础的审理及判决程序违法"[5]。

---

[1] [日]土本武司：《日本刑事诉讼法要义》，董璠舆、宋英辉译，五南图书出版公司1997年版，第412—413页。

[2] [日]土本武司：《日本刑事诉讼法要义》，董璠舆、宋英辉译，五南图书出版公司1997年版，第412—413页。

[3] [日]土本武司：《日本刑事诉讼法要义》，董璠舆、宋英辉译，五南图书出版公司1997年版，第413页。

[4] 参见《日本刑事诉讼法》第377条、第378条。

[5] [日]土本武司：《日本刑事诉讼法要义》，董璠舆、宋英辉译，五南图书出版公司1997年版，第414页。

这一开放性规定，实际上将相对控诉理由的证成责任分配给控诉申请人，其不仅有责任依法证明特定事由的存在，还要论证该事由影响到第一审判决，因而构成相对控诉理由。

日本法上对绝对控诉理由和相对控诉理由的区分，在原理上与美国法区分有害错误与无害错误类似，都是在承认第一审可能犯错的同时，强调并非所有的错误都足以导致撤销原判。存在疑问的是，日本法是否存在类似于美国法显见错误规则的制度设计。

本章第一节已经指出，美国上诉审中的显见错误规则，是当事人异议失权的例外，是法院为未能保留争点的上诉人提供的一条有限的救济通道。在《日本刑事诉讼法》中，第382条之2最类似于美国的显见错误规则——本来，申请人在以"事实误认"或"量刑不当"为理由提起控诉时，控诉理由书应当援引足以表明相关情况的，载明于案卷（主要就是审判笔录）的事实或者已由第一审法院调查过的证据，但是，根据第382条之2，由于不得已的事由在第一审辩论终结前未能请求调查的证据所能证明的事实，以及在第一审辩论终结后判决前发生的事实，足以使人相信具有"事实误认"或"量刑不当"情形的，也可以在控诉理由书中援引。[1]

然而，第382条之2专属于第381条和第382条的例外规则，其不适用于《日本刑事诉讼法》第378条和第379条规定的情形。换言之，第382条之2的显见错误规则，只适用于以实体错误为理由的控诉，而不适用于以程序错误为理由的控诉，这体现出日本控诉审在审查标准上更加注重维护实体真实，而

---

[1] 田口守一在评论第382条之2时指出："根据这些规定（包括第393条第2款），控诉审的事后审的特征也受到一定的修正。"［日］田口守一：《刑事诉讼法》（第五版），张凌、于秀峰译，中国政法大学出版社2010年版，第356—357页。

相对不如美国那样重视初审的程序公正性。

当然，这并不是说显见错误的原理在以程序错误为理由的控诉中全无踪影——根据《日本刑事诉讼法》第377条，申请人如以第一审法院的构成违反法律规定、依法不得参与裁判的法官参与了裁判或者违反有关审判公开之规定为理由提出控诉，其控诉理由书不必援引审判笔录记载的事实，而只应附具检察官或辩护人的能够充分证明具有相关事由的保证书。

第三节 美国、日本刑事审判中异议裁断机制的比较小结

前两节的考察表明，美国、日本都构建起了比较完备的刑事审判中异议裁断机制，在规范、制度层面，两国的异议裁断机制有诸多相似、相通之处。同异议声明机制方面一致，这种相似、相通既体现在异议裁断机制与声明机制一起，在作为整体的刑事审判制度中占据重要地位，也体现在两国异议裁断机制的整体框架和诸多技术细节具有相通性，更体现在两国异议裁断机制均在很大程度上反映并佐证了本书第二章所构建、阐释的刑事审判中异议裁断机制的运行原理、基本原则与预期功能。

导致两国异议裁断机制相似、相通的原因比较复杂，其中非常重要的一点是，日本二战后的刑事诉讼改革在极大程度上受到美国的直接干预，大量吸收了美国法的内容。但是，尽管如此，现行《日本刑事诉讼法》中的异议声明机制并非纯粹对美国法的移植。一方面，日本现行的异议声明机制尽管是在美国法影响下确认了控辩双方有权就证据调查相关事项进行相互异议，但是，其仍然保留了早前在欧洲法影响下设置的控辩双方就审判方处分行为提出异议的规定；另一方面，日本理论界

与实务界在二战后本身也对日本旧刑事诉讼制度进行积极反思，而当事人主义改革方向的确立固然有受美国影响，但毫无疑问也是日本改革者的自觉选择，对于异议制度在当事人主义语境下的重要意义，日本改革者很早就已有深刻认识。

同样，与异议声明机制方面的比较结论对应，美国、日本刑事审判中异议裁断机制在规范、制度层面也有许多差异，这些差异既体现在规则渊源上，也体现在规则具体内容上。两国异议裁断机制在具体内容上的差异主要体现在三个方面：其一，在异议裁断主体方面，两国审判组织内部在异议裁判权的分配结构上存在差异，这尤其体现在美国陪审团审判与日本裁判员审判的对比上——在美国陪审团审判中，异议裁断权原则上归属于职业法官，且通过隔离机制将陪审团排除于异议裁断过程之外；而在日本裁判员审判中，尽管异议裁断权被分配给构成裁判官，但没有通过隔离机制将裁判员排除于异议裁断过程之外，反而允许裁判员和候补裁判员列席异议裁断过程。其二，在异议裁断时机方面，争取法官作出及时裁断是异议方的责任，当法官实际上并未裁断异议时，如果异议方不当地认为自己的异议已经被驳回，进而容忍相对方举示系争证据，那么他将无权就此提出上诉；而在日本，其刑事诉讼规则明确要求审判方及时裁断异议。其三，在异议裁断救济方面，美国上诉审将显见错误规则作为当事人异议失权的例外，将此作为未能在初审中保留争点的上诉人的一条有限的救济通道；而在日本，其控诉审中针对以相对理由提出的程序性控诉，并未设定与显见错误规则类似的规定。

在笔者看来，美国、日本刑事审判中异议制度在规则渊源特点和具体内容上的差异，根源于两国所属法系差异和刑事审判对抗化程度的不同。美国作为英美法系的代表性国家，判例

第四章 比较法视野下的刑事审判中异议裁断机制

一直是最重要的法律渊源，这必然影响到其异议证明机制的规则渊源特点。同时，美国是高度奉行对抗制的国家，提出争议、推动诉讼被视为争议各方的当然责任，而审判方并没有主动介入争议、裁断争议的当然职责，因此，即使在刑事审判中，美国也能比较纯粹地按照司法竞技主义、程序公正的思路设置异议制度。相比之下，日本虽然在二战后受到美国法的深刻影响，但欧洲法对其影响依然存在，成文法在法律渊源体系中的核心地位并未动摇。同时，日本刑事审判中虽然提倡当事人主义，但实体真实仍然是审判的核心追求，审判方在审判中的定位也不纯粹是听审者、仲裁者，因此，日本的异议制度不会纯粹按照对抗化的思路设定。

上一章提到美国、日本刑事审判中异议声明机制运作实效上的反差，实际上，这种这种反差也体现于异议裁断层面，只是从笔者收集到的文献资料看，理论研究者更加关注异议声明层面的反差而已。异议制度运行实效的反差，无疑也是多方面因素的综合结果，在很大程度上佐证着本书第二章提出的影响异议制度预期功能实现的若干制约条件。此处着重分析两方面因素。

第一，两国实务界在程序理念上的差异，是造成实践反差的深层次缘由。在美国，司法竞技主义是居于主导地位的程序理念，美国学者加里·古德帕斯特指出："对抗制是我国法律制度的一项基本特征。美国法律制度中的诸多行为都颇具对抗性，而且几乎所有公开的法律裁决均是通过对抗的方式作出的。对抗性也是我国所有法律和法律思想的基本前提。"在这样一种崇尚对抗的语境下，实务工作者无疑会重视且积极运用异议声明机制。而在日本，司法竞技主义尽管在理论界广受关注，在立法层面也具有显见的影响力，但是并未成为实务中居于主导地位的程序理念——日本社会中有着显著的集团主义倾向，这对于日本的法律文化、程序理念有深刻影响。"在刑事审判中，他们（法官、检察官、律师），特别是检察官、律师之间常常呈现一种合作而非对抗的关系，这可以说正是日本人在集团中形成的那种避免公开对抗、'以和为贵'性格作用的结果。"[1]在这种语境下，实务工作者不愿运用异议制度也情有可原。[2]

　　第二，两国刑事审判制度整体上的关键性差别，也是造成实践反差的重要原因。这里特别关注两个关键性差别：一方面，美国刑事审判中有着成熟的罪状认否程序，大量案件基于被告人的有罪答辩而不进入审判，换言之，真正进行审判的都是不认罪案件，控辩双方因而有着更强的对抗性。相比之下，日本刑事审判中尽管有以被告人承认有罪为前提而简化展开的即决裁判程序，但该程序的实际适用率较低，绝大多数案件是依普通的公判程序处理的，这其中不认罪案件所占比率很低。"进入审判程序的很多案件都是自白案件，在这些案件中，辩护律师自然采取合作态度，同意检察官向法官提交笔录作为证据。而且，由于习惯使然，辩护律师对于否认案件也采取了类似态度。"[3]另一方面，在美国的陪审团审判中，基于审判组织内部职权的明确划分，以及严格执行的陪审团隔离规则，控辩双方在声明异议时有关不当影响审判方心证的顾虑会小得多，而且，

---

　　[1]　汪振林：《日本刑事诉讼模式变迁研究》，四川大学出版社2011年版，第288页。

　　[2]　王兆鹏向日本实务工作者讨教不愿异议的原因时，日本实务工作者回应的首要原因是："日本人不喜欢批评他人，不喜欢与他人有正面的冲突，因此不喜欢在法院公开场合批评他方讯问的不当。"王兆鹏：《路检、盘查与人权》，翰芦图书出版有限公司2001年版，第227页。

　　[3]　汪振林：《日本刑事诉讼模式变迁研究》，四川大学出版社2011年版，第261、269页。

第四章 比较法视野下的刑事审判中异议裁断机制

"陪审团对于判决结果无须说明理由,无须撰写判决书。因此若一方为不当或无关的讯问,他方当事人唯恐陪审团遭受误导,必须立刻提出异议,否则有可能受败诉判决"[1]。相比之下,在日本刑事审判中,审判组织内部并不存在严格的职权划分,即使在裁判员参与的审判中,也没有确立明确的隔离规则,这就使得理论上仅针对程序性争议的异议声明,极易对审判方在实体问题上的心证产生不可控的影响。在这种情况下,控辩双方尤其是辩护方对于声明异议必然有诸多顾虑,难免倾向于消极应对。而且,对于争议案件,日本审判方必须撰写判决书,"交代心证之理由与证据,因此无关或不当的讯问,对法官心证之影响非常有限……相反的,如某造有太多的不当讯问,会造成法官对该造的反感。如考虑诉讼技巧,他造不应提出任何异议,应任由对方惹法官生厌"[2]。

---

[1] 王兆鹏:《路检、盘查与人权》,翰芦图书出版有限公司2001年版,第227—228页。不过,在美国的非陪审团审判中,异议声明机制的运作实效就可能受到影响。有观点认为,美国的实体性证据规则,大多以对陪审员能力的不信任为设定前提,而在非陪审团审判中,基于对法官能力的信任,实体性证据规则的适用本身相对宽松,异议声明也就呈现出不同的实践图景。在非审判庭审判中,"许多有经验的一审法官常常采用变通措施,那就是暂时采纳所有有争议的证据,等所有证据被采纳后再来考虑证据的可采性问题",这种现象的发生,本身就暗含着控辩双方在审判中的相对消极。参见[美]约翰·W.斯特龙主编:《麦考密克论证据》(第五版),汤维建等译,中国政法大学出版社2004年版,第128—129页。

[2] 王兆鹏:《路检、盘查与人权》,翰芦图书出版有限公司2001年版,第228页。

第五章 我国语境下刑事审判中异议现象的考察与评析

第一节 刑事审判相关规范中异议规定的考察与评析

一、我国刑事审判相关规范中异议规定概况

(一)《刑事诉讼法》中的异议相关规定

在《刑事诉讼法》这一基本法律层面,我国至今没有确立起类似于《日本刑事诉讼法》第309条或者美国《联邦证据规则》第103条那样的,有关异议声明与裁断的通则性规定。已有的关于异议声明与裁断的零散规定,主要涉及申请回避[1]、申请不公开审理[2]、反对简易程序适用[3]等其他程序性异议;至于证据异议,我国《刑事诉讼法》仅在非法证据排除[4]和证人

---

[1] 参见1979年《刑事诉讼法》第三章、1996年《刑事诉讼法》第三章、2012年《刑事诉讼法》第三章、2018年《刑事诉讼法》第三章。

[2] 参见2018年《刑事诉讼法》第188条。

[3] 参见2018年《刑事诉讼法》第214条、第215条。其中,第214条将"被告人对适用简易程序没有异议"规定为适应简易程序的必要条件,第215条将"共同犯罪案件中部分被告人不认罪或者对适用简易程序有异议的"规定为不适用简易程序的充分条件,这就实质上确认了被告人对简易程序适用的异议权。

[4] 参见2018年《刑事诉讼法》第58条。该条第2款规定当事人及其辩护人、诉讼代理人有权申请人民法院排除非法证据,并规定提出此项申请应附相关线索或者材料。

第五章 我国语境下刑事审判中异议现象的考察与评析

出庭条件[1]这样狭窄的范围内略有涉及。换言之,我国《刑事诉讼法》对异议声明与裁断的规定是非常粗疏的,异议制度在我国尚未全面确立起来。

当然,尽管十分粗疏,但是经过多次法律修正的调整与积累,2018年《刑事诉讼法》中的一些规定,还是为我国构建与完善刑事审判中异议制度提供了一定的规范基础。其中,特别值得注意的有两个条款:其一是2018年《刑事诉讼法》第187条第2款规定的庭前会议制度,该规定为我国探索刑事审判中庭前异议声明与裁断开辟了必要的制度空间;其二是2018年《刑事诉讼法》第238条有关二审中针对一审程序性违法的撤销原判规则,该条第5项作为兜底条款,规定其他可能影响公正审判的程序性违法情形也会导致撤销原判,发回重审,这是我国探索异议裁断的二审救济机制的规范基础。[2]

此外,2018年《刑事诉讼法》的一些规定,还牵引出在我国语境下构建与完善异议制度的特殊疑难问题。这里主要指第49条和第209条,其中,第49条为2012年修法时新设(2012年《刑事诉讼法》第47条),规定辩护人、诉讼代理人如认为公安、司法机关及其工作人员有碍其依法行使诉讼权利,可以向检察机关提出申诉、控告,这就将辩护方诉讼权利保障与检察机关的法律监督职能衔接起来,构建出一种独具特色的程序

---

[1] 参见2018年《刑事诉讼法》第192条。该条确认控辩双方"有异议"为人民法院通知证人、鉴定人出庭的必要条件。

[2] 该条之所以成为规范基础,是因为从法律解释的角度看,该条具备将错误异议裁断情形纳入进来的可能性。这一可能性的存在,很大程度上是因为当前我国刑事司法改革以对抗化为基本方向。相比之下,1979年《刑事诉讼法》第138条规定,二审法院如认定一审法院违法审判,可能影响"正确判决",应当撤销原判,发回重审。由于当时我国刑事诉讼浓厚的职权化色彩,以及刑事司法改革并未以对抗化为基本方向,1979年《刑事诉讼法》第138条就不具备这种解释可能性。

性争议救济机制;第 209 条延续了 1996 年《刑事诉讼法》第169 条和 2012 年《刑事诉讼法》第 203 条的规定,将人民检察院确认为就人民法院违法审判活动实施法律监督的主体,2012 年"六机关规定"第 32 条也延续 1998 年"六机关规定"第 43 条,明确审判活动监督只能在庭审后以提出纠正意见的方式实施。[1]

显然,在我国构建刑事审判中异议制度,必须要厘清异议制度与辩护方申诉、控告机制以及检察机关审判活动监督机制的关系,这无疑暗示了我国构建与完善异议制度的复杂性、艰巨性。

(二) 司法解释中的异议相关规定

详细梳理表明,如果以比较宽松的标准来衡量,自《刑事诉讼法》第一次修正以来,我国司法解释——这里仅指《最高法刑诉解释》和《人民检察院刑事诉讼规则》(以下简称《最高检刑诉规则》) ——中有关异议声明与裁断的规定是在逐步积累、发展的。这在最为重要的证据异议方面也有体现。比如,早在 1998 年《最高法刑诉解释》中,就已经出现了有关证据异议声明与裁断的明确规定——第 136 条第 2 款和第 147 条第 2 款就规定,控辩双方有权以相对方讯问、发问的内容无关或者方式不当为理由,向法庭提出异议,审判长应当判明情况予以支持或者驳回;第 155 条第 1 款则允许辩护方在公诉人要求出示证据目录以外的证据时提出异议,审判长负责决定是否准许出示。2013 年《最高法刑诉解释》在承继、整合前述规定的同时,还确认控辩双方可就相对方的证据举示申请提出异议,[2] 可就控

---

[1] 在 1979 年《刑事诉讼法》中,第 112 条曾经规定出庭检察人员有权就其发现的违法审判情况,向法庭提出"纠正意见"。在当时的审判实践中,这一规定暴露出重大缺陷,个别检察人员在庭审中以实施法律监督的名义,过度干涉法庭的独立、公正审判。于是,1996 年《刑事诉讼法》对审判活动监督的主体与时机进行了重大调整。

[2] 参见 2013 年《最高法刑诉解释》第 203 条。

辩双方补充的证据以及法庭庭外调查核实所得证据是否当庭质证提出异议,〔1〕等等。同时,针对2012年《刑事诉讼法》新设庭前会议程序和非法证据排除规则,2013年《最高法刑诉解释》开始着手探索庭前会议的证据异议处置功能,〔2〕并对非法证据排除的申请、审查、处置和二审救济问题予以比较细致的规定。〔3〕2021年《最高法刑诉解释》在此基础上又积极转化吸收了"三项规程"有关规定。例如,2021年《最高法刑诉解释》第228条转化吸收了《庭前会议规程(试行)》第10条第2款。

在1999年《最高检刑诉规则》中,部分条文从公诉人的立场出发,就其在审判中向辩护方提出异议或者应对来自辩护方的异议加以规定,比如,第355条规定,对于辩护人的诱导发问或其他可能影响陈述或证言客观真实性的不当发问,公诉人有权向审判长提出异议,要求其制止不当发问,或者不采纳系争陈述、证言。在2013年《最高检刑诉规则(试行)》中,同样针对2012年《刑事诉讼法》新设庭前会议程序和非法证据排除规则明确规定了公诉人在庭前会议中的权限,规定其在对辩护人收集的证据有不同意见时,应当提出异议,〔4〕还明确了公诉人应对辩护方非法证据排除申请的具体方式。〔5〕2019年《最高检刑诉规则》进一步明确,公诉人在庭前会议中就辩护人收

---

〔1〕 参见2013年《最高法刑诉解释》第220条。
〔2〕 2013年《最高法刑诉解释》第184条详细罗列了庭前会议可处理的具体事项,其中明确包括就出庭证人名单声明异议和申请排除非法证据,该条第2款还表明,如果控辩双方希望特定证据在庭审中得到重点审查,其有责任对此证据材料提出异议。
〔3〕 参见2013年《最高法刑诉解释》第96条、第97条、第99条、第100条、第102条、第103条。
〔4〕 参见2013年《最高检刑诉规则(试行)》第431条。
〔5〕 参见2013年《最高检刑诉规则(试行)》第75条。

集的证据提出异议的,应当简要说明理由。[1]

但是,在立法粗疏的制约下,司法解释层面异议声明与裁断相关规范的积累与发展在深度上十分有限,在广度上则很不平衡,在结构上也不完备。同时,立法层面牵引出的异议与检察机关审判活动监督以及辩护方申诉、控告机制的紧张关系,在司法解释层面不仅没有缓和,反而更加凸显——在1999年《最高检刑诉规则》中,所有涉及对审判方活动的合法性发表不同意见的规定,[2]都是从"审判活动监督"而非"声明异议"的角度设置的,若公诉人当庭发现法庭审判活动违法,不能即时提出异议,而只能对违法情况记明笔录,于休庭后向本院检察长报告,最后由人民检察院在庭审后提出纠正意见[3];而在2013年《最高检刑诉规则(试行)》中,尽管出现了第470条这样的允许公诉人对审判方行为直接提出异议的条款[4],但是根据第577条和第580条,[5]检察机关审判活动监督与公诉人指向审判方的异议声明的紧张关系依然存在,后者依然处于被前者裹挟的状态;2013年《最高检刑诉规则(试行)》第57条和第58条规定[6]了辩护方申诉、控告的具体情形与方式,从中可以看出,相对于一审判决后的上诉,辩护方申诉、控告具有中间救济性质,但是,相对于法庭上即时声明异议,提出申诉、控告则具有事后救济特征。

(三) 司法改革相关规范性文件中的异议相关规定

2012年《刑事诉讼法》第二次修正之后,我国继续推进以

---

[1] 参见2019年《最高检刑诉规则》第395条。

[2] 1999年《最高检刑诉规则》第392条对检察机关审判活动监督的范围进行了开放式列举,实质上涵盖了审判方的一切违法行为。

[3] 参见1999年《最高检刑诉规则》第331条、第394条。

[4] 2019年《最高检刑诉规则》改为第435条。

[5] 2019年《最高检刑诉规则》改为第570条、第572条。

[6] 2019年《最高检刑诉规则》仍为第57条、第58条。

第五章 我国语境下刑事审判中异议现象的考察与评析

对抗化为重要特征的刑事司法改革。尤其在2014年，十八届四中全会通过《中共中央关于全面推进依法治国若干重大问题的决定》，开启了"以审判为中心的诉讼制度改革"，使得我国刑事司法改革进入全新阶段。在这个进程中，有关部门以各种方式发布了大量司法改革相关规范性文件，其中不乏对异议声明与裁断的积极探索。比如，在2015年《保障律师执业权利规定》中，第38条确认律师在法庭审理过程中有权就回避、案件管辖、非法证据排除等程序性事项提出申请，以及就法庭审理程序提出异议，法庭原则上应休庭审查，然后依法作出决定；如果法庭决定驳回异议，律师有权当庭提出一次复议；律师如果不服决定，其所保留的意见应当记入法庭笔录，并可以此为理由提出上诉，或者向人民检察院提起申诉、控告。暂且不论第38条本身是否完全合理，应当承认的是，直至目前，该条确是我国在规范层面对审判中异议声明与裁断最为完备的规定。

此外，在2016年《审判中心改革推进意见》、2017年《审判中心改革实施意见》、2017年《严格排除非法证据规定》和最高人民法院"三项规程"中，有关部门就庭前异议声明与处置、非法证据排除申请、审查、处置和二审救济等问题进行了积极探索。在这一过程中，开始出现有关异议声明与裁断的通则性规定，2017年《审判中心改革实施意见》第18条第1款首次就庭上异议作出一般性要求——"对控辩双方当庭提出的申请或者异议，法庭应当作出处理"；第7条第1款首次就庭前异议作出一般性要求——"控辩双方对管辖、回避、出庭证人名单等事项提出申请或者异议，可能导致庭审中断的，人民法院可以在庭前会议中对有关事项依法作出处理，确保法庭集中、持续审理"。

总体而言，相比于立法和司法解释层面，在这些司法改革相关规范性文件中，有关异议声明与裁断的内容更为丰富，出现了许多新颖性内容。但是，不能忽视的是，这些文件的规定也暴露出若干问题，比如，异议声明相关规范的发展仍不平衡，尤其是与庭前异议相关规范的突破性发展形成对比的是，庭上异议相关规范基本没有突破《最高法刑诉解释》的框架；再如，相关规范对辩护方异议声明有过度约束的倾向；又如，受到立法规定的制约，庭前异议裁断的效力问题并没有取得实质性突破，现有的变通做法存在着法理上的疑问。同时，伴随着异议相关规范走向技术化、精密化，异议制度与我国刑事审判实践中的许多既有机制、传统间的紧张关系愈发突出。最后，还应当注意到，这些文件"令出多门"，在具体内容存在交叉、重叠的情况下，相互间的效力关系很不明确，这势必导致这些文件所创设的异议规范在具体实践中的实效性存疑。

（四）公诉人、律师办理刑事案件规范指引中的异议相关规定

在司法改革相关规范性文件之外，还应当关注最高人民检察院制定的《人民检察院公诉人出庭举证质证工作指引》（以下简称《公诉指引》）[1]和全国律协制定的《律师办理刑事案件规范》[2]，这两个文件作为指引性规范，虽然不具备对外的普

---

[1] 2007年，最高人民检察院曾印发《公诉人出庭举证质证指导意见（试行）》（以下简称《指导意见（试行）》），意在"规范公诉人出庭举证、质证活动，提高出庭支持公诉水平"。2015年，最高人民检察院印发《关于加强出庭公诉工作的意见》，此后，在2016年，由最高人民检察院公诉厅牵头，开始对《指导意见（试行）》进行修订，拟制定新的《公诉人出庭举证质证工作指引》。2018年5月，最高人民检察院第十三届检察委员会第一次会议通过新版《人民检察院公诉人出庭举证质证工作指引》，并于7月3日正式印发。

[2] 1997年，《刑事诉讼法》第一次修正之际，全国律协颁布了《律师办理刑事案件规范（试行）》。2000年，全国律协颁布了正式版的《律师办理刑事案件规范》。2017年，全国律协修订该规范，于同年8月27日审议通过新版《律师办理刑事案件规范》。

遍效力，但分别在检察系统和律师群体内部具有一定的规范性意义。这两个指引性规范都包含了大量与异议声明相关的条文。

在 2007 年《指导意见（试行）》和 2018 年《公诉指引》中，与异议声明相关的规定可分为三类：第一类是有关公诉人向辩护方提出异议的规定。比如，2007 年《指导意见（试行）》第 41 条罗列了辩护人在证人询问过程中的若干违法、不当情形，要求公诉人及时提请审判长制止，并在必要时要求法庭对相关陈述或证言不予采纳。2018 年《公诉指引》第 10 条第 1 款规定，在庭前会议中，公诉人可以对辩护方出庭人员名单提出异议。第二类是有关公诉人应对辩护方异议的规定，比如，2007 年《指导意见（试行）》第 11 条规定，如果公诉人已经详细举示证据，但辩护方反复提出要求，或者公诉人认为摘要出示的证据足以证明案件事实并反驳辩护方的异议，其可以在征得法庭同意后拒绝详细举示证据。2018 年《公诉指引》第 50 条就公诉人应对辩护方有关"被告人庭前供述系非法取得"的质疑的方式与要点，进行了比较细致的规定。第三类是有关公诉人质证及应对辩护方质证的方式与要点的规定。2007 年《指导意见（试行）》将质证界定为控辩双方在审判人员主持下，对证据三性进行的质疑与辩驳活动，2018 年《公诉指引》则将质证界定为控辩双方在审判人员主持下，围绕证据能力和证明力进行的质疑与辩驳活动。两个文件均对各种证据的质证及应对辩护方质证的方式与要点提供了详细指引，由于异议与质证的关系十分复杂，这里暂且将这类规定称为"与异议声明关系密切但又不明确的规定"。

通过对最高人民检察院制定的公诉工作指引性规范的梳理，应当承认，声明异议，以及应对辩护方的异议声明，是公诉工作的重要内容。同时，我们仍然能够注意到审判活动监督与异议声明的特殊关系——这些指引性规范几乎没有涉及公诉人对审判方的异议声明问题,尤其在2015年最高人民检察院印发的《关于加强出庭公诉工作的意见》中,其再次重申了公诉人应对法庭违法审判的基本方式仍然是"及时记录——庭后报告——人民检察院提出纠正意见"。此外,特别需要关注的是,这些指引性规范还牵引出另一个深刻影响我国异议声明实践的难题,这就是证据异议与质证的复杂关系——在证据三性质证主导法庭调查的实践格局下,证据异议在这些指引性规范中就显得相当"偏狭",几乎被严格限定在人证调查方式的合法性、妥当性这一狭窄范围内。

在2000年《律师办理刑事案件规范》和2017年《律师办理刑事案件规范》中,有关异议声明的规定也可划分为三大类:第一类涉及律师在刑事案件中提出异议。比如,2000年《律师办理刑事案件规范》第108条规定,如果法庭调查活动存在不合法或有碍查明事实真相的情况,辩护律师可以"依法提出建议或异议"。2017年《律师办理刑事案件规范》第78条规定,律师在庭前会议中可以提出一系列意见或申请,其中,提出管辖异议、申请回避、就适用简易程序提出异议、申请不公开审理、申请排除非法证据等,都属于广义的异议范畴。第二类涉及辩护方在审判中应对控诉方异议。比如,根据2000年《律师办理刑事案件规范》第95条和第104条,辩护律师在进行发问或者举证时,如果公诉人提出异议,其有权进行争辩。根据2017年《律师办理刑事案件规范》第94条,若公诉人对辩护律师的发问提出反对或者异议,辩护律师有权反驳,但应当服从法庭作出的决定。第三类是有关辩护律师质证方式与要点的规定。特别值得注意的是,2000年《律师办理刑事案件规范》第96条至第101条在规定辩护律师对控诉方证人、鉴定人、物证、书证、书面证言、鉴定结论的质证要件与方式时，第 2 款均采用了"辩护律师应当综合以上方面，对×××发表意见并阐明理由，如有异议，应与控诉方展开辩论"的表述。同时，除第 97 条外，另外 5 个条文的第 3 款均明确了，如果公诉人提出证人名单以外的证人，或者证据目录以外的物证、书证、证人证言、鉴定结论，辩护律师有权"建议法庭不予采信或要求延期审理"。但是，在 2017 年《律师办理刑事案件规范》中，第 97 条、第 100 条、第 101 条、第 103 条至第 109 条在规定各类证据的质证要点时，都不再有 2000 年版对应条文第 2 款那样的，强调辩护律师对证据如有异议，即应与公诉人展开辩论的表述，而是新设第 95 条，对辩护律师发表质证意见的方式、内容予以统一规定，其中第 3 款规定："对公诉人及其他诉讼参与人发表的不同的质证意见，辩护律师可以进行辩论。"此外，2017 年《律师办理刑事案件规范》新设第十七章"权利救济与执业纪律"，根据其中第 243 条和第 244 条，异议声明与辩护方申诉、控告的关系存在"平行"与"前后相继"两种不同模式。

通过对全国律协新旧两版《律师办理刑事案件规范》的梳理，可以看到，声明异议以及应对控诉方的异议声明，是律师参与刑事审判的重要任务。同时，异议声明与辩护方申诉、控告机制的紧张关系，在现行规范中也有充分体现。此外，与《公诉指引》所显现的一样，新旧两版《律师办理刑事案件规范》中有关质证的条文的调整表明，在我国，证据异议与质证的复杂关系，无疑会对异议制度的规范设置和实践操作产生深刻影响。

二、我国刑事审判相关规范中异议规定的主要问题

（一）现有异议规定所涵盖的异议类型不够全面、开放

本书第一章已经指出，异议的最基础分类是证据异议与其

他程序性异议,同时,无论是证据异议还是其他程序性异议,各自所包含的子类型都非常宽泛、丰富,具有开放性。我国现有异议规定存在的一个很大问题,就是所涵盖的异议类型范围过窄,不够开放。就证据异议而言,目前我国只在非法证据排除这一非常狭窄的领域内设置了比较完整的异议程序,[1]超出这一范围后,就只对人证调查方式争议[2]和证据举示申请争议[3]设置有较为明确的异议规则。就其他程序性异议而言,虽然我国对于申请回避、申请不公开审理、管辖异议等诉讼先决事项均设置有比较明确的异议规则[4],但是,这显然未能涵盖所有的其他程序性争议,尤其是对于因审判方不当行使诉讼指挥权(以及法庭警察权)而引发的争议,我国还没有设定必要的异议规则。[5]

需要注意的是,虽然现有异议规定所涉及的程序性争议范围狭窄,但我国存在着其他一些被用以处置程序性争议的机制。比如,在美国和日本通过异议制度处置的证据能力争议,在我国被转化为证据三性争议,进而通过质证、认证制度予以处置。再如,我国虽未设定控辩双方就审判方不当行为的异议规则,但是控诉方可以通过庭后由检察机关提出纠正意见的方式,对各种违法审判情形实施法律监督,而辩护方也可以通过申诉、

---

[1] 例如,2017年《严格排除非法证据规定》、2018年《非法证据排除规程(试行)》。

[2] 例如,2013年《最高法刑诉解释》第214条、2018年《法庭调查规程(试行)》第21条、2021年《最高法刑诉解释》第262条。

[3] 例如,2013年《最高法刑诉解释》第203条、第221条,2018年《法庭调查规程(试行)》第37条,2021年《最高法刑诉解释》第247条。

[4] 例如,2018年《庭前会议规程(试行)》第11条至第13条,2021年《最高法刑诉解释》第228条。

[5] 权威学者对此的批评,参见龙宗智:"刑事庭审人证调查规则的完善",载《当代法学》2018年第1期,第3页。

控告来寻求检察机关实施审判活动监督。这些机制的存在,本身就是影响异议制度扩张的重要原因。正如前文指出的,在近年来的刑事司法改革中,我国已在摸索构建更为开放的刑事审判中异议制度,异议制度与既有程序性争议处置机制的紧张关系也逐步突显。

(二) 现有异议规定在基本要素上不够完备

本书在第一章还指出,异议声明机制和异议裁断机制构成了刑事审判中异议制度的两个基本环节,其中,异议声明机制包含了主体、时机、理由、方式、失权等要素,而异议裁断机制则包含了主体、时机、程序构造、方式、救济等要素。我国现有的异议规定只在回避和非法证据排除两个领域比较完备,一旦超出这一范围,尤其是结合异议规则适用范围扩张这一背景,现有规定在基本框架上的不完备问题就显现出来。

在异议声明机制层面,最明显的缺漏是异议失权问题被忽视。在司法解释层面,只有2012年《最高法刑诉解释》在回避程序中设置了明确的失权规则,[1]而在其他方面,特别是证据异议领域,并无明确的失权规则。近年来,司法改革相关规范性文件中涉及异议失权的规定有所增加,主要是在非法证据排除[2]和庭前会议争点整理[3]两个领域,但是,这些规定还很不成熟,尤其是存在过度约束辩护方异议权的倾向。从法理上讲,在整个异议声明机制中,异议失权是十分重要的一环,如果缺乏必要的失权规则,或者失权规则不合理,那么在主体、时机、理由、方式等方面对异议方提出的要求就将缺乏约束力,

---

[1] 参见2013年《最高法刑诉解释》第30条、2021年《最高法刑诉解释》第35条。

[2] 例如,2018年《庭前会议规程(试行)》第14条、2018年《非法证据排除规程(试行)》第10条、2021年《最高法刑诉解释》第131条。

[3] 例如,2018年《庭前会议规程(试行)》第20条、第25条。

权责均衡的基本原则就无法得到贯彻。

在异议裁断机制层面，最明显的缺漏是对异议裁断救济问题的忽视。《刑事诉讼法》仅在回避程序中规定当事人及其法定代理人可就驳回回避申请之决定申请复议一次，[1]最高人民法院、最高人民检察院的司法解释中，只有《最高法刑诉解释》在回避程序之外，就非法证据排除的二审救济有明确规定。[2]近年来，司法改革相关规范性文件中涉及异议裁断救济的规定虽然有所增加，[3]但是这些规定同样还很不成熟，特别是出现了将检察机关审判活动监督机制与异议裁断救济不当衔接的倾向。[4]从法理上讲，合理的异议裁断救济机制能够保证异议裁断的公正性，也为在异议声明层面对控辩双方施加的各种约束提供了正当性支撑，反之，如果救济机制设定不合理，整个异议制度的正当性都会受到影响。

（三）现有异议规定同异议制度的基本法理、原则不完全契合

本书第二章详细阐述了异议制度的运行原理与基本原则。以程序控制理论为分析框架，异议声明机制运作的深层次特征包括"以控辩双方为中心"的过程控制分配，以对抗、对等为基本特征的控辩关系，不可或缺的律师参与，以及对控辩双方程序控制的双重约束，而平等武装、权责均衡、理性约束则是异议声明机制构建与运作所应遵循的基本原则。以程序性裁判理论为分析框架，异议裁断机制运作的深层次特征包括通过合法性、妥当性判定来处置全部程序性争议，注意异议裁断与实

---

[1] 参见2018年《刑事诉讼法》第31条。
[2] 参见2013年《最高法刑诉解释》第103条、2021年《最高法刑诉解释》第138条。
[3] 参见2015年《保障律师执业权利规定》第38条、2017年《严格排除非法证据规定》第38条至第40条。
[4] 例如，2015年《保障律师执业权利规定》第38条。

体性裁判的相对分离,以及因应控辩对抗的及时裁断,而公正裁判、证据裁判、兼顾效率则是异议裁断机制所应遵循的基本原则。不得不承认,我国现有的异议规定并未完全契合于异议制度的前述基本法理、原则。

在异议声明机制层面,现有规定对由控辩双方主导异议程序的过程控制有所保留,只有少数规定明确许可控辩双方主动声明异议,[1]而多数规定则允许甚至要求审判方较多地介入程序性争议处置过程,主动引导控辩双方声明异议(或者说,主动确认控辩双方就特定程序性事项有无异议)。[2]在现有异议规定中,审判方的角色定位并非单纯的程序管控者,而是肩负依职权发现、处置程序性争议的职责。[3]同时,控辩双方在异议规定中的相互关系并未完全以"对等"为基本特征,平等武装原则未能得到充分贯彻,这主要是由于控诉方的异议主体地位未能得到充分确认,其所承担的法律监督职责与异议权的关系尚不清晰。现有法律法规明确规定控诉方对于违反程序的庭审活动,只能在庭后以检察机关的名义提出纠正意见,[4]这虽然并未直接禁止公诉人在审判中提出指向审判方的异议,但实际上严重压缩了公诉人提出此类异议的空间,实为将公诉人确认为与辩护方对等之异议声明主体的重大障碍。此外,现有规定在对控辩双方异议声明施加"双重约束"时也存在疑问,这既

---

〔1〕 例如,2013年《最高法刑诉解释》第214条、2018年《法庭调查规程(试行)》第21条、2021年《最高法刑诉解释》第262条。

〔2〕 例如,2013年《最高法刑诉解释》第184条、第194条、第220条,2018年《庭前会议规程》第20条、第25条,2021年《最高法刑诉解释》承继、吸收了前述规定。

〔3〕 比较典型的是2018年《刑事诉讼法》第58条第1款。

〔4〕 参见2018年《刑事诉讼法》第209条、2013年"六机关规定"第32条、2019年《最高检刑诉规则》第572条。

体现在现有规定并不关注审判方管控异议声明活动时的独立性、中立性与适度性，使得控辩双方尤其是辩护方的异议声明活动可能受到过度压制，也体现在现有规定大多对异议声明的时机、理由、方式等缺乏明确规定，更未匹配必要的失权规则，不能对异议声明活动起到规范性的指引作用，[1]而部分较为明确的规定则多有过度约束控辩双方尤其是辩护方的倾向，合理性存疑。[2]

在异议裁断机制层面，现有规定所涵盖的程序性争议类型还比较有限，远不足以支撑审判方通过合法性、妥当性判定来处置全部程序性争议。相反，检察机关可以通过涵盖面更广的审判活动监督机制，直接参与甚至主导对程序性争议的判定、处置。[3]换言之，在现有规范框架下，我国刑事审判中程序性争议的处置并未完全置于诉权与裁判权互动的诉讼语境中。同时，个别规定明确允许法庭将程序性争议交由审判委员会讨论后决定，[4]这与异议裁断机制所应遵循的公正裁判原则存在直接冲突。此外，现有规定并没有明确基于贯彻证据裁判、排除预断、避免偏见或保障审判方高效诉讼管控等方面去确认异议裁断与实体性裁判的相对分离，反而在个别规定中显示出将对异议的判定、处置融入实体性裁判的倾向。[5]虽然也有新近规

---

[1] 例如，2018年《法庭调查规程（试行）》第21条。

[2] 例如，2017年《审判中心改革实施意见》第7条、2018年《庭前会议规程（试行）》第14条、2018年《非法证据排除规程（试行）》第14条。

[3] 参见2019年《最高检刑诉规则》第570条。当然，这种判定、处置的实际效果就另当别论了。

[4] 例如，2018年《非法证据排除规程（试行）》第25条允许人民法院在判定是否排除证据前，将相关争议交由审判委员会进行讨论。值得注意的是，2021年《最高法刑诉解释》并未吸纳这一规定。

[5] 例如，2015年《保障律师执业权利规定》第36条、2017年《严格排除非法证据规定》第36条、2018年《非法证据排除规程（试行）》第28条、2018年《法庭证据调查规程（试行）》第51条。

第五章 我国语境下刑事审判中异议现象的考察与评析

定着手提升异议裁断的相对独立性,但具体内容未必合理。[1]最后,现有规定没有体现出异议裁断本应具备的"因应控辩对抗而及时进行裁断"的特征,没有确认控辩双方有积极寻求审判方作出明确异议裁断之权利与责任,对审判方异议裁断时机的要求有很大弹性。[2]

(四)现有异议规定与若干既有程序制度存在紧张关系

现有异议规定与既有程序制度的紧张关系,首先体现在这些规定与其他具有程序性争议处置功能的程序制度存在紧张关系,这在前文已经点明。

在证据异议领域,现有规定与质证和认证制度存在紧张关系。从比较法上看,美国、日本等法域的证据异议制度具有开放性,涉及证据本身证据能力的争议基本都纳入异议制度的框架内解决,并且基于证据能力与证明力的划分,控辩双方围绕证明力的争辩活动被有效区别于围绕证据能力的异议活动。[3]我国传统上将举证、质证、认证作为审判中证据调查的基本环节,通过质证与认证的结合,来处理与绝大多数证据有关的各种争议,而且,我们对证据争议的划分是基于证据三性而非两力,其他国家和地区视角下的证据能力争议和证明力争议,在

---

[1] 例如,2017年《严格排除非法证据规定》第26条、第33条,2018年《非法证据排除规程(试行)》第18条。这些规定要求,在审判方判定是否排除非法证据前,争议证据不得被宣读、质证。在我国允许控辩审各方充分阅卷的背景下,要求不得对存在合法性争议的证据进行宣读、质证,并无任何实质意义。值得注意的是,2021年《最高法刑诉解释》也并未吸纳这一规定。

[2] 例如,2012年《刑事诉讼法》对于人民法院启动证据收集合法性专门调查的时机并无明确规定,2013年《最高法刑诉解释》第100条就调查时机作出弹性规定,在2018年《非法证据排除规程(试行)》中,第18条虽然有意限缩审判方在调查时机上的裁量权,但还是很有弹性。这一弹性规定为2021年《最高法刑诉解释》所吸收。

[3] 详见本书第三章、第四章。

转化为证据三性争议后不再有明确划分,而是杂糅为一个整体。证据异议相关规定的逐步增加和扩张,将使得更多的证据争议划归异议制度来处置,这就产生了如何实现证据异议制度与质证、认证制度协调衔接的难题。这一难题在过去尚不明显,但在最近几年愈发突出,[1]这背后所蕴含的,既有证据三性论与证据两力论的融合难题,也有证据原子化审查与整体化审查的协调难题。[2]

从更广义的异议领域看,现有规定与检察机关的审判活动监督以及辩护方的申诉、控告机制存在紧张关系。理想状态下的审判,是诉权与裁判权互动的特定场域,而我国审判的一个特色,则在于法律监督权可能介入诉权与裁判权的互动。长期以来,对于审判中的绝大多数程序性争议,我国都是纳入审判活动监督机制内进行调整,控诉方遇有违法审判情形,可以在庭后实施法律监督,而辩护方遇此情况,则有权通过申诉、控告寻求检察机关实施法律监督。换言之,因为诉权与裁判权互动而产生的程序性争议,却被纳入非诉讼的框架内解决。现有异议规定的逐步增加与扩张,已经暴露出在我国构建与实施异议制度将与审判活动监督机制发生激烈冲突。异议制度要求将程序性争议尽可能纳入诉讼化的框架内解决,这与法律监督机制存在根本性冲突,这背后所隐含的,是我国刑事审判程序构造根本性转型的可能契机。

此外,现有异议规定与既有程序制度的紧张关系,还体现

---

[1] 近年来,在司法改革相关规范性文件中,越来越多的规定暴露出异议制度与质证、认证制度的紧张关系。比如,2018年《法庭调查规程(试行)》第31条规定,对于控辩双方存在争议的证据,原则上应当一证一举一质,对于控辩双方无异议的非关键性证据则可以简化举证。该条所谓"存在争议"或"无异议"显然与传统实践中通过质证发表的反对性意见存在差异。

[2] 对此的进一步讨论,详见本章第四节。

第五章　我国语境下刑事审判中异议现象的考察与评析

在异议制度扩张对相关、配套机制的要求，与现有的许多程序制度存在冲突。这类紧张关系不如前面讨论的那些明显，但不应忽视。[1]

比如，现有异议规定的扩张，与庭前会议制度存在紧张关系。通过庭前会议预先处置程序性争议，是当下我国刑事审判改革的一个显著趋势，近年来有关庭前异议的规定也明显增加。[2]但是，受限于现有法律法规的规定，在目前的庭前会议制度框架下，虽然可以容许控辩双方提出异议，但审判方无权及时裁断异议，这与美国、日本等法域的庭前异议制度均存在根本区别。结果，与美国、日本均在庭前允许审判方裁断异议且设置结果确认机制不同，我国目前只能探索在开庭时设置对庭前会议所涉异议的确认机制。[3]

再如，现有异议规定的扩张，与目前的审判笔录制度存在紧张关系。从法理上讲，异议制度涉及上诉争点保留问题，为保留上诉争点，控辩双方必须及时异议并确保审判方对异议的裁断被载明于审判笔录，而在二审中，审判笔录是有关初审中程序性争议的重要证明材料。正因如此，多数法域都对审判笔录的制作设定有非常技术化的规程、要求，而且，往往确认审判笔录对初审中的程序性事项具有排他的证明力。我国现有异议规定也已涉及通过审判笔录保留上诉争点的问题，[4]但是，目前我国对审判笔录的规定非常粗疏，也未确认其对程序性事

---

[1]　接下来只是试举三例，现有异议规定与配套程序制度的紧张关系显然不限于这三点。

[2]　最典型的是 2018 年《庭前会议规程（试行）》。

[3]　2018 年《庭前会议规程（试行）》第 25 条第 1 款规定，"对于庭前会议中达成一致意见的事项，法庭向控辩双方核实后当庭予以确认"，2021 年《最高法刑诉解释》第 233 条第 1 款则改为"法庭在向控辩双方核实后，可以当庭予以确认。"

[4]　参见 2015 年《保障律师执业权利规定》第 38 条。

项的排他性证明力。

又如,现有异议规定与目前的刑事二审程序存在紧张关系。从法理上讲,异议裁断的救济涉及上诉争点过滤问题,而且要兼顾效率。多数法域将程序性上诉设定为"有限的事后审",要求上诉方提供上诉理由,限定初审程序性争议的证明方式和审查范围,设定初审程序性争议有害性的判定标准。我国现有异议规定已经涉及初审异议与二审的衔接问题,但是一直没有讨论对上诉程序如何调整,目前的程序性上诉仍然属于"全面的事后审",上诉、抗诉理由不会从根本上影响审查范围,对初审程序性争议的区分判定标准也还没有明确。〔1〕

除去前述几点,现有异议规定存在的问题还很多,比如现有规定在渊源形式上不够规范,特别是新近司法改革相关规范性文件中的异议规定存在"令出多门",内容交叉、重叠,相互关系不明的严重问题,严重影响到现有异议规定的实践效果。

第二节　实务工作者视角下刑事审判中异议现象考察与评析

一、受访者的基本情况

2017年7月至9月,笔者以网络问卷的方式,就刑事审判中异议制度相关问题,在全国范围内对法官(含法官助理)、检察官(含助理检察员)和律师(含律师助理)进行了第一轮调研。〔2〕经过筛查,最终回收有效问卷共计228份,包括法官问

---

〔1〕 权威学者对此的讨论,参见陈瑞华:"对违法审判行为的程序性制裁",载《兰州大学学报(社会科学版)》2017年第1期,第14页。

〔2〕 法官问卷的投放起始时间是2017年7月27日,检察官问卷和律师问卷的投放起始时间是2017年7月31日。

卷 57 份、检察官问卷 170 份和律师问卷 101 份。在本轮问卷调查过程中,笔者还以电话、面谈等方式,对其中部分受访者进行了访谈。2018 年 7 月至 9 月,笔者以面对面访谈的方式,对其中来自 S 省 C 市和 L 市的部分受访者进行了第二轮调研。以下先分别简述法官受访者、检察官受访者和律师受访者的基本情况。

(一) 法官受访者的基本情况

57 位法官受访者主要来自基层人民法院(36 人,占比 63.2%),部分来自中级人民法院(17 人,占比 29.8%),少数来自高级人民法院(3 人,占比 5.3%)和最高人民法院(1 人,占比 1.8%)。这些受访者多数具备 1 年以上的刑事审判实践经验,其中,从事审判工作 1 到 5 年的有 27 位(占比 47.4%),6 到 10 年的有 15 位(占比 26.3%),10 年以上的有 8 位(占比 14%),只有 7 位(占比 12.3%)受访者的经验不到 1 年。只有 4 位(占比 7%)法官受访者表示几乎没有参与一审普通程序案件审判的经验,大多数法官表示其参与的刑事审判中,一审且适用普通程序的超过 30%,其中,有 10 位受访者(占比 17.5%)表示其参与的审判几乎都是一审且适用普通程序,7 位受访者(占比 12.3%)表示此类案件占到 70%以上,11 位受访者(占比 19.3%)表示此类案件占 50%到 70%。只有 1/3 的法官受访者没有担任过审判长,经常担任和偶尔担任审判长的法官受访者分别为 27 人(占比 47.4%)和 11 人(占比 19.3%)。

(二) 检察官受访者的基本情况

170 位检察官受访者中,过半数来自基层人民检察院(95 人,占比 55.9%),少数来自市一级人民检察院和省一级人民检察院(均为 34 人,各占比 20%),极少数来最高人民检察院(2 人,占比 1.2%)和专门人民检察院(5 人,占比 2.9%)。绝大多数受访者具备从事公诉工作的经验,其中,正在从事公诉工作的有 123 位（占比 72.4%），曾经从事过公诉工作的有 46 位（占比 27.1%），只有 1 位没有从事过公诉工作。就从事公诉工作的时限而言，公诉经验不到 1 年的只有 14 位（占比 8.2%），有 1 到 5 年经验和 6 到 10 年经验的基本持平，分别有 57 人（占比 33.5%）和 56 人（占比 32.9%），有 10 年以上公诉经验的也有 43 人（占比 25.3%）。

只有 8 位（占比 4.7%）检察官受访者表示其参与支持公诉的刑事案件几乎没有一审且适用普通程序审理的。多数受访者表示其参与公诉的案件中，此类案件超过 30%，其中，有 43 位（占比 25.3%）受访者表示几乎全部都是此类案件，有 33 位（占比 19.4%）受访者表示达到了 70% 以上，18 位（占比 10.6%）受访者表示达到 50% 到 70%。

（三）律师受访者的基本情况

101 位律师受访者几乎全部都有从事刑事辩护工作的经验（99 人，占比 98%），其中，大部分受访者以刑事辩护为主要业务（68 人，占比 67.3%）。从所辩护案件的一审管辖看，绝大多数律师受访者办理的案件主要为基层人民法院管辖案件（91 位选择，占比 90.1%），超过半数律师受访者同时也办理中级人民法院管辖案件（58 位选择，占比 57.4%）。这些受访者大都已经积累了比较丰富的刑事辩护经验。具体而言，只有 13 位（占比 12.9%）律师受访者的刑事辩护经验不到 1 年，大部分（41 人，占比 40.6%）有 1 年到 5 年刑事辩护经验，而有 5 年到 10 年和 10 年以上刑事辩护经验的则分别到达了 24 位（占比 23.8%）和 23 位（占比 22.8%）。

有刑事辩护经验的律师受访者全部表示所参与辩护的案件中有属于一审且适用普通程序的。其中，有 76 位（占比 75.2%）受访者辩护的案件超过 50% 符合前述条件，这里面，有 37 位

（占比 36.6%）表示自己辩护的案件超过 70% 符合前述条件，还有 22 位（占比 21.8%）表示自己辩护的案件几乎全部符合前述条件。

二、实务工作者视角下刑事审判中异议现象概况

（一）实务工作者对刑事审判中异议现象的基本印象

1. 三类受访者对刑事审判中异议现象的感知差异较大

表 5-1 展示了三类受访者对"在您参与的刑事审判中，是否有过控辩双方主动就证据问题、程序问题提出异议（反对），要求法院予以裁断的情况？"的回答情况。总体而言，绝大部分受访者表示自己参与的刑事审判中发生过异议现象。更为细致的比较则表明，律师受访者对异议现象的感受明显比检察官受访者和法官受访者更强烈——有 17.8% 的律师受访者表示几乎每个案子都会发生异议现象，而如此表示的检察官受访者只有 7.6%，法官受访者更是只有 3.5%。在法官受访者与检察官受访者之间，法官受访者对异议现象的感受更不明显——多达 61.4% 的法官受访者表示只是极个别案件会发生异议现象，检察官受访者的对应比率为 37.6%。

表 5-1

回答情况	法官受访者		检察官受访者		律师受访者	
	人数	占比	人数	占比	人数	占比
有过，几乎每个案子都会发生	2	3.5%	13	7.6%	18	17.8%
有过，只是部分案件会发生	17	29.8%	74	43.5%	46	45.5%

续表

回答情况	法官受访者		检察官受访者		律师受访者	
	人数	占比	人数	占比	人数	占比
有过,只是极个别案件会发生	35	61.4%	64	37.6%	31	30.7%
从来没有发生过	3	5.3%	19	11.2%	6	5.9%

2. 是否有律师参与,影响到法官受访者和检察官受访者对异议现象的感知

导致三类受访者对异议现象的感知差异明显的主要原因之一,应该在于律师参与刑事审判的比率较低。如表5-2所示,从法官受访者和检察官受访者对"您参与的审判中,被告人有辩护律师的有多少?"这一问题的回答情况看,多数受访者所参与的刑事审判中,律师的参与率不高。从经验和法理上讲,律师参与是控辩充分、有效对抗的前提,也是异议声明机制运作的内在要求,在没有律师参与的审判中,异议现象当然鲜见。

表5-2

受访者		几乎全部	70%以上	50%到70%	30%到50%	不到30%	几乎没有
法官受访者	占比	26.3%	19.3%	8.8%	15.8%	14%	15.8%
	人数	15	11	5	9	8	9
检察官受访者	占比	19.4%	17.6%	12.9%	23.5%	24.7%	1.8%
	人数	33	30	22	40	42	3

对这一推断,我们可以通过交叉分析予以验证,如表5-3所示,我们以全体检察官受访者对异议现象的感知情况(标记

为A)作为基准,将选择律师参与率在"50%以上"(标记为B)和"不到30%"(标记为C)的检察官受访者对异议现象的感知情况加以对比。结果表明,是否有律师参与,的确大大影响到检察官受访者对异议现象的感知。由于法官受访者基数较小,不具备交叉分析的条件,笔者转为通过对部分法官受访者进行个人访谈来求证这一问题,接受访谈的法官表示,是否有律师参与,的确会影响到审判的对抗程度,一般而言,有律师参与时,异议现象肯定更容易发生。

表5-3

检察官受访者	有过,几乎每个案子都会发生	有过,只是部分案件会发生	有过,只是极个别案件会发生	从来没有发生过
A	7.6%	43.5%	37.6%	11.2%
B	14%	61%	20%	5%
C	2.2%	13.3%	64.5%	20%

3. 被告人认罪情况等多重因素,影响到受访者对异议现象的感知

从经验和法理上讲,被告人如果认罪,意味着审判中控辩双方就案件的事实认定问题不存在根本分歧,这势必导致审判对抗化程度下降,影响异议现象的发生频率。如表5-4所示,从检察官受访者和律师受访者[1]对"您所参与的刑事审判中,被告人认罪的案件有多少?"的回答情况看,两类受访者参与的

---

[1] 需要说明的是,在最先制作并发放的法官调查问卷中,笔者并没有设计这一问题,后来在同步展开的访谈过程中,笔者意识到被告人认罪与否理应影响到审判中异议现象的发生情况,因此,在随后发放的检察官问卷和律师问卷中,专门设计了这一问题。

刑事审判中，被告人认罪率都较高——表示认罪率在50%以上的律师受访者和检察官受访者分别达到了73.3%（74人）和80.6%（137人）。

表 5-4

回答情况	律师受访者		检察官受访者	
	人数	占比	人数	占比
几乎全部	7	6.9%	8	4.7%
70%以上	39	38.6%	68	40%
50%到70%	28	27.7%	61	35.9%
30%到50%	15	14.9%	26	15.3%
不到30%	9	8.9%	5	2.9%
几乎没有	3	3%	2	1.2%

为了验证被告人认罪是否会影响受访者对审判中异议现象的感知，我们再次进行交叉分析。如表5-5所示，我们以全体律师受访者和全体检察官受访者对异议现象的感知情况作为基准（分别标记为 A_L 和 A_P），将选择认罪率在50%以上的律师受访者和检察官受访者（分别标记为 B_L 和 B_P），与选择认罪率在50%以下的律师受访者和检察官受访者（分别标记为 C_L 和 C_P）对异议现象的感知情况进行对比。结果表明，被告人认罪与否，的确会对律师、检察官对异议现象的感知产生影响——就律师受访者而言，C_L 受访者中，表示几乎每个案子都会发生异议现象的比率为33.3%，远远高于 B_L 受访者的对应比率（12.2%）；就检察官受访者而言，C_P 受访者表示几乎每个案子都会发生异议现象的比率（9%）与 B_P 受访者的对应比率（7.3%）差距不大，但是，表示部分案件会发生异议现象的 C_P 受访者达到了63.6%，远

远高于 B_P 受访者的对应比率（38.7%），同时，表示只有极个别案件会发生的 C_P 受访者为 15.2%，远远低于 B_P 受访者的对应比率（43.1%）。

表 5-5

受访者		有过，几乎每个案子都会发生	有过，只是部分案件会发生	有过，只是极个别案件会发生	从来没有发生过
律师受访者	A_L	17.8%	45.5%	30.7%	5.9%
	B_L	12.2%	50%	32.4%	5.4%
	C_L	33.3%	33.3%	25.9%	7.5%
检察官受访者	A_P	7.6%	43.5%	37.6%	11.2%
	B_P	7.3%	38.7%	43.1%	10.9%
	C_P	9%	63.6%	15.2%	12.2%

在对部分受访者的访谈过程中，我们还注意到其他影响受访者对异议现象感知的因素。比如，许多受访者表示，证人、鉴定人、被害人是否出庭作证，对审判中异议现象的发生频率有重大影响——通常情况下，一旦证人出庭，法庭调查过程中很可能就会发生异议现象。我们在设计问卷时，本来也设问在受访者印象中，其所参与的刑事审判中证人出庭的情况，计划进行交叉分析。遗憾的是，大多数受访者表示证人出庭率不高，加上样本基数有限，达不到交叉分析的条件。基于访谈情况，受访者们之所以看重这一因素，一方面是因为司法解释明文确认的异议规则主要是针对人证调查而设置；另一方面是因为在证人出庭的情况下，庭审的对抗性更强，证据调查的不确定性更高，举证质证的方式也会发生很大变化，这会使控辩双方更容易提出异议。

此外，律师的辩护水平和检察官的公诉技能，也被认为会影响异议现象的发生频率。有法官受访者和检察官受访者以亲身经历为例,指出在高水平刑事辩护律师的参与下,个案审判中异议现象尤为突出,而一旦律师水平有限,即使案件有律师参与,异议现象可能也不会频发。还有一些律师受访者指出,可以用作异议根据的程序规则、证据规则是否明确、完备、合理,也会影响到异议现象的发生频率。在他们看来,在缺乏明确、完备的程序规则、证据规则的情况下,自己往往难以有效判断是否应当提出异议,而且即便提出异议,也会由于缺乏明确的规范根据而很难得到法庭支持。

4. 三类受访者在不同程度上感受到刑事司法改革对异议现象的影响

表5-6展示了三类受访者对"2014年,我国开始推进以审判为中心的诉讼制度改革,强调全面贯彻证据裁判、提升庭审功能、促进控辩对抗实质化。在这个过程中,刑事审判中的异议现象是否较以往有所增加?"这一问题的回答情况。总体而言,检察官受访者与法官受访者对司法改革带来的影响感受更深,而律师受访者的感受相对不明显——有40.6%(41位)的律师受访者表示没有明显变化,法官受访者和检察官受访者的对应比率分别为31.6%(18位)和25.9%(44位)。

表 5-6

回答情况	法官受访者		检察官受访者		律师受访者	
	人数	占比	人数	占比	人数	占比
有明显增加	6	10.5%	31	18.2%	15	14.9%
有增加,但是不明显	28	49.1%	72	42.4%	39	38.6%
没有明显变化	18	31.6%	44	25.9%	41	40.6%

第五章　我国语境下刑事审判中异议现象的考察与评析

续表

回答情况	法官受访者		检察官受访者		律师受访者	
	人数	占比	人数	占比	人数	占比
没有注意这个问题	5	8.8%	23	13.5%	6	5.9%

从交叉分析看，造成这种感受差异的重要原因是，于司法改革背景下，律师参与率的提升，使得法官和检察官受访者对异议现象的变化印象更深刻。如表5-7所示，对检察官受访者的交叉分析表明，表示所参与审判中，律师参与率在50%以上的受访者（标记为B），明显比表示律师参与率不到30%的受访者（标记为C）的感受更为强烈。[1] 至于检察官受访者为何比法官受访者有更强烈的感受，从访谈情况看，主要原因可能在于，在司法改革背景下，检察机关在公诉工作中更加重视控辩对抗，使得公诉人更加在意审判中向辩护方提出异议，或积极应对来自辩护方的异议。

表5-7

检察官受访者	有明显增加	有增加，但是不明显	没有明显变化	没有注意这个问题
A	18.2%	42.4%	25.9%	13.5%
B	20%	41.1%	22.4%	16.5%
C	17.8%	31.1%	26.7%	24.4%

在检察官问卷和律师问卷中，我们还设问"当前，控辩对

---

[1] 同样，由于法官受访者基数较小，不适合进行交叉分析，笔者通过访谈向法官受访者进行求证，受访者表示律师参与率的确会影响其对异议现象的感受。

抗实质化成为'审判中心主义改革'的主题之一,从最高司法机关新近发布的改革文件看,异议规则正在逐步建立起来,作为公诉人/刑辩律师,这一改革趋势是否给您带来压力?"表5-8展示了检察官受访者和律师受访者的回答情况。从中可以看到,只有极少数受访者表示没有注意过这个问题。同时,检察官受访者明显比律师受访者感受到更大压力——有超过半数(86人,占比50.6%)的检察官受访者表示感受到较大压力,律师受访者则只有1/4左右(26人,占比25.7%),同时,接近7成(68人,占比67.3%)的律师受访者表示没有太大压力,而表示没有太大压力的检察官受访者占比就要少得多(68人,占比40%)。

表 5-8

选项	检察官受访者		律师受访者		选项
	人数	占比	人数	占比	
有较大压力,刑事审判实践可能迎来剧烈变革,对于完善公诉技能和履行公诉职责都提出了新的挑战	86	50.6%	26	25.7%	有较大压力,刑事审判实践可能迎来剧烈变革,对于完善辩护技能和履行辩护职责提出了新的挑战
没有太大压力,刑事审判实践短期内不会有剧烈改变,但公诉技能确有必要进行针对性的完善	68	40%	68	67.3%	没有太大压力,刑事审判实践短期内不会有剧烈变革,但确有必要有针对性地完善辩护技能
没有注意过这个问题	12	7.1%	2	2%	没有注意过这个问题
其他	4	2.4%	5	5%	

5. 大多数受访者认为我国有必要构建起系统的刑事审判中异议制度

在三类问卷中,我们都设问"我国是否有必要在刑事审判中建立起系统的异议制度?"表5-9展示了三类受访者的回答情况。可以看到,选择"非常有必要"的法官受访者、检察官受访者和律师受访者分别有40位(占比70.2%)、115位(占比67.6%)和90位(89.1%)。

图表5-9

选项	法官受访者		检察官受访者		律师受访者	
	人数	选择率	人数	选择率	人数	选择率
非常有必要	40	70.2%	115	67.6%	90	89.1%
没有必要	11	19.3%	21	12.4%	7	6.9%
可有可无	6	10.5%	34	20%	4	4%

在三类问卷的最后,我们都设置了一道开放式的填空题,邀请受访者就构建与完善我国刑事审判中异议制度提供看法与建议。有7位法官受访者、21位检察官受访者和21位律师受访者回答了这一问题。

不少受访者表达了对构建与完善刑事审判中异议制度的期待,比如,有法官受访者指出,"异议应当被尊重,否则说再多的话也是多余"(ID:J58),"被告人、辩护人提出异议,只要有法律依据,坚决支持"(ID:J16),希望"完善并及时制定系统的异议制度体系"(ID:J48)。有检察官受访者指出,"法庭异议应当支持,这是追求真相的一部分,是控辩审三方都应具有的权利,对事实定罪量刑有重大影响的异议要有程序性规定,方便规范保护权益，对于非重要事实证据程序的异议，建议在庭前会议中集中提出，不宜规定太多限制性规定，增强法官的现场决断权"（ID：P199）。有律师受访者指出，"现在的情况，控辩一方提出异议，没有一个框架性的（机制）约束各方，或者给予相关指引。如果能建立这样的制度，相信会对诉讼有益处"（ID：L101），"应当逐步建立起辩护人提出异议的保障制度"（ID：L47）。

与此同时，也有部分受访者提出了更为审慎的意见，甚至明确表示不看好异议制度在我国的前景。比如，有法官受访者表示"西方的诉讼制度过于繁杂，而且在不能刑讯逼供的情况下，错案冤案数量也居高不下，说明你们所谓的异议制度等没有必要，其实刑事诉讼法已经规定得非常清楚了，关于非法证据等，都可以明确操作，你认为现实情况不满意，那是执行制度的人素质不够所致……所以关键问题在哪一目了然"（ID：J34）。有检察官受访者认为"制度越多，束缚越多，问题越多"（ID：P148），"实践的路还很遥远"（ID：P141），"建立新制度请审慎，已经推进太多的制度和规定，与现实条件不匹配的情形增多，增加了大量资源付出和加大了办案人员的工作量、人案矛盾，规定与实行反差加剧。地方发展不平衡，实际差别大难以回避"（ID：P135）。有律师受访者表示"不要为了建立制度而建立制度，有的制度建立了没有用，还是别建立了"（ID：L96）。

（二）实务工作者视角下刑事审判中异议声明的主要特点

1. 刑事审判中的异议主要由辩护方声明

为了求证刑事审判中的异议主要由哪方声明，我们针对三类受访者分别设计了特定问题。其中，针对法官受访者，我们设问"刑事审判中的异议主要由哪些主体提出？"绝大多数法官受访者表示审判中的异议主要由辩护方提出——选择"辩护方"的法官受访者有 51 位（选择率 89.5%），相比之下，选择"控诉方"的只有 10 位（选择率 17.5%）

针对检察官受访者和律师受访者，我们分别设计了两个一组的，具有相互评价性质的问题，即"在出庭支持公诉/进行辩护过程中，您是否会主动就证据问题、程序问题的合法性、妥当性争议，向法庭提出异议？"和"在您参与的刑事审判中，控诉方/辩护方是否会主动就在证据问题、程序问题的合法性、妥当性争议，向法庭提出异议？"表 5-10 展示了检察官受访者和律师受访者的回答情况。结果表明，辩护方声明异议的积极性明显高于控诉方。

表 5-10

问题及选项		检察官受访者		律师受访者	
		人数	占比	人数	占比
控诉方是否主动声明异议	经常提出	9	5.3%	2	2%
	有时会提出，要看具体情况	68	40%	17	16.8%
	很少提出	46	27.1%	19	18.8%
	基本不会主动提出，只在法庭询问有无异议时提出	40	23.5%	58	57.4%
	没有注意过这个问题	7	4.1%	5	5%

续表

问题及选项		检察官受访者		律师受访者	
		人数	占比	人数	占比
辩护方是否主动声明异议	经常提出	44	25.9%	42	41.6%
	有时会提出,要看具体情况,特别是有无律师的参与	74	43.5%	46	45.5%
	很少提出	36	21.2%	10	9.9%
	几乎不会主动提出,只在法庭询问有无异议时可能提出	8	4.7%	3	3%
	没有注意过这个问题	8	4.7%	0	0

这里有两个细节值得注意:其一,在评价辩护方是否主动声明异议时,检察官受访者选择"经常提出"的有44人(占比25.9%),律师受访者选择"经常提出"的则达到42人(占比41.6%)。导致这一差距的重要原因,在于检察官受访者所经历的刑事审判中,并非全部都有律师参与——有74位(占比43.5%)检察官受访者选择了"有时会提出,要看具体情况,特别是有无律师的参与"。其二,在前期整理个案材料过程中,笔者注意到现实中控辩双方有时不会主动提出异议,而是在法庭的引导、主持下,在审判长询问其就特定证据、程序问题有无异议时,才会发表反对意见。因此,在设计问题时,我们专门设置了"几乎不会主动提出,只在法庭询问有无异议时可能提出"这一选项。从结果上看,在评价辩护方异议时,检察官受访者和律师受访者都很少选择这一选项——分别只有8位(占比4.7%)检察官受访者和3位(占比3%)律师受访者选择此选项。但是,在评价控诉方异议时,一方面,检察官受访

者和律师受访者选择此项的都明显增加；另一方面，律师受访者的评价与检察官受访者的自我评价差距较大——选择此项的检察官受访者有 40 位（占比 23.5%），律师受访者则有 58 位（占比 57.4%）。笔者认为，结合访谈情况和对典型个案的分析，两类受访者对这一选项的选择结果与审判实践的现实情况存在出入。对此，将在后文对刑事审判中异议声明的微观运作进行考察时详细讨论。

2. 刑事审判中的异议主要在法庭调查环节声明

表 5-11 展示了三类受访者对"异议声明主要发生在刑事审判的哪些环节？"这一问题的回答情况。总体而言，绝大多数受访者认为异议声明主要发生在庭审过程中，特别是集中于法庭调查环节——就法官问卷、检察官问卷和律师问卷的回答情况看，"法庭调查环节"的选择率分别达到了 73.7%（42 人）、85.9%（146 人）和 72.3%（73 人），远远高于其他选项的选择率。

表 5-11

选项	法官受访者		检察官受访者		律师受访者	
	人数	选择率	人数	选择率	人数	选择率
庭前准备（包括庭前会议）环节	14	24.6%	52	30.6%	44	43.6%
开庭之后，法庭调查之前	8	14%	31	18.2%	27	26.7%
法庭调查环节	42	73.7%	146	85.9%	73	72.3%
法庭辩论环节	19	33.3%	87	51.2%	28	27.7%
被告人最后陈述环节	1	1.8%	11	6.5%	2	2%
其他	4	7%	4	2.4%	4	4%

表 5-11 中还有两点值得注意：其一，有 51.2%（87 位）的检察官受访者选择了"法庭辩论环节"，这明显高于法官受访者和律师受访者的选择率（分别为 33.3% 和 27.7%）。其二，有 43.6%（44 位）的律师受访者选择了"庭前准备（包括庭前会议）环节"，高于法官受访者和检察官受访者的选择率（分别为 24.6% 和 30.6%）。结合访谈情况，检察官受访者更多选择"法庭辩论环节"，主要原因可能在于我国刑事审判中辩护方主动举证的情况较少，从检察官的角度看，在法庭调查环节的异议主要是由辩护方向其声明，而其作为公诉人向辩护方提出质疑，主要是在法庭辩论环节围绕辩护方提出的辩护意见展开，这就使得检察官可能感到法庭辩论环节的异议声明也比较多见。但是，这一解释无法说明为何大多数检察官受访者同时选择了"法庭调查环节"。对此，有受访者认为，检察官与法官、律师的实际看法可能并没有这么大差异，也许只是受访者对异议声明的确切含义存在认识分歧。至于律师受访者更多选择"庭前准备（包括庭前会议）环节"，则主要是因为司法解释明确鼓励或强制辩护方在开庭前提出回避申请、管辖异议和非法证据排除申请等，使得律师对庭前异议的感受更为深刻。

3. 控诉方异议以证据异议、指向辩护方的异议为主

为了考察控诉方异议的类型特征，我们以异议声明所针对的具体事项为切入点，在检察官问卷和律师问卷中分别设问"在您印象中，您作为公诉人参与刑事审判时，对下列哪些问题提出过异议？"和"在您印象中，您作为辩护人参与的刑事审判中，控诉方针对下列哪些问题提出过异议？"表 5-12 展示了检察官受访者和律师受访者的回答情况。从中可以归纳出控诉方异议的两大特征。

第五章 我国语境下刑事审判中异议现象的考察与评析

表 5-12

问题及选项		检察官受访者		律师受访者	
		人数	选择率	人数	选择率
控诉方针对哪些问题提出过异议	辩护方质证行为不合法	114	67.1%	43	42.6%
	辩护方质证行为不妥当	88	51.8%	46	45.5%
	法官证据调查行为不合法	18	10.6%	3	3%
	法官证据调查行为不妥当	17	10%	0	0
	法官诉讼指挥行为不合法/不妥当	20	11.8%	4	4%
	辩护方出示的证据无证据能力（或者证据合法性、相关性、真实性）	132	77.6%	68	67.3%
	法庭主动调取的证据无证据能力（或者证据合法性、相关性、真实性）	18	10.6%	3	3%
	辩护方言行举止不当	89	52.4%	26	25.7%
	只是出于公诉策略	28	16.5%	25	24.8%
	没有注意过这个问题	7	4.1%	8	7.9%
	其他	2	1.2%	1	1%

其一，控诉方异议主要针对证据争议。如表 5-12 所示，检察官受访者选择率超过 50% 的四个选项中，有三个为证据争议，分别为"辩护方出示的证据无证据能力（或者证据合法性、相关性、真实性）"（132 人，77.6%）、"辩护方质证行为不合法"（114 人，67.1%）、"辩护方质证行为不妥当"（88 人，51.8%）。律师受访者选择率超过 40% 的三个选项全部为证据争议，分别为"辩护方出示的证据无证据能力（或者证据合法性、相关性、真实性）"（68 人，67.3%）、"辩护方质证行为不妥当"（46 人，45.5%）、"辩护方质证行为不合法"（43 人，42.6%）。

需要说明的是，我国审判实践中证据调查主要围绕证据三性展开，虽然近年来引入了证据两力论，但是三性论仍然在实践中居于主流，即使是许多接纳两力论的实务界人士，也倾向于将三性两力并列，或者将证据三性视为证据能力的要素。因此，我们在设计选项时，特意在涉及证据能力的选项中以括号注明"证据能力（或者证据合法性、相关性、真实性）"。因此，应当意识到可能有不少（甚至是大多数）受访者是从证据三性的角度来选择"辩护方出示的证据无证据能力（或者证据合法性、相关性、真实性）"和"法庭主动调取的证据无证据能力（或者证据合法性、相关性、真实性）"这两个选项的。

其二，控诉方异议高度指向辩护方，极少针对法官行为。如表5-12所示，尽管控诉方异议主要针对证据争议，但是，其实际上是集中针对与辩护方相关的证据争议，而极少就与法官相关的证据问题提出异议——检察官受访者选择"法官证据调查行为不合法""法官证据调查行为不妥当"的分别只有18人（选择率10.6%）和17人（选择率10%），律师受访者则仅有3人（选择率3%）和0人；检察官受访者选择"法庭主动调取的证据无证据能力（或者证据合法性、相关性、真实性）"的只有18人（选择率10.6%），律师受访者仅有4人（选择率4%）。除此之外，选择"法官诉讼指挥行为不合法/不妥当"的检察官受访者只有20人（选择率11.8%），律师受访者仅有4人（选择率4%）。

导致控诉方异议鲜有指向审判方的原因，主要是控诉方异议与检察机关审判活动监督的关系不清晰，许多检察官不会当庭就审判方的违法、不当情形表示反对，以免触碰红线。除此之外，在访谈过程中，许多律师受访者认为，控诉方很少质疑审判方，与我国法院在审判中中立性不足，审判方与控诉方存在相互配合倾向有关。同时，也有检察官受访者指出，问卷在选项设计上存在缺漏，没有涉及检察官当庭要求法庭将案件由简易程序转为普通程序审理的情形,而如果选项更为丰富,最终结果可能有所不同。

此外,还应当注意到,控诉方异议有时具有一定的策略性。如表5-12所示,有28位(选择率16.5%)检察官受访者和25位(选择率24.8%)律师受访者选择了"只是出于公诉策略"。同时,分别有89位(选择率52.4%)检察官受访者和26位律师受访者(选择率25.7%)选择了"辩护方言行举止不当"。从访谈情况和对典型个案的分析看,检察官基于策略提出异议时,时常会在名义上以辩护方言行举止不当为理由。因此,综合考虑这两个选项的选择率,策略性的控诉方异议应当也不少见。

4. 辩护方异议的类型特征:与控诉方异议的相似点与差异

我们在检察官问卷和律师问卷分别设问"在您印象中,您作为公诉人参与刑事审判时,辩护方对下列哪些问题提出过异议?"和"在您印象中,您作为辩护人,在刑事审判中针对下列哪些问题提出过异议?"表5-13展示了检察官受访者和律师受访者的回答情况。以下基于与控诉方异议的比较,分析辩护方异议的类型特征。

表 5-13

问题及选项		检察官受访者		律师受访者	
		人数	选择率	人数	选择率
辩护方对哪些问题提出过异议	控诉方证据举示行为不合法	62	36.5%	61	60.4%
	控诉方证据举示行为不妥当	32	18.8%	33	32.7%
	法官证据调查行为不合法	12	7.1%	19	18.8%
	法官证据调查行为不妥当	9	5.3%	6	5.9%
	法官诉讼指挥行为不合法/不妥当	15	8.8%	22	21.8%

续表

问题及选项		检察官受访者		律师受访者	
		人数	选择率	人数	选择率
控诉方出示的证据无证据能力（或者证据合法性、相关性、真实性）		131	77.1%	78	77.2%
法庭主动调取的证据无证据能力（或者证据合法性、相关性、真实性）		17	10%	22	21.8%
控诉方的言行举止不当		21	12.4%	38	37.6%
其他程序性争议	回避问题	28	16.5%	24	23.8%
	管辖问题	48	28.2%	23	22.8%
	审判公开问题	12	7.1%	12	11.9%
单纯出于辩护策略		57	33.5%	18	17.8%
没有注意过这个问题		4	2.4%	1	1%
其他		2	1.2%	2	2%

其一，与控诉方异议类似，辩护方异议主要针对证据争议。如表5-13所示，检察官受访者选择率最高的三个选项分别为"控诉方出示的证据无证据能力（或者证据合法性、相关性、真实性）"（131人，选择率77.1%）、"控诉方证据举示行为不合法"（62人，选择率36.5%）和"单纯出于辩护策略"（57人，选择率33.5%）。律师受访者选择率最高的四个选项中，有三个属于证据争议，分别为"控诉方出示的证据无证据能力（或者证据合法性、相关性、真实性）"（78人，选择率77.2%）、"控诉方证据举示行为不合法"（61人，选择率60.4%）和"控诉方证据举示行为不妥当"（33人，选择率32.7%）。

其二，辩护方异议主要指向控诉方，但是与控诉方异议相比,则又更多地指向审判方。如表 5-13 所示,选择"法官证据调查行为不合法"和"法官证据调查行为不妥当"的检察官受访者分别有 12 人(选择率 7.1%)和 9 人(选择率 5.3%),律师受访者分别为 19 人(选择率 18.8%)和 6 人(选择率 5.9%);选择"法庭主动调取的证据无证据能力(或者证据合法性、相关性、真实性)"的检察官受访者和律师受访者分别为 17 人(选择率 10%)和 22 人(选择率 21.8%)。此外,选择"法官诉讼指挥行为不合法/不妥当"的分别为 15 人(选择率 8.8%)和 22 人(选择率 21.8%)。从法理上讲,辩护方较少提出指向审判方的异议,主要原因可能在于担心给审判方留下不好的印象,影响心证。这一点也得到了部分受访者的确认。当然,相比于控诉方,辩护方就审判方的争议行为提出异议则要积极得多,其中的原因,除辩护方提出异议不存在与审判监督权相协调这样的难题外,也是由于我国刑事审判中法庭职权性较强,辩护方为了实现辩护目的,有时只能直接反对审判方的争议行为。

此外,与控诉方异议类似,辩护方异议也存在一定策略性。

(三)实务工作者视角下刑事审判中异议裁断的主要特点

1 审判方较少及时裁断异议

表 5-14 展示了三类受访者对"在您印象中,发生异议之后,法庭是否会及时作出支持或驳回的决定?"这一问题的回答情况。结果表明,无论是法官受访者、检察受访者还是律师受访者,选择"基本都会及时决定"的都不超过 40%——分别为 22 人(占比 38.6%)、67 人(占比 39.4%)和 23 人(占比 22.8%)。访谈情况则表明,不同类型的异议,审判方裁断的时机存在差异。对于涉及诉讼先决事项的其他程序性异议,以及涉及证据调查方式、顺序、时机等争议的证据异议,审判方及时裁断的可能性更高,而对于涉及证据本身可采性,影响到证

据采纳或排除的证据异议，审判方很少会及时裁断。

表 5-14

选项	法官受访者		检察官受访者		律师受访者	
	人数	选择率	人数	选择率	人数	选择率
基本都会及时决定	22	38.6%	67	39.4%	23	22.8%
不一定，要看其他情况	27	47.4%	69	40.6%	39	38.6%
很少及时决定	6	10.5%	27	15.9%	37	36.6%
没有注意这个问题	2	3.5%	7	4.1%	2	2%

表 5-14 还清楚表明，对于法官是否及时裁断异议，法官受访者与检察官受访者的回答情况大体一致，律师受访者则与前两者有明显差别——律师受访者中明确表示"很少及时决定"的有 37 位（占比 36.6%），远高于法官受访者（6 人，占比 10.5%）和检察官受访者（27，占比 15.9%）。结合访谈情况和对问卷调查其他结果的分析，导致这一差异的主要原因可能在于两个方面：其一，不同受访者对"决定"的理解存在差别，法官受访者可能将其虽然没有直接宣布"支持"或者"驳回"异议，但在听取异议后通过诉讼指挥进行了相应处理的情况，也视为已经"作出决定"，而律师受访者则更加看重法庭是否作出明确的判定表示；其二，法庭裁断异议的偏向性，影响到检察官受访者与律师受访者对其裁断异议情况的评价——由于法庭较为明显地偏向控诉方，检察官受访者更容易感受到自己提出的异议得到法庭重视与及时处理，而律师更容易感受到法庭的懈怠。接下来，我们将对异议裁断的偏向性加以介绍。

第五章 我国语境下刑事审判中异议现象的考察与评析

2. 审判方裁断异议较为明显地偏向控诉方

为了考察审判方裁断异议是否具有偏向性,我们在检察官问卷和律师问卷中均设问"您提出的异议,一般是否得到法庭支持?"表5-15展示了检察官受访者和律师受访者的回答情况。就问卷结果而言,审判方裁断异议时明显倾向于控诉方——表示自己提出异议,"基本都会得到支持"的检察官受访者有76位(占比44.7%),而律师受访者仅有10位(占比9.9%);表示自己提出异议,"基本都会被驳回"的检察官受访者只有2位(占比1.2%),律师受访者则达到23位(占比22.8%);选择"法庭较少明确表示支持或驳回"的检察官受访者只有17位(占比10%),律师受访者则有25位(占比24.8%)。

表 5-15

选项	检察官受访者		律师受访者	
	人数	占比	人数	占比
基本都会得到支持	76	44.7%	10	9.9%
基本都会被驳回	2	1.2%	23	22.8%
要根据异议的具体情况	69	40.6%	42	41.6%
法庭较少明确表示支持或驳回	17	10%	25	24.8%
没有注意过这个问题	6	3.5%	1	1%

此外,我们在法官问卷、检察官问卷和律师问卷中还设问"在您印象中,在发生异议之后,法庭是否会征求控辩双方意见?"征求双方意见,是居中裁断的直观体现。从逻辑上讲,如果审判方在裁断时存在偏向性,各方对其在裁断时是否征求意见的印象就可能存在差异。表5-16展示了三类受访者对此问题的回答情况。可以看到,法官受访者和检察官受访者的回答情

况相近,分别有 37 位(占比 64.9%)和 132 位(占比 77.6%)选择了"基本都会征求意见",相比之下,律师受访者只有 45 位(占比 44.6%)选择了这一选项。结合访谈情况看,的确有律师受访者表示,实践中法庭经常不能在裁断异议时做到"一碗水端平"。还有律师受访者认为,构建与完善异议制度的关键就在于审判人员真正做到"居中"。

表 5-16

选项	法官受访者		检察官受访者		律师受访者	
	人数	占比	人数	占比	人数	占比
基本都会征求意见	37	64.9%	132	77.6%	45	44.6%
偶尔会征求意见	5	8.8%	16	9.4%	21	20.8%
只会询问异议提出方的理由	3	5.3%	7	4.1%	15	14.9%
很少或从来不征求意见	8	14%	9	5.3%	15	14.9%
没有注意过这个问题	4	7%	6	3.5%	5	5%

三、实务工作者视角下刑事审判中异议现象的疑难问题

在三类问卷中,我们都设问"您认为,在目前的审判实践中,围绕异议,主要存在哪些问题?"表 5-17 展示了三类受访者的回答情况。需要说明的是,在设计问题时,我们预先设定了 7 个选项供受访者选择。这些选项的拟定,是以笔者前期对异议制度的初步研究与思考为基础的,如今看来,难免有一些缺憾。比如,这 7 个选项对异议裁断关注不够,除"提出方式、时机不明确"和"其他"外,其余 5 项都主要针对异议声明。再如,将"与质证关系不明确"和"与证据三性审查关系不明确"分列为两项的合理性存疑。又如,异议失权、上诉救济缺

失等问题,都没有被纳入进来。缺憾的客观存在,难免在一定程度上影响到调研结果的准确性,这是必须正视的。也正因如此,本书此处将结合对部分受访者的访谈情况来归纳实务工作者视角下刑事审判中异议制度的疑难问题。后文还会通过对个案实例中异议现象的微观分析,更为深入、细致地分析实践中异议现象的问题。

表 5-17

选项	法官受访者		检察官受访者		律师受访者	
	人数	选择率	人数	选择率	人数	选择率
规范基础不明确	40	70.2%	104	61.2%	63	62.4%
提出方式、时机不明确	33	57.9%	91	53.5%	54	53.5%
与质证关系不明确	32	56.1%	107	62.9%	52	51.5%
与辩论关系不明确	20	35.1%	86	50.6%	44	43.6%
与证据三性审查关系不明确	23	40.4%	82	48.2%	54	53.5%
对审判效率影响不明确	16	28.1%	42	24.7%	45	44.6%
其他	4	7%	5	2.9%	2	2%

(一)刑事审判中异议的规范基础不明确

在法官问卷、检察官问卷和律师问卷中,"规范基础不明确"都是选择率最高的选项。所谓异议的规范基础,从异议声明的角度看,即控辩之一方据以声明异议的实体性程序规则。异议在刑事审判制度中属于保障性程序,侧重于审判制度的程序性面向,因此,实体性程序规则、证据规则是否明确、完备、合理,必然影响到异议制度。在前期的研究与思考过程中,笔者最初构想的刑事审判中异议制度基本框架,由异议规范基础体系、异议声明机制与异议裁断机制三部分组成。这也是第一轮调研时在问卷中设置这一选项的缘由。调研情况表明，实务工作者们的确非常看重异议的规范基础问题。只是，随着研究的深入，笔者意识到，异议的规范基础问题完全可以纳入异议声明机制的框架，从异议声明的理由这一角度切入讨论，同时，如果将异议的规范基础单列出来专门讨论，会使得笔者不得不花费大量篇幅去系统讨论实体性程序规则、证据规则的完善问题，这将有碍本书整体篇章结构的平衡与协调，导致本书研究重心模糊。所以，本书最终确定了以异议声明与裁断为双核的异议制度框架，暂不单独讨论异议的规范基础问题。

在访谈过程中，许多受访者指出，在我国刑事审判中，异议的规范基础（实体性程序规则）所存在的问题，不仅是规范基础不明确，还包括实体性程序规则不合理。例如，有多位律师受访者指出，我国刑事审判中有大量瑕疵证据规则，允许对证据能力有瑕疵的证据进行补证或解释，使得辩护方提出的证据异议在许多情况下无法达到排除证据的目的，也使得审判方有"正当理由"不去及时判定是否采纳证据，这在很大程度上影响了证据异议的实际效果，也降低了辩护方声明证据异议的积极性。还有许多受访者指出，目前我国实体性程序规则在渊源体系上复杂而混乱，许多规则看似进步，但并非以《刑事诉讼法》或司法解释为载体，实质上并未成为对控辩审各方均有约束力的普遍规范，这也会对异议现象产生深刻影响。比如，有受访检察官明确表示，其只是通过自学简单了解过最高人民法院制定的"三项规程"，对其中新设定的实体性程序规则、证据规则只是略有印象，而其所在检察院并没有组织过专门、系统学习，其在实践中也并不将"三项规程"视作司法解释那样需要严格遵循的规范。

（二）刑事审判中异议声明的方式、时机不明确

在三类问卷中，"提出方式、时机不明确"也是受访者普遍

第五章 我国语境下刑事审判中异议现象的考察与评析

关注的疑难问题。提出方式、时机,是异议声明机制的基本要素,在这两个方面给定要求,也是对控辩双方异议声明施加约束的要点所在。从访谈情况看,多数受访者不了解异议声明的基本法理,不清楚其他法域的异议声明在时机、说理等方面通常受有约束,而且声明时机、说理上的瑕疵可能导致失权后果。在听取我们对其他法域实践中异议声明方式、时机等方面一般要求的介绍后,许多受访者表示从未如此技术化地考虑过相关问题,还有受访者明确表示其他法域经验与我国审判实践存在冲突。例如,有检察官受访者明确指出,在审判中其尽管可能就辩护方的一些行为直接提出异议,但是,其基本不可能对审判方的不当行为提出即时异议,而这不仅是因为诉讼策略的考虑,更是因为《刑事诉讼法》和司法解释等对检察机关审判活动监督在方式、时机上的约束限制了其在审判中提出异议的空间。有律师受访者指出,虽然从逻辑上讲,在方式、时机等方面设定约束是合理的,但是,我国审判实践中审判方很少明确、及时地裁断异议,这使得单方面对异议声明的方式、时机作出限制在实质上是不公正的。该受访者举例指出,如果其在法庭调查中对控诉方证据有不同意见,虽然可能立即提出,但即使没有及时提出,他也会在随后发表质证意见时提出,即使发表质证意见时没有提出,也还可以在辩论阶段提出,而且,即便前面已经提出过,他仍可能在后续发表意见时反复强调。在他看来,由于审判方很少及时、明确裁断他提出的异议,他在不明确所提异议对审判方实际影响的情况下,只能选择反复声明。有法官受访者指出,在我国现有体制下,法官有查明事实真相、维系审判公正的积极职责,还受到办案责任制的束缚,因此,即使对控辩双方特别是辩护方的异议声明在方式、时机上提出要求,也很难要求控辩双方在不当异议时承担纯粹的失权后果。

（三）刑事审判中异议与质证、证据三性审查的关系不明确

在三类问卷中，异议与质证、证据三性审查的关系不明确，也是受访者普遍关注的疑难问题，这与上一节规范层面考察的结论相互佐证。在访谈中，绝大多数受访者明确提出，如何理解异议与证据三性审查的关系，会在很大程度上影响其对审判中异议现象的感知情况。许多受访者指出，如果认可异议涉及对证据三性发表不同意见，那么，审判中的异议现象可能较为丰富，反之，异议现象就会显得相当少见。有检察官受访者和律师受访者指出，控辩双方在审判中就单纯的程序性事项提出异议的情况并不多，但是在大多数审判中，双方都会就证据三性发表异议。有法官受访者表示，异议与证据三性审查的关系不明，对其裁断异议的时机和方式有直接影响，其之所以很少在审判中及时处理控辩双方对证据三性的反对意见，主要就是因为无法确定这一争议到底属于证据采纳（证据能力）争议还是证明力（证据采信）争议，而且司法解释明确要求对证据三性的审查应当综合展开。

在第二轮调研中，我们与每一位受访者都深入讨论了异议与质证、证据三性审查的关系问题，听取了受访者对于理论界初步提出的"区分说"与"等同说"的意见。[1]结果表明，所有受访者都认为，目前这两种理论解说都不足以化解他们心中的疑惑。

一方面，"区分说"主张根据反对意见系针对证据调查相关事项还是针对证据本身三性两力来区分异议与质证，但受访者普遍认为，如此区分会面临严重的操作性困难。有法官受访者指出，在其印象中，控辩双方即使就证据调查相关事项提出质

---

〔1〕 对"区分说"与"等同说"的介绍，见第一章第一节。

疑，基本上也是以这些事项影响到证据本身的三性两力为理由，或者说，控辩双方质疑证据调查相关事项的实质目的，还是在于反对证据本身。这一点得到了对检察官和律师访谈情况的佐证。有律师受访者举例表示，其在某一职务犯罪案件的庭前会议中，就某一证人证言的举证方式提出不同意见，反对公诉人仅宣读书面证言的提议，而主张通知证人直接出庭作证，此时，其表面上是就证据调查的方式提出异议，但异议的实质理由在于对书面证言的真实性存在疑问，异议的最终目的则在于质疑书面证言的真实性。有检察官受访者则举例表示，诸如对诱导发问、无关发问的异议，表面上看是针对证据调查方式的合法性、妥当性，但本质上还是与证据本身相关，因为诱导、无关发问可能影响到证人陈述的真实性或相关性。

另一方面，"等同说"主张将异议与质证等同，或者将异议视为特殊的质证方法，但受访者普遍认为，尽管难以认同"区分说"提出的区分标准，但是将异议与质证完全等同，似乎也不妥当。有法官受访者指出，按照其理解，异议的提出与裁断具有明显的即时对抗特征，这意味着，原则上，一旦控辩双方提出异议，审判方就应当及时作出判定处置。相比之下，质证所涉及的一些问题并不适宜即时处置，甚至可以说不具备即时处置的基本条件。比如，控辩双方在发表质证意见时，可能指出特定证据与其他证据存在违背情理的矛盾之处，质疑该证据的证明力大小，此时不应要求审判方在未综合审查全案证据的情况下作出轻率判定。有检察官受访者和律师受访者指出，实践中的质证不仅是在一方举示证据后，由相对方发表质证意见，还涉及诸如对质、反询问、辨认、鉴真等查证、核验活动，这些活动属于证据调查行为，而非单纯发表反对意见，因此显然与实质为发表反对意见的证据异议存在差别。

第三节　刑事审判实例中异议现象的考察与评析

一、个案实例的来源与整体情况

本书接下来将基于部分个案实例，对我国刑事审判中的异议声明与裁断展开微观考察。这些实例主要来自两个渠道：

第一，来自于对中国庭审公开网（http://tingshen.court.gov.cn/）"庭审回顾"栏目中个案庭审录像的观察与记录。在2017年7月至2018年5月，笔者通过该网站随机观看了大量刑事案件一审的庭审录像，并对其中笔者认为具有分析价值的案件庭审进行了记录整理。就案由而言，这些案件涉及故意伤害罪、故意杀人罪、走私、贩卖、运输、制造毒品罪、贪污罪、受贿罪、走私普通货物、物品罪、盗窃罪等多种类型。就审判法院的地域和级别而言，这些案件分别来自四川、重庆、甘肃、安徽、山西、浙江、广东、上海等地，其中，大部分由中级人民法院审理，小部分由基层人民法院审理。就认罪和简易程序适用情况而言，绝大部分案件属于认罪案件，但只有极少数适用简易程序审理。就律师参与情况而言，绝大多数案件都有律师参与辩护。[1]就证人出庭情况而言，只有2起案件有证人出庭作证。就非法证据排除而言，有1起案件基于被告人的申请而启动了证据收集合法性专门调查，另有1起案件被告人在庭前会议中提出申请，但于开庭前撤回。

第二，来自于在S省C市Q区人民法院和P区人民法院调

---

[1] 必须说明的是，这并不意味着笔者所观看的全部案件中，律师参与率都很高。实际上，由于当时刑事辩护全覆盖尚未开始试点，中国庭审公开网公布的案件中相当一部分是没有律师参与的，这在基层人民法院管辖的一审案件中尤其明显。笔者基于考察审判中异议声明情况的研究需要，有意识地更多择取、整理了有律师参与辩护的案件。

研时收集的审判实例素材。C市为S省省会,其中级人民法院近年来积极在本市推动庭审实质化试点改革,Q区位于C市中心城区,Q区人民法院刑庭在基层人民法院中算规模较大,但法官每年人均案件量在200件以上,且会基于指定管辖审理一些在当地乃至全国范围内有较大影响的疑难复杂案件。P区距离C市中心城区较远,P区人民法院刑庭规模较小,全部刑庭法官年均办案总量在200件左右,且很少因指定管辖而审理重大疑难案件。我们在Q区和P区人民法院并非随机收集案例素材,而是在对刑庭法官进行访谈的基础上,由法官筛选提供其认为具有典型性、研究价值的案例素材。就案由而言,这些案件涉及放火罪、过失致人死亡罪、职务侵占罪、受贿罪、非法经营罪、辩护人妨害作证罪等。就认罪和简易程序适用情况而言,认罪案件占大多数,但全部案件均适用普通程序审理。就律师参与情况而言,全部案件均有律师参与辩护。就证人出庭情况而言,全部案件均有证人出庭作证,其中2017年Q区人民法院对"詹××、刘×被控辩护人妨害作证案"的第二次庭审有12位证人出庭作证(其中,控诉方申请11人,辩护方申请1人)。就非法证据排除而言,只有2017年P区人民法院审理的"姚×被控受贿、挪用公款案"中,被告人申请排除非法证据。

二、我国刑事审判实例中异议声明与裁断的微观考察

(一)异议声明在我国刑事审判中的"主动模式"与"被动模式"

在梳理、分析个案实例过程中,我们注意到,异议声明在我国刑事审判中存在两种典型模式:其一,"主动模式",其核心特征是控辩双方积极主动声明异议,这种情况在全部实例中并不多见,结合访谈情况看,的确属于我国语境下异议声明的

特殊形态；其二是"被动模式"，其核心特征是控辩双方在审判方引导、要求下相对被动地声明异议，结合访谈情况看，这属于我国语境下异议声明的通常形态。

实例1和实例2分别是异议声明"主动模式"与"被动模式"的典型例证。

实例1

在2017年7月，S省Q区人民法院"詹××、刘×被控辩护人妨害作证案"第二次庭审中，证人朱××出庭作证，辩护人两次在公诉人发问过程中声明异议。

异议一

公诉人：我把你刚才说的再简单翻译一下。你说的是，因为你自己也不懂法，这个笔录你自己也不知道怎么说，当时律师叫你这么说的时候，你就按照他的要求说了。然后……

辩护人1：反对。他（证人朱××）刚刚根本就不是这么说的，公诉人把它翻译、归纳一下，完全就跟原来的意思不一样。

公诉人：那我就不翻译了，让他自己说。

辩护人1：公诉人，你不要用自己的话去歪解证人的意思。

公诉人：那就请书记员如实记录证人的话，证人继续。

异议二

公诉人：审判长，由于证人的地方口音很严重，现将证人的陈述简单翻译、归纳一下。

辩护人1：反对。

审判长：反对的理由。

辩护人2：有没有合适的其他翻译……

辩护人1：不需要翻译。他说什么记录什么，都有录音，每个人都可以查。翻译了到时候又要把自己的话套到别人头上了，你（公诉人）刚刚已经套过了。回忆了两遍都是你说的，他根本就没有回忆出什么来。

审判长：好，可以。公诉人就不要总结了好不好？

公诉人：那公诉人的发问暂时到此。

实例2

在2017年8月，A省H市中级人民法院审理的"俞×被控故意杀人案"中，公诉人举示的第三组证据涉及18份证人证言，被告人、辩护人在审判长引导下分别就该组证据发表意见。

公诉人：上述证据均依法提取，能相互印证。请合议庭依法予以采纳。证人证言部分举证到此。

审判长：被告人，刚才公诉人向法庭出示了第三组证据，是证人证言。出示了18位证人证言，分别是……听清楚没有？

被告人：听清楚了。

审判长：对证人证言有没有意见啊？对出示的证人证言有没有意见啊？

被告人：对这些证言有不同的看法。

审判长：这些证言属不属实？

被告人：有不同的看法。

审判长：对哪一个证人证言有不同看法？你可以向法庭提出来。

被告人：沉默。

审判长：你想一下。

被告人：就是她说，我讲过钱不给我，我就杀她。我没有讲过这个话。

审判长：刚才18份证人证言，你具体对哪一份有意见？

被告人：记不起来了。

审判长：由你的辩护人给你质证。辩护人有没有意见？

(二) 我国刑事审判实例中异议声明主体的微观考察

1. 律师参与对于异议声明的深刻影响

从法理上讲，律师的充分、有效参与，是异议声明机制有效运作的必要条件。我们收集的实例中，有相当一部分从正面有力地彰显了律师参与对于异议声明的积极影响。例如，在"詹××、刘×被控辩护人妨害作证案"中，被告人詹××的辩护人在第二次庭审的法庭调查过程中就多次针对公诉人的不当发问或其他不当行为主动提出异议，并取得法庭的"实质性"支持。从笔者对部分旁听了本案审判的律师受访者的访谈情况看，受访者普遍表示詹××的辩护人提出的一些异议水平较高，在其他刑事审判中也不多见，体现出辩护人的专业水准。而从判决结果看，法院最终对大部分控诉方证据不予采信，显然与辩护人积极、有效的异议声明有密切联系。这里展示詹××辩护人1在公诉人对被告人刘×进行讯问时的一次主动异议过程（实例3）。

实例3

公诉人在对被告人刘×进行讯问。

公诉人：那你听到詹××在做笔录之前都是怎么跟这些农户交代的？

辩护人1：反对。这个问话有陷阱。就"詹××在做笔录之前怎么跟农户交代的"，律师在给证人做笔录时都是在做笔录开始才对农户交代，你怎么知道詹××在给农户做笔录之前就要给农户做交代，而不是在笔录开始之后才做交代呢？

公诉人：那你怎么知道他在之前没有做交代呢？

辩护人1：对啊。那你不能说呀。

公诉人：他回答是否……

第五章 我国语境下刑事审判中异议现象的考察与评析

一

辩护人1：你不能提前告诉他一个答案呀。你这样发问肯定是有问题的。

审判长：公诉人，你让辩护律师把理由说明完。

辩护人1：不知道詹××在问问题之前还是之后交代，公诉人就直接问"詹××在问问题之前是怎么交代的"，这不是一个诱导性提问吗？

审判长：请公诉人注意发问的方式。

还有一些实例则表明，如果律师怠于积极主动提出异议，那么单纯在形式上有律师参与，并不足以满足异议声明机制正常运作的要求。比如，在S省C市中级人民法院于2017年8月21日开庭审理的"石××、康×、罗×被控走私、贩卖、运输、制造毒品案"中，由于辩护人的懈怠，被告人石××在提出非法证据排除申请时遇到一系列困难（实例4）。

实例4

在案件进入法庭调查阶段后，被告人石××在接受法庭讯问时表示认罪，但在接受公诉人讯问时明确表示对被指控的"制造、贩卖毒品罪"不认罪，并提出要申请排除非法证据。合议庭经过初步审查后，决定在对其他被告人讯问结束后进行证据收集合法性专门调查。

审判长：由于刚才在法庭调查中，被告人石××提出受到过非法取证，并称自己在公安机关办案过程中遭受疲劳审讯，依照《人民法院办理刑事案件排除非法证据规程（试行）》的有关规定，在法庭进行当庭调查之前，有关证据不能出示与宣读，因此，根据刚才合议庭评议意见，现在对石××所提非法证据排除申请进行先行调查。……辩护人，这一问题，被告人是否曾经向你提出过？

辩护人：提出过。

审判长：是什么时候提出的？

辩护人：应该是2016年的七八月份吧。

审判长：也就是上一次庭前会议之后？

辩护人：不是，是2016年。

审判长：但是你在庭前会议中没有提出这个问题。所以这一次当庭提出，是否意味着庭前会议时，你和被告人对于这个问题有不同观点？

辩护人：……（庭审录像声音过小，未听清）

审判长：也就是说，阅卷之后，根据你的专业知识，你不能得出这样的判断。所以在庭前会议中就没有提出这样的问题。……根据这个规程的规定，排除非法证据原则上应当在开庭前提出，但是由于被告人本人没有参加庭前会议，其就在庭审中进行了提出。那么我们现在依照规程的要求来进行调查。法警，带被告人石××到庭。

……

审判长：被告人石××。

被告人：到。

审判长：刚才，在讯问你的时候，你提出了非法证据排除的申请。根据《人民法院办理刑事案件排除非法证据规程（试行）》第1条的规定，以非法方法收集的被告人供述，是指以下三种情况……刚才你提出了非法证据排除申请，那么现在首先由你结合刚才本庭宣读的有关规定，来决定你是否正式向本庭提出非法证据排除申请。如果提出，是属于哪一种情况。

被告人：报告审判长，这属于第二种，他是语言威胁……我恳请法庭能允许我申请排除非法证据。

审判长：被告人，申请排除非法证据，首先应当提供线索

第五章 我国语境下刑事审判中异议现象的考察与评析

和材料,你需要说明你要排除什么样的证据,这些证据是如何形成的,你排除的理由是什么?需要具体到某一次供述。这个现在需要由你进行说明。

被告人:报告审判长,因为当时是大脑不清醒,作出什么供词我也没有什么印象,让我具体到某一点上的确很难……

审判长:你的意思是说,你要对你所有的供述进行排除吗?

被告人:不是,我是申请排除第一次在办案单位的笔录。后面就不存在了。

……

审判长:也就是说,你现在申请排除的,是你在进入看守所之前所作供述。

被告人:因为那个时候大脑完全不清楚,说了什么也不晓得了,很多东西,法庭也可以调查,很多东西也不是事实。

审判长:你刚才已经明确了你需要排除证据的种类和具体是哪一份,那么你现在说明一下,你要求排除这份证据,你能提供什么样的关于这份证据涉嫌非法取证的线索和材料。

被告人:……这个,怎么说呢,肯定是证据无法提供。

审判长:线索也可以,这个是你申请排除非法证据,作为被告人应尽的一个义务。

……

审判长:辩护人对这个情况是否清楚?

辩护人:我也是今天才晓得。

审判长:辩护人有什么意见?

辩护人:……(庭审录像声音太小,未听清)

审判长:也就是说,辩护人和被告人都不能按照规程的要求提供相关材料,不过被告人提供了相关线索。这个问题由公诉人进行答辩。

在实例4中,由于石××对控诉方指控的"制造、贩卖毒品罪"明确表示不认罪,其相关供述是否属于应予排除的非法证据,无疑对实体判决结果有重大影响。法庭对被告人的申请进行初步审查后启动了证据收集合法性专门调查程序,就表明石××的供述在证据收集合法性上的确存在疑问。在这个前提下,可以注意到,石××其实在开庭前就已经向辩护人表示存在非法取证情况,但是,辩护人并没有积极进行查证核实,而是仅仅基于阅卷而决定不提出证据排除申请,放弃了在庭前会议中排除非法证据的机会。在石××当庭提出证据排除申请后,辩护人仍然处于消极状态,既没有请求休庭进而与被告人沟通协商,也没有协助被告人当庭提供有关非法取证情况的线索或材料,导致法官不得不花费大量时间与精力向被告人释明申请排除非法证据的相关规定,指导被告人确认所要申请排除的证据的种类和具体是哪一份,引导被告人提供相关线索。

多重因素影响着律师在我国异议声明实践中的定位与作用。实例3和实例4所反映的是律师的对抗意识、辩护技能带来的影响。除此之外,还有两个因素特别值得关注:其一,我国律师在审判中与被告人的关系"独立有余,而协同不足"。在美国,律师之所以能够在异议声明中发挥关键作用,与其能够在审判中与被告人保持密切、顺畅的协同关系有着很大关系——律师与被告人相邻而坐,可以随时进行交流,必要时还可以请求法庭休庭以便与被告人深入磋商。在密切协同的基础上,律师能够真正成为被告人的代言人、辩护方的发言人,进而更加自如地声明异议。反观我国,由于庭审中被告人与律师的席位分离,以及法庭习惯于在法庭调查过程中分别、依次征求被告人、律师意见等原因,律师与被告人的协同性明显欠缺,这难免限制律师在异议声明中的地位与作用。其二,我国有效辩护标准欠缺,使得律师在审判中的懈怠行为缺乏约束,其到底是懈怠还是基于诉讼策略的审慎考虑而放弃异议,缺乏明确的判断标准。在美国,异议声明虽然被归为策略类或战术类的辩护事项,因此属于律师的职权范围,但是,如果律师放弃请求排除非法证据的行为被证明"并非基于合理的策略性选择",就会被判定为无效辩护。这一机制会激励律师认真对待异议声明问题。

2. 我国刑事审判中"三面构造多人角力"局面下的异议声明

在我国刑事审判中,多人角力主要有四种情形:其一,被害人及其诉讼代理人要求参与刑事部分的法庭调查;其二,多位同案被告人同时受审;其三,同一被告人有两名辩护人;其四,有辩护人的被告人积极进行自主辩护。当然,这几种情形在个案中可能发生交叉,使得实际情况更为复杂。

当出现多人角力局面时,刑事审判通常会呈现出两方面特殊性:

首先,法庭对审判的指挥、管控强度提升。这在多位同案被告人同时受审的案件中表现得最为突出。在我们收集到的审判实例中,当有三位以上同案被告人受审时,审判长往往会采取比较强硬的方式进行诉讼指挥,对被告人和辩护人提出更为明确、细致的法庭纪律要求,且对被告人和辩护人在庭审中的诉讼行为进行精细化的指引。在访谈中,有法官受访者表示,多位同案被告人同时受审的案件,在庭审秩序和效率方面的压力很大,要想在充分保障控辩双方诉权的基础上兼顾秩序与效率,审判方通常会选择制定详细的庭审预案,严格把控审判进程。

其次,控辩双方特别是辩护方在审判中的积极能动性受限。在我们收集的审判实例中,在多人角力审判中,伴随着审判方诉讼管控强度的提升，控辩双方特别是辩护方在审判中的积极能动性明显受限，几乎没有出现被告人或辩护人在法庭指挥之外主动要求发言、提出申请、声明异议的情况。在访谈中，有律师受访者表示，在这类案件开庭前，审判方往往会组织控辩双方事先商定庭审流程，约定庭审中的发言规则和纪律要求，而且律师本身也希望审判能够高效进行，所以一般都会在审判中服从法庭管控。我们经常能够通过媒体或互联网了解到在一些具有多人角力特征的案件中出现辩护方积极"死磕"，与控诉方和审判方发生激烈对抗的情况。在访谈中，无论法官、检察官还是律师受访者，都普遍表示这种"死磕"现象其实并不多见，并不能代表多人角力案件的审判常态。

特别值得注意的是，我国刑事审判中出现多人角力局面，很大程度上并非由于控辩双方积极主动参与审判，而更可能是审判方管控、干预审判的结果。在我们收集的审判实例中，非常普遍的情况是审判方积极引导、要求各个被告人、辩护人、公诉人等分别就特定事项表明态度、发表意见。这里以S省C市Q区人民法院于2018年审理的"张××、无××、徐××被控盗窃案"为例。该案法庭调查完全在审判长管控下展开，公诉人进行分组举证，每一组证据举示后，三位被告人和各自辩护人被要求明确发表质证意见（实例5）。

实例5

审判长：公诉人出示指控证据，被告人质证。

公诉人：证据卷1-3，受案登记表、立案决定书、到案经过。

审判长：有无异议？

被告人1：无异议。

被告人2：无异议。

被告人3：无异议。
辩护人1：无异议。
辩护人2：无异议。
辩护人3：无异议。
……
公诉人：文书卷25-30，鉴定意见及鉴定意见通知书；34-37，张××、徐××前科；36-40，被告人户籍、骨龄鉴定。
审判长：被告人对以上证据有无异议？
被告人1：无异议。
被告人2：无异议。
被告人3：无异议。
审判长：辩护人对以上证据有无异议？
辩护人1：无异议。
辩护人2：无异议。
辩护人3：无异议。
审判长：公诉人继续举证。
公诉人：指控证据出示完毕。

当然，审判方在管控、指挥多人角力审判时，仍可能遇到各方诉讼参与人试图跳出审判方"控制"，进而更加积极能动参与审判的情况。在这些情况下，相关人员往往会向审判方明确提出申请或者异议，而在不同案件中，审判方对于这类"突发情况"的处置并不一致，具有一定的随意性。比较常见的情况是被害人及其代理人主动要求参与刑事部分的法庭调查——根据对个案实例的观察以及对法官受访者的访谈情况，我国刑事审判的惯例是被害人及其代理人不直接参与刑事部分的法庭调查，但是，根据我国《刑事诉讼法》第106条，被害人属于当事人范畴，又根据《刑事诉讼法》第189条和第190条，人证、物证、书证调查中当事人有权发问或发表意见,因此,实践中有时会出现被害人一方主动提出参与刑事部分法庭调查的情况。在我们收集的实例中,有两个案件出现了这种情况,但两案审判方的处理完全不同(实例6和实例7)。

实例6

在S省C市中级人民法院于2017年7月20日开庭审理的"李××被控故意伤害案"中,在刑事部分法庭调查的最后,出现如下情况:

公诉人:最后是被告人的供述及其辩解。

法官:公诉人请等一下。被告人李××对刚才公诉人出示的证据有无意见?

被告人:没有。

法官:辩护人有无异议?

辩护人:没有。

法官:公诉人继续提问。

附带民事诉讼原告人要求发言。

法官:附带民事诉讼原告人,等会儿有机会让你说话,请服从法庭规定。

附带民事诉讼原告人:好的。

实例7

在实例2已经提到的A省H市中级人民法院于2017年8月开庭审理的"俞×被控故意杀人案"中,接续实例2所展示的庭审片段,出现了如下情况:

审判长:由你的辩护人给你质证。辩护人有没有意见?

辩护人:简单说两句吧。……首先,……仅凭两份证言不足以证明被告人说过这些话。其次,被告人前妻的证言表明他

第五章 我国语境下刑事审判中异议现象的考察与评析

们早就有矛盾了。

审判长：对证据三性本身有没有意见？

辩护人：那没有。

审判长：公诉人是否需要答辩？

附带民事诉讼原告人：审判长，对不起。被害人应该也可以质证，发表质证意见。

审判长：你在附带民事诉讼阶段发表吧。

附带民事诉讼原告人：按照《刑事诉讼法》的规定，我们是有权利质证的。按照第190条的规定。

审判长：你们对这个证人证言有意见是吧？

附带民事诉讼原告人：对对对，希望你准许我们发表意见。

审判长：可以。

附带民事诉讼原告人：好的。首先，被害人楼下两名证人的证言非常清楚，当天晚上只听到被害人的呼喊，没有听到其他声音。所以可以证明被告人当庭说谎……

（三）我国刑事审判中异议声明时机与理由的微观考察

1. 证据异议声明时机与质证意见发表时机的分离与重合

目前，我国在规范层面尚未就刑事审判中异议声明的适时性作出一般性规定，换言之，除去非法证据排除等个别领域，异议声明的适时性标准在我国处于缺失状态。面向实务工作者的问卷调查和访谈则表明，实务界对于异议声明的时机存在较大困惑。我们收集的实例也表明，实践中控辩各方的确会就异议声明的适时性问题发生分歧，确立相应的判断标准具有必要性。比如，在"詹××、刘×被控辩护人妨害作证案"中，被告人詹××的辩护人2就因控诉方异议声明的适时性问题与公诉人和审判长发生了争论（实例8）。

实例 8

被告人詹××的辩护人 2 对被告人刘×进行询问。

辩护人 2：在 2017 年 3 月 21 日这个笔录当中，你提到你与詹××在对李××取证的时候，在你记录之前，"詹××对李××说，如果你说农机具是自己买的，可以帮何×减少认定的台数，可以帮他减少量刑"，但李××在最早的证言中没有提到詹××对他说过这样的话……

公诉人 1：审判长，反对，我说明一下反对的理由。

辩护人 2：审判长，我的问题还没有问完。如果问完，他可以反对，审判长也可以让他不回答。我问题还没有问完你就开始反对……

公诉人 1：因为你已经在诱导他了。

公诉人 2：因为你的问题已经包含答案了，刚才我们已经说到了，请你注意发问方式。

公诉人 1：而且刚刚辩护人 2 在问的时候已经把其他证人在笔录中提到的问题问刘×了，提请合议庭注意一下。

审判长：辩护人 2，注意一下发问的方式。

辩护人 2：其实我这个问题还没有问完，现在就会问到这个事情和刘×有什么关系。我建议这样：像这个反对问题，下次我们辩护律师也会注意，公诉人没有问完，我们也不会表示反对。如果问完，我们进行了反对，那么审判长可以决定当事人要不要回答这个问题。如果我们还没有问完你们就反对，我问题是什么你们都不清楚，你们怎么反对呢？所以我提这个建议供合议庭参考。

审判长：好。

在分析实例的过程中，我们注意到实践中证据异议声明时机与质证意见发表时机的关系非常特殊，在有些案件审判中相互重合、交织，在另一些案件审判中则相对分离。这其中，两者的重合、交织是常态——在大多数案件中，控辩各方都很少在相对方举示证据的过程中提出异议，而主要选择在审判方要求其发表质证意见时就是否反对呈堂证供表明态度。在笔者整理的个案中，前列实例2、实例5、实例6、实例7对此都有体现，而S省M市中级人民法院于2017年7月27日开庭审理的"胡××被控故意杀人案"也十分典型（实例9）。

实例9

本案中，公诉人举示了五组证据。

……

公诉人：审判长，第二组证据出示完毕，请组织质证。

审判长：被告人对上述证据有没有异议？

被告人：有，……

审判长：辩护人对该组证据有无异议。

辩护人：没有。

审判长：公诉人对刚才被告人提出的问题有无回应意见？

公诉人：……

被告人：……

审判长：该异议本庭已经记录在案，请公诉人继续出示证据。

……

公诉人：审判长，证人证言出示完毕，请组织质证。

审判长：被告人对该组证据有无异议？

被告人：没有。

审判长：辩护人有无异议？

辩护人：没有。但是……

在个别案件中，证据异议声明时机与质证意见发表时机会呈现出虽然相对但十分明显的分离。比如，在"詹××、刘×被控辩护人妨害作证案"中，针对每一位出庭证人，控辩双方都可能在证人作证过程中声明异议，然后在证人退庭后，控辩双方都会在审判长的指挥下，就证人的当庭陈述发表质证意见。这里，我们将实例1已经部分涉及的该案第一位证人朱××的法庭调查情况作为实例（实例10），展示如下。

实例10

实例1已经展示了在证人朱××出庭作证过程中，辩护人两次声明异议。

在证人退庭后，审判长主持控辩双方发表质证意见：

审判长：由公诉人对证人朱××的出庭证言发表质证意见。

公诉人：……

审判长：被告人詹××，对证人朱××的出庭证言发表质证意见。

詹××：……

……

审判长：被告人刘×，对证人朱××的出庭证言发表质证意见。

刘×：……

审判长：被告人詹××的辩护人，对证人朱××的出庭证言发表质证意见。

辩护人1：第一，朱××在庭上说詹××没有威胁引诱他作这个证言，是因为他同情何×，是不是何×的家属跟他有交流？反正别的证据可以证实，不管今天庭上或之前怎么说，至少可以确定没有引诱。第二，朱××的证言，根据最高人民法院的司法解释，审查证人证言要看跟案件有无利害关系。他跟何×是同村的，并且他在何×案中是涉案的共同嫌疑人，所以公安机关对他有一定威慑力。公安机关可以抓他，也可以不抓他……理论上，按照公安机关的说法，就是共同犯罪，应当抓起来。结合今天他的证言……他证言的可信度是有限的。第三，检察官说詹××直接引诱改变证人证言，依据今天庭审是得不出这样的结论的。不能做出没有依据、没有逻辑的推论。第四，朱××没有买过机器，但是否是何×诈骗的，在本案中无法证明。从原来何×案公安机关的侦查笔录中得知，补贴款是××××公司收取的，所以是不是何×骗取国家的钱？至少根据公安机关的侦查笔录，在朱××这儿，不是何×拿到的钱。第五，妨害作证，总得提交证据，否则怎么构成犯罪。我们认为朱××的证言没有提交，没有造成任何后果，所以跟本案指控没有关联。第六，朱××的证言是孤证，即使成立，也没有指控威胁引诱，只是同情同村人，跟律师无关。

辩护人2：……

审判长：被告人刘×的辩护人发表质证意见。

辩护人3：……

……

审判长：对证人朱××的出庭证言是否采信，将结合本案的其他证据综合判定。

结合实例1和实例10可以看到，辩护人1在朱××作证过程中所提异议，与其后来发表的质证意见在内容上有明显差异。辩护人1所提的两次异议，都是明确反对公诉人对朱××的证言进行概括总结，也就是指向公诉人在证据调查过程中的不当行为，而其所提的六点质证意见，都是指向朱××证言本身的相关性、可信度、证明力问题。

比较实例9和实例10可以看到，在证据异议声明时机与质证意见发表时机重合与分离两种情况下，证据异议与质证意见的内涵存在不能忽视的差异。对此可作两点归纳：其一，在证据异议声明时机与质证意见发表时机重合的情况下，证据异议与质证意见的内容混合在一起，都是围绕证据三性展开的；而在时机分离的情况下，证据异议与质证意见的内容就显现出差别，总体而言，证据异议将更多地指向证据调查活动的合法性、妥当性，质证意见则会更加侧重于对证据证明力的评价。其二，在证据异议声明时机与质证意见发表时机重合的情况下，质证意见主要是由相对方针对举证方所举示的证据发表的，往往都带有明显的质疑、弹劾性质；而在时机分离的情况下，举证方也会发表"质证意见"，其意见主要用以归纳所举示证据的要点，阐发所举示证据的证明力。

为什么实践中会出现证据异议声明时机与质证意见发表时机重合与分离这两种情况呢？在笔者看来，关键的影响因素至少有三个：

第一，个案实际呈现的法庭证据调查模式的差异。重合情况的发生，往往立基于以书面卷证的调查核实为中心任务的法庭证据调查模式。在这种模式下，证据举示过程只是对书面卷证的宣读、展示、解说，方法上比较简单，过程上比较集中、平稳，相对方在举证举示过程中声明异议的空间和可能性相对较小。反观分离情况的发生，法庭调查中人证调查的比重往往明显增加，在这种模式下，证据举示过程更多是对证人的发问、盘诘，在方法上比较复杂，过程上则相对离散，更具对抗性与不确定性，相对方在证据举示过程中声明异议的空间和可能性就更大。

第二，审判方的能动倾向。重合情况的发生，往往伴随着审判方对法庭调查的积极掌控。在审判方的高度干预下，控辩双方尤其是辩护方声明异议的主动性、积极性会受到压制，进而更倾向于在审判方允许的时机阐述反对意见；反观分离情况的发生,往往伴随着审判方的克制、中立,由于审判方较少干预法庭调查过程,控辩双方尤其是辩护方也才更有可能自如地在相对方举示证据时主动、积极提出异议。

第三,控辩双方尤其是辩护方的对抗意识与法庭技能。在证据异议声明时机与质证意见发表时机重合的案件中,明显可以感受到控辩双方特别是辩护方对抗意识不强,对证据调查过程中的合法性、妥当性争议不敏感,习惯于在法庭的指挥下回应性地发表意见;反观证据异议声明时机与质证意见发表时机分离的案件,控辩双方特别是辩护方往往都呈现出较为强烈的对抗意识,而且能够比较机敏地觉察到证据调查过程中的争议,以简明方式向法庭提出。

可见,在我国确立异议制度,明确异议声明适时性的判断标准,既是法庭调查模式转型的要求,也是推动这一转型的契机。

2. 证据异议理由与证据三性的复杂关系

目前,我国在规范层面并没有就异议声明的理由问题设定一般性标准,涉及异议理由的零散规范大多只具有宣示性意义,只在非法证据排除规则中对辩护方申请排除非法证据时应附具的线索和材料等有相对细致的规定。我们收集的个案实例中,许多都体现出异议声明"明确具体性标准"缺失带来的影响,也暴露出在我国落实异议声明"明确具体性"要求所面临的现实困难。尤其值得注意的是,我们明显感到,实践中以证据三性为证据审查判断基本内容的习惯,会深刻影响到异议声明理由的确定。

从实例看,在刑事审判实践中,当证据异议声明时机与质证意见发表时机重合时,控辩双方基本上都是明确围绕证据三性发表对证据的质疑性意见。在这些案件中,如果控辩双方对证据的质疑性意见超出证据三性范围,或者没有明确涉及证据三性，审判方通常会引导各方明确表示对证据三性有无异议。比如，还是在"俞×被控故意杀人案"中，当辩护人就18份证人证言发表意见时，其与审判长有如下对话（实例11）。

实例11

审判长：由你的辩护人给你质证。辩护人有没有意见？

辩护人：简单说两句吧。……首先，……仅凭两份证言不足以证明被告人说过这些话。其次，被告人前妻的证言表明他们早就有矛盾了。

审判长：对证据三性本身有没有意见？

辩护人：那没有。

另一些实例则表明，在证据异议声明时机与质证意见发表时机分离的案件中，控辩双方在证据调查过程中声明异议，往往不是笼统地反对证据三性，而是更加明确具体地指向证据调查方式的合法性、妥当性问题。不过，这些在证据调查过程中的异议，实质上与证据三性都有着紧密联系。比如，在"詹××、刘×被控辩护人妨害作证案"中，詹××的辩护人1反对公诉人对被告人刘×进行诱导询问，表面上看是针对不当的发问方式，实质上是在质疑通过诱导发问获取的被告人刘×陈述的真实性（实例12）。

实例12

公诉人在对被告人刘×进行讯问。

公诉人：那你听到詹××在做笔录之前都是怎么跟这些农户交代的？

辩护人1：反对。这个问话有陷阱。就"詹××在做笔录之前怎么跟农户交代的"，律师在给证人做笔录时都是在做笔录开始后才对农户交代,你怎么知道詹××在给农户做笔录之前就要给农户做交代,而不是在笔录开始之后才做交代呢?

公诉人:那你怎么知道他在之前没有做交代呢?

辩护人1:对啊。那你不能说呀。

公诉人:他回答是否……

辩护人1:你不能提前告诉他一个答案呀。你这样发问肯定是有问题的。

审判长:公诉人,你让辩护律师把理由说明完。

辩护人1:不知道詹××在问问题之前还是之后交代,公诉人就直接问"詹××在问问题之前是怎么交代的",这不是一个诱导性提问吗?

审判长:请公诉人注意发问的方式。

其实,在该案中,辩护人多次反对公诉人在发问过程中对证人的陈述进行翻译、总结,从实质上讲,都是在质疑公诉人的不当行为会影响证人陈述的真实性。这里再举一例(实例13)。

实例 13

公诉人对证人刘××进行发问。

公诉人:刚才的大概意思再说一下。

证人刘××:就是说自己买的机器,自己卖嘛。

公诉人:你就听到詹××叫刘××说这个机器是自己买的,是吧?

证人刘××:对。

辩护人1:反对。

审判长:好,等一下。

辩护人1:不要加词。她刚刚说的是机器是自己买的,然后你就说叫他说是自己买的,你能说加这个字吗?

公诉人：我加了什么字？

辩护人1：你加了"叫"。

公诉人：那你（证人刘××）把这个话再重复一遍。

审判长：证人大声一点。

辩护人1：我希望审判长让公诉人不要在证言中归纳，添油加醋。

公诉人：因为你刚刚说你听不懂。

辩护人1：我听得懂啊，我前面就让你不要加了，你还加。

公诉人：好。

审判长：刘××的声音大一点，辩护人隔得远，好吧。

辩护人1：我隔得远我听得见，但是不要教，教我也听得见。

审判长：公诉人注意发问的方式。

公诉人：好。

以实例12和实例13为代表的一系列实例表明，在异议声明时机与质证意见发表时机分离的情况下，控辩双方对部分证据三性的质疑时点会前移到证据调查过程中，转变为对证据调查方式的质疑。这一结论启示我们，尽管证据三性属于证据的基本属性，但是，对证据三性的评价并不仅仅是对证据本身的评价，而是同时涉及对证据调查方式的评价。由此可知，尽管证据异议与质证应当有所区分，但是区分的关键并不在于反对意见是否指向证据本身，而是应当从证据三性两力融合的角度去探寻答案。

（四）异议裁断在我国刑事审判中的"确认模式"与"回应模式"

在梳理、分析个案实例的过程中，我们注意到，异议裁断在我国刑事审判中存在两种典型模式，即"确认模式"与"回应模式"。所谓"确认模式"，表现为审判方就特定程序性事项，主动向控辩双方征询意见，确认该事项有无合法性、妥当性争议并予以处置。所谓"回应模式"，表现为审判方就控辩双方通过异议声明所挑明的程序性争议，基于控辩双方的主张、辩驳而对相关程序性事项的合法性、妥当性进行判定并予以处置。

异议裁断的"确认模式"与异议声明的"被动模式"，以及异议裁断的"回应模式"与异议声明的"主动模式"存在对应关系。实例1、实例3、实例8、实例12和实例13都展示了在控辩各方主动声明异议时，审判方如何进行回应性的处置。不过，由于主动声明异议在我国语境下并不常见，回应型的异议裁断也只是我国刑事审判中异议裁断的特殊形态。更为常见的情况是控辩双方在审判方引导下相对被动地提出异议，而审判方则进行确认型异议裁断。实例14和15展示了审判方在庭前会议和正式庭审中是如何进行确认型异议裁断的。

实例14

S省C市Q区人民法院于2018年3月12日就"黄××被控放火罪"一案召集庭前会议。

……

审判长：庭前会议主要解决案件管辖、回避等问题，本案案件承办人经阅卷审查，认为有必要召开庭前会议，并依法通知各参与人员近日在此召开庭前会议，公诉人、辩护人是否清楚？

公诉人、辩护人：清楚。

……

审判长：本案依法由朱××担任审判长和人民陪审员组成合议庭，对此案件进行审理。辩护人有无异议？是否申请回避？

辩护人：无异议。不需要申请。

审判长：公诉人有无异议？

公诉人：无异议。

审判长：非法证据排除有无需要？

辩护人：没有。

审判长：公开审理的问题，有无异议？

辩护人：无异议。

……

审判长：辩护人是否阅卷？对公诉人将在庭审中出示的证据的真实性、关联性、合法性有无异议？

……

审判长：对以上有异议的证据，在庭审时重点审查，无异议的证据，庭审时举证、质证可以简化。

实例15

S 省 C 市中级人民法院于 2017 年 8 月 23 日开庭审理"惠××被控运输毒品罪"一案。

……

公诉人：主要证据出示完毕，请法庭组织质证。

审判长：到庭的被告人，对于刚才国家公诉人重点出示的，你在挡获过程中有反常举动的视频和证人证言，以及概括出示的本案其他证据，有意见没有？

被告人：没有。

审判长：没有意见是不是？

被告人：是的。

审判长：辩护人是否有质证的意见？

辩护人：有。对除手机之外的，公诉人出示的证据没有意见。对手机这个证据有意见。对合法性没有意见，对关联性和真实性有意见。因为这个手机，按惠××的说法是用着玩的，那么其信息并不一定证明是连续的或真实的，这里面开玩笑的内

第五章 我国语境下刑事审判中异议现象的考察与评析

容也可能存在,所以对其证明力方面有疑问。辩护人认为,手机里面对话的内容,可以证明被告人是吸毒人员,但是与本案起诉的运输毒品罪不存在关联性。意见完毕,谢谢。

审判长:对于辩护人就手机图片、截图关联性所提出的异议,公诉人是否需要答辩?

公诉人:需要。公诉人起诉这类案件,不只是被告人供述、书证、相关的证据,像一头大象一样,是综合的,不光是腿大,鼻子也大。刚才公诉人也提到被告人庭前供述与庭上的区别。那么到底涉不涉案,微信的内容是不是涉毒?被告人今天庭上也承认涉毒,他自己有吸毒,再加上有查获毒品,这些综合,就形成了一个证据锁链。不是说某一部分与本案无关,而是都有关系。

审判长:(征求合议庭意见后)对于刚才公诉人出示的,指控被告人运输毒品罪的指控证据,经当庭质证,控辩双方应该说对主要的证据没有异议。合议庭认为,上述指控的证据,经庭审质证、认证,来源合法,客观真实,具有对案件事实的证明力,合议庭当庭予以采信。

(五)我国刑事审判中异议裁断时机与方式的微观考察

从法理上讲,为尊重与保障控辩双方对审判过程的主导,保障审判有序、高效推进,避免程序性争议处于不确定状态,审判方应当及时、明确地裁断异议。然而,实例分析表明,除针对诉讼先决事项争议以及针对证据调查方式、时机、顺序争议的异议可能得到及时处置外,对于大量涉及证据本身采纳争议的异议,无论控辩双方是积极还是相对被动地声明异议,审判方都很少及时、明确地裁断。或者说,无论是进行确认型裁断还是回应型裁断,审判方对异议裁断都非常不积极。

即使是"詹××、刘×被控辩护人妨害作证案"这样的控辩双方激烈对抗、积极声明异议的审判也不例外。在实例1、实例3、实例8和实例12中，都可注意到，虽然法官对辩护人的异议进行了处置——要求公诉人调整行为方式，但是都没有像美国、日本法官那样，首先判明支持或者驳回异议。实际上，在本案中，除就辩护方的回避申请，法庭明确宣布了处理结果外，对于控辩双方提出的其他所有异议，法官都没有作出支持或驳回的明确判定。在整个法庭调查过程中，审判方都是如实例1和实例10所展示的那样，在简单运用诉讼指挥处置异议之后，继续引导控辩双方进行发问、发表质证意见，最后表示："对××证据是否采信，将结合本案的其他证据综合判定。"

与此同时，值得注意的是，若控辩双方特别是辩护方对于特定证据没有声明异议，审判方就可能当庭认证，直接采信相应证据，而控辩双方无异议就成为当庭认证的关键理由。比如，S省C市中级人民法院于2017年7月20日开庭审理的"李××被控故意伤害案"中，审判长当庭进行了认证（实例16）。

实例16

公诉人：最后是被告人的供述及其辩解。

审判长：公诉人请等一下。被告人李××对刚才公诉人出示的证据有无意见？

被告人：没有。

审判长：辩护人有无异议？

辩护人：没有。

审判长：公诉人继续提问。

……

审判长：对于刚才公诉人当庭出示的证据，合议庭经过评议，认为公诉人出示的证据具备真实性、合法性，与本案事实有关联性，被告人及辩护人均没有异议，本庭对指控证据予以采信。

第五章 我国语境下刑事审判中异议现象的考察与评析

从访谈情况看,对于审判方为何"怠于裁断异议,却积极认证'无异议'",三类受访者有不同看法。有法官受访者表示,对于控辩双方有异议的证据,延后裁断并非懈怠,而是出于慎重,因为受异议的证据往往只是存在瑕疵,应当给予补证或合理解释的时空条件,如果过早裁断,可能错误排除证据,不利于发现实体真实。这一观点也为许多检察官受访者所认同。但是,我们认为,这一理由并不充分,因为控辩双方无异议的证据,也有可能存在"错误认证"的风险,审判方却往往不因此而延后认证。有律师受访者则表示,审判方延后裁断证据异议,是其偏向控诉方的典型体现,因为这种做法使得本来受到异议冲击的控罪证据体系得以保全,给了控诉方喘息的机会,而辩护方却因为难以判断异议对审判方心证的影响程度而陷入被动。部分检察官受访者也坦承,审判方怠于裁断证据异议,实际上是有利于控诉方的。至于为何审判方很少明确表示支持或者驳回异议。有法官受访者一开始表示《刑事诉讼法》和司法解释均未要求其通过判明支持或驳回来裁断异议,当我们提醒其司法解释和"三项规程"中有零星规定后,又转而表示这种判明本身只具有形式意义,直接通过诉讼指挥进行处置才能真正解决争议,而且也避免激化矛盾。

应当承认,虽然笔者花费了相当多的时间与精力去收集、整理、分析刑事审判实例素材,但是,本节基于个案实例对我国刑事审判中异议现象的微观考察仍然存在不充分、不全面的遗憾,这直观体现在对异议声明的考察没有涉及异议声明的方式、失权等要素,而对异议裁断的考察更是相当笼统。微观考察的不充分,当然有笔者个人研究能力有限等主观原因,这其实也从侧面表明当前我国刑事审判中异议制度还很不规范、很不成熟,许多值得关注的要点难以透过具体的例证加以展示。

尽管前文的微观考察不够充分，但我们在收集、整理个案素材的过程中仍然对刑事审判实例中异议现象存在的主要问题形成了一定认识，结合问卷调查和访谈情况，此处还是能够对刑事审判实例中异议现象的主要问题略作评析。总体而言，本书第二章总结的影响异议制度预期功能发挥的若干关键制约条件，在我国刑事审判实例中都有所呈现，受到这些因素的制约影响，我国刑事审判实例中的异议现象明显偏离了法理上构想的异议现象理想状态，也与美国、日本等典型法域相对成熟的异议实践有很大差别。

第四节　核心疑难问题的汇总与试解

对我国刑事审判中异议现象的深入考察表明，在规范层面，虽然我国《刑事诉讼法》、司法解释和其他规范性文件中散见不少有关异议声明与裁断的规定，但是，这些零散规定非常粗疏，既没有周全涵盖异议制度基本框架所应涉及的全部内容，也未能很好地反映或契合于异议制度的运行原理与基本原则，反而牵引、暴露出一系列影响异议制度在我国构建与运行实效的疑难问题；在实务层面，绝大多数实务工作者对异议声明与裁断充满了困惑，这反映出现有的零散规范并不足以满足改革实践的规则需求。总而言之，不得不承认，当前我国尚未真正构建起系统、完备的刑事审判中异议制度。基于这一判断，本节将对前面各节指出的影响我国刑事审判中异议制度构建与完善的核心疑难问题加以汇总并予以试解，以此为下一章提出构建与完善我国刑事审判中异议制度之建议方案奠定基础。

第五章　我国语境下刑事审判中异议现象的考察与评析

一、证据异议声明、裁断同质证、认证的关系厘清

证据异议声明与裁断是刑事审判中异议制度的核心所在，规范与实践层面的考察均表明，我国要构建合理的刑事审判中异议制度，就必须厘清证据异议声明、裁断同质证、认证的关系，实现异议声明、裁断与质证、认证的协调衔接。

（一）证据异议声明与质证的关系厘清

本书在第一章的概念辨析中已经指出，质证是一个根植于我国传统证据理论与实践的本土化概念，相比之下，异议是我国传统理论与实践长期忽视的概念，异议制度是在完全不同的理论与实践中成长起来的，因此，要完全基于我国传统的证据理论与实践来把握证据异议声明与质证的区别和联系，恐怕并不明智。

1. 对质证内涵的重新认识

要厘清证据异议声明与质证的关系，首先要更新对质证的认识，主要是注意广义质证与狭义质证的层次区分。广义质证包括两个方面，其一是对证据的核实、检验活动，其二是质证意见的发表。我国学界通说将质证狭义地理解为对证据的核实、检验活动，由此才将交叉询问、对质、辨认等视为质证的基本方法。[1]应当承认，作为证据核实、检验活动的质证与证据异

---

[1]　"所谓质证，是诉讼当事人及其法律代理人在审判过程中针对对方举出的证据进行的质疑和质问。"何家弘、刘品新：《证据法学》（第五版），法律出版社2013年版，第233页。"在庭审过程中，质证是控辩双方（在刑事诉讼中）对另一方（或法院依职权收集）证据的属性及证明过程进行质疑，从而影响事实认定者对案件事实内心确信的一种证明活动。"张保生主编：《证据法学》（第二版），中国政法大学出版社2014年版，第379页。"质证是指控辩双方在审判过程中对对方举出的证据进行质疑和质问。"孙长永主编：《刑事诉讼法学》（第三版），法律出版社2016年版，第235页。

议声明的区别是显而易见的。但是，应当注意到，我国刑事审判实践中的质证，不仅仅（甚至不主要）是对证据的核实、检验活动，其还有另一重含义，即指在核实、检验证据的基础上，对证据发表质疑性意见。[1]通过对广义质证双重含义的澄清，不难注意到，证据异议声明与质证的复杂关系，关键就在于证据异议声明与质证意见发表可能存在交叉——在我国实践中，控辩双方在发表质证意见时，经常主张证据因不具备相关性、真实性、合法性而不得作为定案根据，而在其他法域实践中，最常见的证据异议也是主张证据因不具备相关性或违反可采性规则而应予排除。[2]

2. 对证据三性论的反思

要厘清证据异议声明与质证的关系，还需要从证据两力的角度，对支配我国刑事审判实践的证据三性论加以反思。从证据两力论的角度看，我国传统的证据三性论对证据基本属性的处理具有"模糊化"和"扁平化"两个特征。所谓"模糊化"，即该理论对证据三性尤其是其中的客观真实性的界定比较模糊、笼统，基本上是脱离实定的证据规则来讨论证据基本属性；所

---

[1] "控辩一方举证后，对方可以发表质证意见"（2017年《法庭调查规程（试行）》第28条第3款第1句）。换言之，完整的质证，是由核实、检验证据与发表质证意见两部分活动组成的。有资深刑事辩护律师明确指出："律师质证的本质就是对证据提出疑问，在这个意义上讲，不提出质疑意见的质证就不是质证。"邹佳铭："刑事案件如何质证——理论实务兼备，经验案例丰富"，载 http://www.king-capital.com/content/details49_12962.html，最后访问时间：2017年11月1日。

[2] 在将质证理解为对证据的核实、检验活动与质证意见的结合体之后，我们也可以反思对其他法域证据调查理论与实践的通常理解。我们通常将美国法中的交叉询问（cross-examination）、对质（confrontation）、鉴真（authentication）等证据核实、检验活动理解或译解为质证活动，却没有注意到美国法中与我国质证最接近的词语其实是"challenge"，而对证据的"challenge"不仅涉及前述核实、检验活动，还涉及异议的声明（making the objection）。

第五章　我国语境下刑事审判中异议现象的考察与评析

谓"扁平化",即该理论既不对证据三性作证据能力与证明力上的层次区分,也不关注证据三性在证据成为定案根据过程中是如何形成并相互影响的,而只是静态地关注已经成为定案根据的证据具备哪些基本特征。[1]受到传统三性论的影响,实践中,控辩双方在发表质证意见时,基本不会区分对证据能力(证据采纳)的意见和对证明力(证据采信)的意见,而是笼统地同时涉及两个层次,属于对证据的整体性评价,这就与其他法域的证据异议声明实践存在明显差别——在其他法域实践中,基于证据能力与证明力的明确划分,证据异议不涉及证明力(证据采信)争议,而仅针对证据能力(证据采纳)争议,属于对证据的原子化评价。可见,从证据两力的角度对证据三性进行层次划分,实现证据三性两力的协调融合,是我们厘清证据异议声明与质证意见发表之关系的关键一步。

那么,应当如何实现证据三性两力的协调融合呢?笔者的主张需分三步加以阐述。

首先,要界定证据能力。在法理上,对证据能力的界定存在严格证明资格说与定案根据资格说的区分,前者将证据能力界定为证据进入法庭,接受严格证明法则考验的资格,后者将证据能力界定为证据得以成为定案根据的资格。[2]笔者主张选

---

[1]　参见万旭:"我国刑事证据合法性理论的批判性观点辨析——兼论刑事证据合法性理论革新的方向",载刘艳红主编:《东南法学》(2017年辑春季卷·总第11辑),东南大学出版社2017年版,第181页。

[2]　参见万旭:"瑕疵证据理论的反思与重建",载陈兴良主编:《刑事法评论》(第38卷),北京大学出版社2016年版,第519页。还有　种更为细致的划分,是将我国的证据能力说归纳为"证据合法性等同说""严格证明资格说""诉讼证据资格说""定案根据说"。参见万旭:"我国刑事证据合法性理论的批判性观点辨析——兼论刑事证据合法性理论革新的方向",载刘艳红主编:《东南法学》(2017年辑春季卷·总第11辑),东南大学出版社2017年版,第181页。

用定案根据资格说，[1]根据此说，证据能力包含两方面的要件：其一是积极查证要件，也就是证据必须经符合严格证明法则要求的法定程序查证属实；其二是消极排除要件，也就是证据须未因触犯证据排除规则而被禁止使用。从价值目标结构上看，证据能力的积极要件体现了减少事实认定错误，发现事实真相的追求；证据能力的消极要件则与人权保障等价值目标相联系，体现了调和多元价值冲突，保障司法证明正当性的追求。[2]定案根据资格说与我国《刑事诉讼法》的明文规定相契合：2018年《刑事诉讼法》第50条第2款规定，"证据必须经过查证属

---

[1] 诚然，两相比较，严格证明资格说在学界更接近通说地位，我国许多有影响力的学者倾向于按照此说理解证据能力。参见孙长永："论刑事证据法规范体系及其合理构建——评刑事诉讼法修正案关于证据制度的修改"，载《政法论坛》2012年第5期，第25页。万毅："论无证据能力的证据——兼评我国的证据能力规则"，载《现代法学》2014年第4期，第131页。纵博："'不得作为定案根据'条款的学理解析"，载《法律科学（西北政法大学学报）》2014年第4期，第69页。但是，基于三点理由，笔者还是选择定案根据资格说：其一，严格证明资格说存在逻辑漏洞。根据此说，取得证据能力的证据仍须经严格证明考验而查证属实后，才有资格成为定案根据，可是，既然严格证明法则的适用是证据向定案根据转化的必要条件，为何将其排除在证据能力范畴之外呢？持此说的学者并没有提供有力的论据。相比之下，定案根据资格说则不存在逻辑上的漏洞。参见万旭："我国刑事证据合法性理论的批判性观点辨析——兼论刑事证据合法性理论革新的方向"，载刘艳红主编：《东南法学》（2017年辑春季卷·总第11辑），东南大学出版社2017年版，第181页。其二，定案根据资格说有助于我们理解法庭证据调查的定位与性质。按照定案根据资格说，证据能力的判定延续到庭审之中，证据方法是否依法、妥当适用，会影响到对证据能力的积极认证，这样一来，严格来说，即使是控辩双方针对证据调查方式的异议，其实质也是指向了证据能力问题。相比之下，如果采用严格证明资格说，证据能力问题止步于庭审之前，那么法庭证据调查的定位与性质就变得模糊，控辩双方就证据调查方式的异议到底是与证据能力或证明力问题相联结，还是属于独立问题，就成为悬案。其三，恰如正文即将指出的，定案根据资格说与我国现行《刑事诉讼法》的明文规定更契合。

[2] 参见林钰雄：《刑事诉讼法》（上册），元照出版有限公司2013年版，第478—479页；万旭："瑕疵证据理论的反思与重建"，载陈兴良主编：《刑事法评论》（第38卷），北京大学出版社2016年版，第519页。

实，才能作为定案的根据"；第55条第2款将"据以定案的证据均经法定程序查证属实"作为证据确实、充分的要件之一，这可视为对证据能力积极要件的规范性表述；第56条第2款规定予以排除的非法证据不得作为判决的依据，这可视为对证据能力消极排除要件的规范表述。〔1〕

其次，在决定依定案根据资格说界定证据能力后，对证据相关性和客观真实性作证据能力和证明力上的层次划分，确定证据能力层次的证据相关性、客观真实性的内涵。就证据相关性而言，证据能力层次的相关性是指相关性的有无问题；就证据客观真实性而言，证据能力层次的客观真实性是指以证据同一性为核心特征的证据可信性认证问题。证据相关性，是证据内容与待证事实间基于经验、逻辑法则的推论性推理而构建起的联系。证据若无相关性，意味着这种推论没有建立起来，此时，证据无证据能力。证据可信性以证据同一性为核心，强调举证人所主张的证据与其最初取得并举示的证据同一。相关证据若无同一性，则仍无证据能力。证据能力层次的证据相关性与客观真实性对应于证据能力的积极要件。〔2〕

最后，在确定证据能力层次的证据相关性、客观真实性的内涵的基础上，将这两方面内容与证据能力消极要件的要求结合起来，共同构成证据合法性的全新内涵。这种新的广义证据合法性，对应于多元价值目标结构，是定案根据资格说意义上的证据能力在我国刑事审判中的规范性表述。比较之下，传统证据三性论认为证据合法性涉及证据形式合法、取证主体合法、

---

〔1〕 相比之下，如果采用严格证明资格说，《刑事诉讼法》中的查证属实条款就无法得到妥当解释。参见闫晶、万旭："查证属实：严格证明法则在我国刑事诉讼中的规范表述"，载《福建警察学院学报》2016年第2期，第33页。

〔2〕 参见万旭："瑕疵证据理论的反思与重建"，载陈兴良主编：《刑事法评论》（第38卷），北京大学出版社2016年版，第519页。

取证手段合法、调查程序合法等内容,可被称作证据合法性的旧广义论。旧广义论具有"松散"和"形式化"的特征,若干要素间不存在明确逻辑关联,与证据相关性、客观真实性的联系也不清晰,透过各要素也看不出明确的价值目标定位,因而与重构后的新证据合法性有质的不同。[1]

3. 对证据异议声明与质证关系的归纳

基于对质证和证据三性的前述认识,我们可以图5-1和图5-2来比较清晰地展示证据异议声明与质证的关系。其中,图5-1展示了广义质证与广义异议的联结点——证据能力层面的质证意见与证据异议存在交叠。图5-2则进一步展示了基于证据能力定案根据资格说,证据三性质证意见与证据异议的具体交叠关系——证据能力层面的质证意见,也就是针对包括相关性之有无问题和证据可信性之有无问题在内的证据合法性问题所发表的质证意见,与证据异议存在交叠。

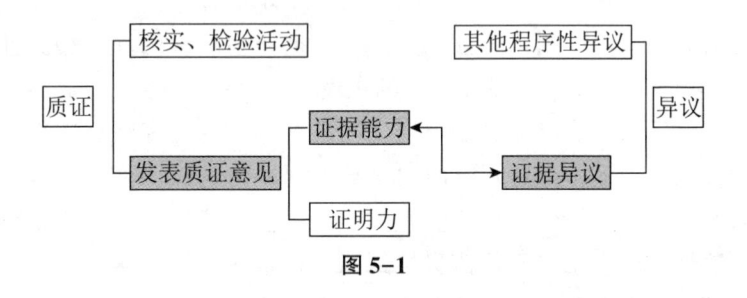

图 5-1

---

[1] 参见万旭:"我国刑事证据合法性理论的批判性观点辨析——兼论刑事证据合法性理论革新的方向",载刘艳红主编:《东南法学》(2017年辑春季卷·总第11辑),东南大学出版社2017年版,第181页。

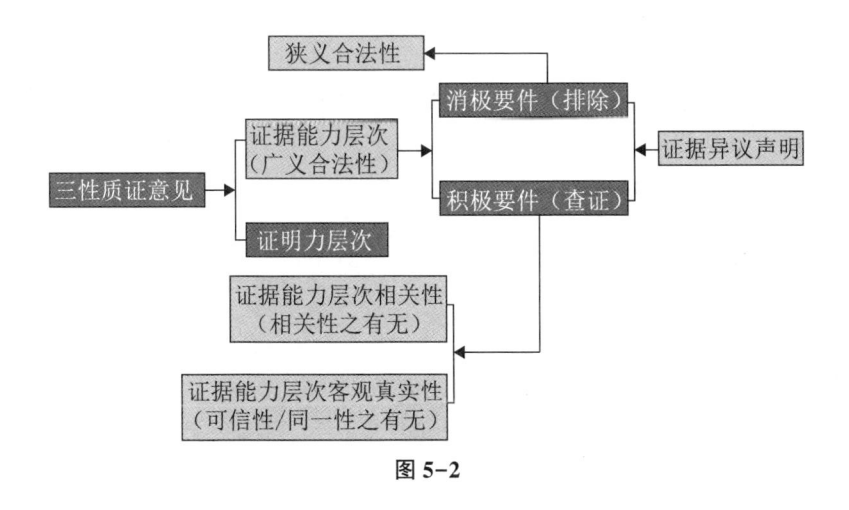

```
                    ┌─ 狭义合法性 ─┐
                    │              ↓
        ┌─ 证据能力层次 ─→ 消极要件（排除）
        │   （广义合法性）              ← 证据异议声明
三性质证意见 ─┤              ↑
        │              │
        │              └→ 积极要件（查证）
        └─ 证明力层次                    ↑
                                        │
            证据能力层次相关性 ─────────┘
             （相关性之有无）
            
            证据能力层次客观真实性
             （可信性/同一性之有无）
```

图 5-2

我们可以将图 5-1 和图 5-2 所展示的证据异议声明与质证的关系归纳为如下五个核心要点：

（1）质证与证据异议声明存在区别，又有联结。

（2）作为证据核实、检验活动的质证不同于证据异议声明。

（3）证明力层面的质证意见发表不同于证据异议声明。

（4）针对作为证据核实、检验活动的质证，可以声明证据异议。

（5）针对证据核实、检验活动和证据举示活动的证据异议是否属于质证意见，取决于声明方是否明确主张系争证据无证据能力。

这里需要对第 4 点和第 5 点作进一步说明。从法理上讲，作为证据核实、检验活动的质证和证据举示活动本身受到严格证明法则的约束，应当符合严格的规范性要求，对这些活动声明异议，也就是质疑这些活动违反严格证明法则，因而属于对证据能力积极要件的质疑。但是，实践中，证据核实、检验、举示活动存在的合法性、妥当性问题程度有别，有时可能只是对证据能力影响有限的轻微瑕疵，异议方声明异议的目的也仅在于督促质证方及时修正自身行为，而未必会要求审判方认定系争证据无证据能力。一旦证据异议未主张系争证据无证据能力，将其视为质证意见就略显牵强。而从比较法上看，美国刑事审判实务中往往强调，律师如就相对方的证据调查方式声明异议，在获得法官支持后应视情况决定是否进一步提出证据排除或删除动议，而若己方的证据调查方式遭受异议，应当尝试用调整后的适当方式完成调查[1]；《日本刑事诉讼规则》更是明文规定，对于经受调查的证据，控辩双方是否明确主张其无证据能力，对异议裁断有直接影响。[2]

基于这五个要点，笔者认为，在我国构建刑事审判中异议制度，实为调整、完善现有法庭调查程序，特别是质证制度的重要契机。我们可以而且应当按照证据异议的基本法理，对证据能力层面的质证意见的发表时机、理由、方式等要素作出针对性的调整，这将在很大程度上推动证据裁判原则所要求的证据能力判定与证明力评价的层次划分在我国刑事审判实践中成为现实。毫无疑问，前述观点必然充满了争议，这不仅源于笔者采用了并非学界通说的证据能力定案根据资格说，还因为这毕竟只是厘清证据异议声明与质证之关系的首次尝试——笔者只能力求首先在理论构建层面做到自圆其说，可以预见到，在未来的实践检验下，前述观点无疑需要进一步修正、充实与完善。

---

[1] "缺乏经验的律师所犯的一个共同的错误是，在针对提问形式的异议——诸如'诱导性'——得到法官支持之后，就转向下一个问题的提问。"[美]罗纳德·J.艾伦等：《证据法：文本、问题和案例》（第三版），张保生、王进喜、赵滢译，高等教育出版社2006年版，第126页。

[2] 参见《日本刑事诉讼规则》第205条之6以及本书第四章第二节。

4. 现有刑事审判语境下证据异议与质证的区分要点

前面所归纳的证据异议与质证的关系,仅是以对质证和证据三性的理论反思为基础的,并未充分考虑证据异议与质证所处具体刑事审判语境带来的影响。但是,从逻辑上讲,如果刑事审判的整体语境不进一步朝着对抗化转型,那么即便理论界和实务界接纳了以证据能力定案根据资格说为基础的理论革新,证据异议与质证在实践中的关系还是会比前面归纳的若干要点要复杂得多。

在调研过程中,许多受访者就认为,要理顺证据异议声明与质证的关系,一方面要更新对证据三性两力的认识,另一方面则必须考虑具体审判中证据调查程序的结构模式。有受访者指出,现有刑事审判中的证据调查模式,主要还是以卷证的展示、核实为中心工作,法官对控辩双方的引导、掌控强而有力,在这种情况下,控辩双方主动就证据问题提出异议的空间不大。

笔者认为,结合调研情况,在现有刑事审判语境下,证据异议声明与质证主要还存在如下区别:

第一,证据异议声明与质证在主动性上存在差异。在现有刑事审判语境下,异议更多的是指控辩双方主动提出、积极"挑明"争议的情况,而质证意见的发表则是在审判方的高度管控、积极指引下展开,具有相对被动的特点。

第二,证据异议声明与质证在时机上存在差异。证据异议因为主动性更强,有可能在证据举示、调查过程中提出,甚至在证据举示、调查之前提出,而质证受制于审判方的高度管控,基本都是在证据举示完毕后进行。

第二,证据异议声明与质证所针对的争议事项的结构特征存在差异。刑事审判中的证据异议,基本都是针对单个的、特定的证据争议,而质证往往涉及对证据的综合评价,同时会包含多个问题、多方面争议。

(二) 证据异议裁断与认证的关系厘清

本书第一章的概念辨析已经初步指出,证据异议裁断与认证的联结点在于证据能力问题,两者的关系受到刑事审判对抗化程度的影响,而我国审判实践中的一些习惯也对两者的关系产生深刻影响。图 5-3 展示了基于证据能力定案根据资格说,证据异议裁断与认证的交叠关系。

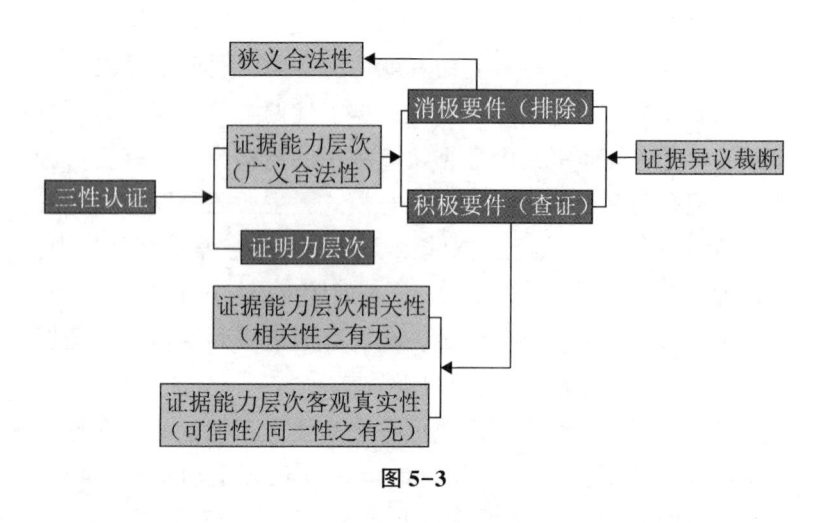

```
                    狭义合法性
                         ↓
                  ┌──────────────┐
          ┌─────→ │消极要件(排除)│ ←──┐
          │       └──────────────┘    │
   证据能力层次                      证据异议裁断
   (广义合法性)                        │
   ┌─────→ ┌──────────────┐           │
三性认证   │积极要件(查证)│ ←─────────┘
          └──────────────┘
   证明力层次

   证据能力层次相关性
   (相关性之有无)

   证据能力层次客观真实性
   (可信性/同一性之有无)
```

图 5-3

我们可以将图 5-3 所展示的认证与证据异议裁断的关系归纳为如下三个核心要点:

(1) 认证与证据异议裁断既有联系,又有区别。

(2) 证明力层次的认证不同于证据异议裁断。

(3) 针对证据核实、检验、举示活动的证据异议裁断是否属于认证,取决于声明方是否主张系争证据无证据能力。

其中,对于第 1 点,有必要说明的是,我国刑事审判中的认证有广义与狭义之分，广义认证同时涉及证据能力层次和证明力层次，而狭义认证仅指涉对证据能力积极要件和证据证明力的认证，而不涉及证据能力消极要件。因此，广义认证囊括了证据异议裁断，狭义认证与证据异议裁断却是交叉关系——狭义认证所包含的证据证明力认证超出了证据异议裁断的范围，而证据异议裁断所包含的对证据能力消极要件争议的判定则超出了狭义认证的范围。至于第3点，显然与前文归纳的质证与证据异议声明之关系的第4点、第5点相对应。

二、公诉人指向审判方的异议与检察机关审判活动监督关系的厘清

本章第一节已经指出，在1996年《刑事诉讼法》第一次修正之前，我国公诉人曾有权就违法审判情况当庭提出纠正意见。1996年修法对此作出重大调整，将审判活动监督的主体改为人民检察院，并通过1998年"六机关规定"，将人民检察院提出纠正意见的时机固定在庭审后。我们也已经知道，1996年修法对审判活动监督机制的调整，对我国刑事审判中公诉人指向审判方的异议产生了深远影响，导致这类异议声明缺乏制度空间，得不到司法解释和其他规范性文件的承认，也使得实践中公诉人对当庭反对审判方的不法、不当诉讼行为存在鼓励、犹疑。我国要构建与完善刑事审判中异议制度，必须厘清公诉人指向审判方的异议与检察机关审判活动监督的关系，实现两者的协调衔接。

要厘清公诉人指向审判方的异议与检察机关审判活动监督的关系，首先要明确两者在性质上的区别，其次要明确两者在审判实践中的界限。就这两个方面，我国最早关注刑事审判中异议问题的龙宗智教授有深刻见解。

早在1996年《刑事诉讼法》修正时期，龙宗智教授就专门撰文讨论了公诉人能否在法庭上监督审判活动。在他看来，在刑事庭审制度转向控辩制的背景下，调整审判活动监督主体，将事后监督定位为审判活动监督的主要方式，有助于保障审判方权威，维护诉讼规则和庭审秩序，因而具有相对合理性。同时，龙宗智教授强调，即使调整检察机关审判活动监督机制，仍然有必要确认公诉人就审判方的诉讼活动有当庭提出异议的权利——"提出异议，是出庭检察人员对审判活动和其他诉讼参与者的诉讼活动当庭提出不同意见并要求纠正的基本方式"[1]。在他看来，提出异议的权利在性质上有别于法律监督权，属于控辩双方共同享有的一种诉讼权利。

在新近论著中，龙宗智教授提出在完善刑事庭审人证调查规则时设立"对法庭决定的诉讼异议制度"。在具体论述中，他进一步指出审判活动监督与诉讼异议存在明显区别——审判活动监督"系事后监督而非当庭监督，系集体（人民检察院）监督而非个人（公诉人）监督"。[2]他认为，由于相关异议制度的缺失，实践中存在诉讼异议与法律监督相混淆的问题。在龙教授看来，公诉人对法庭决定的诉讼异议与审判活动监督的界限在于——"只有因庭审出现明显违法，导致庭审程序不公正，甚至可能妨碍实体公正，公诉人没有即时提出诉讼异议，或者当庭提出异议后法庭未予纠正，才能在闭庭后以审理案件程序违法为由，由检察机关向人民法院提出纠正意见"[3]。

笔者赞同龙宗智教授对公诉人指向审判方的异议与检察机

---

[1] 龙宗智："检察官该不该在庭上监督"，载《法学》1997年第7期，第48页。

[2] 龙宗智："刑事庭审人证调查规则的完善"，载《当代法学》2018年第1期，第3页。

[3] 龙宗智："刑事庭审人证调查规则的完善"，载《当代法学》2018年第1期，第3页。

第五章 我国语境下刑事审判中异议现象的考察与评析

关审判活动监督性质差异的解读。的确,公诉人的异议与检察机关的审判活动监督隶属于不同权源——前者属于对公诉权的具体行使,后者则属于对法律监督权的践行。权源上的差别,从根本上决定了两者的不同。由于以公诉权为权源,公诉人指向审判方的异议就被纳入诉权与裁判权互动的诉讼语境之中。一方面,公诉权相对于裁判权具有"请求权"性质,异议的声明将引起公诉人与裁判权的互动,采纳还是驳回异议,将由审判方裁断。另一方面,公诉权与辩护方的应诉权具有对等性,因此声明指向审判方的异议并非公诉人的专属权利、独有行为,辩护方同样有权声明此类异议。相比之下,法律监督权是检察机关的专属权力,由其自主行使,审判活动监督的实现也不依赖于与裁判权的互动,辩护方显然不享有与此对等的权利。一旦明确了两者的性质差异,就不得不承认,1996年《刑事诉讼法》修正以来,我国对公诉人在审判中就违法审判活动提出反对意见问题的"淡漠态度",难免有矫枉过正的嫌疑。

不过,对于公诉人指向审判方的异议与检察机关审判活动监督的界限,笔者有不同看法。前述龙教授的观点,实际上是将检察机关的审判活动监督定位为公诉人声明异议的补充机制和事后救济机制—— 原则上,公诉人与审判方围绕审判活动合法性问题发生的争议,应当在诉权与裁判权互动的诉讼语境下解决,只有在公诉人未能就明显的违法审判活动及时声明异议,或者声明异议未能促使审判方纠正违法活动的情况下,才能启动检察机关的审判活动监督。笔者认为,这一思路并没有从根本上解决公诉人异议与检察机关审判活动监督的协调问题。因为从法理上讲,如果承认公诉人声明异议是在行使诉权,那么怠于异议就应当承担相应的失权后果;如果不服审判方的异议裁断,则应当通过上诉审(抗诉)来实现救济;如果将检察机关的审判活动监督作为异议声明的补充机制和事后救济机制，仍然会破坏控辩制的基本诉讼构造。

在笔者看来，如果要确立起合乎法理的刑事审判中异议制度，确认控辩双方平等享有就审判方的不法审判活动声明异议的权利，并允许控辩双方在不服异议裁断时通过上诉审寻求救济，就应当对现有的检察机关审判活动监督机制进行更为实质性的调整，完全没有必要再保留现有的"公诉人当庭记录——庭后汇报——检察机关提出纠正意见"的监督模式。尽管这一改革目标实现的难度和长期性显而易见，但仍应将此作为远景目标，相应地，将审判活动监督作为公诉人异议声明的补充和事后救济机制的改革思路，最多只能被视为过渡性方案。

三、辩护方申诉、控告机制与刑事审判中异议制度关系的厘清

这里特指厘清2018年《刑事诉讼法》第49条与刑事审判中异议制度的关系。本章第一节已经指出，2018年《刑事诉讼法》第49条承继于2012年修法新增条款（原第47条），该条规定辩护人、诉讼代理人有权就公安、司法机关及其工作人员阻碍诉讼权利行使的行为向检察机关提起申诉、控告，这就将辩护方诉讼权利保障与检察机关的法律监督职能衔接起来，构建出一种具有中国特色的程序性争议救济机制。从现有规范看，辩护方申诉、控告机制与刑事审判中异议制度存在双重关系：其一，将辩护方申诉、控告机制视为与审判中异议声明机制并列的，律师就庭审参加人员侵犯被告人诉讼权利或违法审判行为提出质疑的告诉机制；其二，将辩护方申诉、控告机制视为与上诉机制并列的，律师不服异议裁断时的救济路径，如果律师对法庭的异议裁断不服，其既可以选择提起上诉，也可以选择向检察机关申诉、控告。笔者认为，从法理上讲，这种双重

第五章　我国语境下刑事审判中异议现象的考察与评析

关系在妥当性和可行性上都存在极大疑问。我国要构建合乎法理的刑事审判中异议制度，就必须对辩护方申诉、控告机制加以检讨，重新认识其与异议制度的关系。

从法理上讲，刑事审判过程中的程序性争议，都是在诉权与裁判权的互动过程中产生的，为了维系控辩制的诉讼构造，保证程序正义处置的合理、高效，理应在诉权与裁判权理性互动的框架内处置相关争议。异议制度基于异议声明机制与异议裁断机制的衔接，恰好能够通过控辩审三方在程序性争议合法性、妥当性层面的对抗（争辩）与判定，实现对程序性争议的公正、高效化解。比较之下，辩护方申诉、控告机制将检察机关的法律监督权导入进来，使得审判中的程序性争议被置于诉权与裁判权的互动框架之外，这不仅对控辩制的诉讼构造形成冲击，还使得程序性争议处置的效率、效力和正当性存疑。[1] 换言之，异议制度作为一种以诉权与裁判权的互动为内核的程序性争议处断机制，与辩护方的申诉、控告机制这种以检察监督为内核的、泛行政化的程序性争议救济机制在性质上是截然不同以至于相互排斥的。由于性质上的根本差异，无论是将辩护方申诉、控告机制与异议声明机制并列，还是将其与上诉机制并列，都是不妥当的。

还应当注意到，异议制度作为一种程序性争议的救济机制，以突出的即时对抗性为特征，相比之下，辩护方的申诉、控告机制完全不具备即时对抗性，只能为辩护方提供事后救济。换言之，两种制度发挥功能的时空条件是存在差异的，这就决定了将申诉、控告机制与异议声明机制并列不具备可行性。同时，检察机关即便经审查认为辩护方的申诉、控告情况属实，也只

---

〔1〕 参见詹建红："程序性救济的制度模式及改造"，载《中国法学》2015年第2期，第184页。

能提出纠正意见，这种处断效力与上诉法院对初审法院违法审判的审查处断效力相差甚远。如果法院拒不采纳检察机关的纠正意见，检察机关最终还是要转而寻求抗诉。可见，将申诉、控告机制与上诉机制相并列，也不具备可行性。

在笔者看来，如果确立起刑事审判中异议制度，就应当尽可能将审判过程中的程序性争议都纳入到异议制度中解决，即使辩护方对审判方的异议裁断不服，也应当通过异议制度与上诉机制的衔接来实现程序救济。相应地，至少应当严格限缩辩护方申诉、控告机制在审判阶段的应用，既不将其与异议声明机制并列，也不将其与上诉机制并列。

第六章 构建与完善我国刑事审判中异议制度的建议方案

本章将只从立法层面提出构建与完善我国刑事审判中异议制度的建议方案，而不过多涉及渊源层面的制度构建和实践中异议声明与裁断的技术、方法问题。诚然，要真正完成刑事审判中异议制度的系统构建，不可能单纯依靠对立法的调整。从比较法上看，无论美国还是日本，审判机关都在异议制度的构建与完善中发挥着不可替代的重要作用。[1]审判机关之所以在这两个法域的异议制度构建与完善中举足轻重，共同的原因在于这两个法域都较为彻底地落实了审判中心主义。这些经验对我国无疑有启示意义，但是，考虑到我国刑事诉讼中审判中心改革的技术化倾向、最高人民法院未能独享司法解释权等客观现实，我国更加有必要在立法层面对刑事审判中异议制度作出相对全面、具体的设置，以避免因立法粗疏导致异议制度在实践应用与后续发展中走形、异化。

---

[1] 在美国，虽然《联邦刑事诉讼规则》和《联邦证据规则》对异议声明与裁断有比较细致的规定，但这些规定本身是对判例法所积累的规则的概括与确认，其实际解释与应用也受到后续判例的深刻影响；在日本，刑事诉讼法主要就异议声明的主体、基本类型和裁断主体等予以原则性规定，至于异议声明时机、理由、方式、失权，以及异议裁断的方式、时机等更为技术化的问题，则由最高裁判所以刑事诉讼规则的形式予以确认。

第一节　确立刑事审判中庭上异议声明与裁断的一般性规则

笔者将分别讨论庭上和庭前异议声明与裁断规则的构建。本节首先涉及庭上异议声明与裁断规则，具体而言，笔者建议在《刑事诉讼法》第三编"审判"的第二章"第一审程序"第一节"公诉案件"中新设三条，分别对刑事审判中庭上异议声明与裁断作出具体规定。

一、刑事审判中庭上异议声明机制的一般性规则

第 A 条　当事人或其辩护人、诉讼代理人认为证据调查存在违法、不当情况的，可以提出异议。但是，针对合议庭有关证据调查的决定的异议，只能以违法为理由提出。

当事人或其辩护人、诉讼代理人认为审判人员的其他处分行为存在违法情况，可以提出异议。

异议应当适时提出，并简要说明理由。

第 A 条是对庭上异议声明机制的一般性规定，针对本条，在此做四点说明：

第一，关于庭上异议声明的主体。本条建议将"当事人或其辩护人、诉讼代理人"确定为庭上异议声明的主体。需要注意的是，此处的"当事人"并非 2018 年《刑事诉讼法》第 108 条所界定的"当事人"。根据该条，我国刑事诉讼中的当事人包括了公诉案件中的被害人，但是，从法理上讲，公诉案件中的被害人并不享有诉讼追行权，否则会有碍控辩制的诉讼构造，导致诸多负面问题，而且美国、日本等典型法域都没有将公诉案件中的被害人确认为异议声明主体。从调研情况看，目前在

第六章 构建与完善我国刑事审判中异议制度的建议方案

我国,被害人能否参与公诉案件刑事部分法庭调查,也确属一个棘手问题。笔者认为,创设异议制度可以成为我国调整刑事诉讼中"当事人"范围的契机,我国可借此机会调整2018《刑事诉讼法》第108条,将被害人移出"当事人"范围。同时,为了贯彻异议声明机制所要求的平等武装原则,应当将公诉人明确纳入"当事人"范围。

还需要说明的是,近年来,最高人民法院在一系列司法改革相关规范性文件中,在涉及程序性申请或异议时,频繁使用"控辩双方"这一表述来标明主体。诚然,这一表述体现出最高人民法院宣示平等对待诉讼双方的意图,也契合于平等武装的法理精神,但是,"控辩双方"这一表述并不严谨、明确,可能导致异议声明主体被解释得过于宽泛,因此不建议在立法中采用这一表述。

第二,关于庭上异议声明的基本类型。本条建议将庭上异议声明在规范层面划分为两大类:一是对证据调查声明异议,二是对审判人员的其他处分行为提出异议。这一划分显然借鉴了《日本刑事诉讼法》第309条,同时也加入了结合我国实际情况的针对性考虑。因此,对这一类型划分的把握,既要参考日本学界和实务界对《日本刑事诉讼法》第309条的解读,也要注意紧贴我国审判实际情况。

其中,所谓对证据调查提出异议,不能片面理解为仅针对证据调查方式,而应理解为涉及一切与证据调查相关的事项,包括证据排除问题,同时也不能片面理解为仅指向诉讼相对方,而应理解为包含了审判人员有关证据调查的职权行为。所谓审判人员的其他处分行为,则应解释为审判人员在有关证据调查的职权行为之外的处分行为,也就是理论上所称的行使诉讼指挥和法庭警察权的行为。同时,可以注意到,笔者没有照搬

《日本刑事诉讼法》第309条"审判长"这一表述，而是建议表述为"审判人员"。这主要是考虑到我国刑事审判实践中审判长可能转托合议庭的其他成员主持庭审，实施处分行为。

第三，关于庭上异议声明的时机、理由与方式。为贯彻异议声明机制要求的权责均衡原则，本条建议对庭上异议声明的时机、理由与方式予以原则性规定。

就异议声明的时机，本条建议表述为"适时提出"，而没有照搬《日本刑事诉讼规则》第205条之2所表述的"立即提出"。这主要是考虑到，从法理上讲，异议不适时的情况并不限于异议不及时，在有些情况下，过早异议仍然可能构成不适时。因此，表述为"适时提出"，能够更好地为司法解释和实践操作奠定基调、开拓空间。

就异议声明的理由，本条建议主要参考了《日本刑事诉讼规则》第205条。其中，就针对证据调查的异议，本条确认原则上可以"违法"或者"不当"情况为理由声明异议，并将针对合议庭有关证据调查的决定之异议设置为唯一例外，对此不允许以存在"不当"情况为异议理由。特别要注意的是，审判人员未经合议庭评议而个别实施的有关证据调查的职权行为，应当允许控辩双方以存在"不当"情况作为异议理由。

就异议声明的方式，本条建议明确要求异议理由应当简明，这一要求意在避免实践中控辩双方滥用庭上异议权而影响庭审效率和秩序。

第四，关于异议失权规则。不难注意到，本条没有就异议失权作出明确规定。实际上，本章提出的所有建议性条文均未明确涉及异议失权问题。这并不意味着本章的建议方案遗漏了异议失权问题，相反，笔者始终强调异议失权规则是异议声明机制的基本要素。只不过笔者认为，没有必要在立法层面对异议失权作过于明确的规定。这主要是基于三方面考虑：其一，异议失权问题非常复杂，立法层面很难对此作出周全规定，更为适宜的思路是通过司法解释和指导性案例等更为灵活的渊源形式来塑造失权规则。其二，从法律解释方法的角度看，本章提供的若干建议性条文虽然没有明确涉及异议失权，却就异议声明的主体、时机、理由、方式等要素作出比较明确的规定，完全可以通过解释推导出这些条文包含有异议失权的要求。其三，也是最核心的考虑是，我国能够在何种程度上接纳异议失权规则是一个有待进一步分析论证的难题——特定法域在多大程度上能够接纳异议失权规则，既取决于该法域对对抗化刑事审判所蕴含的诉讼理念的接受程度，也取决于该法域刑事审判实践的整体对抗化程度，还取决于该法域的刑事审判参与者，特别是律师是否普遍具备声明异议的基本技能。显然，我国在这些方面都存在疑问。

二、刑事审判中庭上异议补证机制的一般性规则

第 B 条　当事人或其辩护人、诉讼代理人就证据调查提出异议的，相对方可以提出补证。

补证应当适时提出，并简要说明理由。

第 B 条是笔者参考美国异议制度中的补证规则所设。本条确认当事人或其辩护人、诉讼代理人可以就相对方有关证据调查的异议进行针对性的补证，而且补证与异议一样，都要求适时提出，并简要说明理由。补证规则的设立能够使异议制度在构造上更加契合于刑事审判对抗化的要求。通过异议与补证，控辩双方在审判过程中可以主动围绕证据调查的合法性、妥当性争议展开即时对抗、辩论，这有助于从根本上改变我国审判中控辩双方相互辩论高度受控于审判方的惯习，进而落实控辩

双方对审判程序的过程控制。同时，基于补证规则，在控辩之一方提出异议时予以回应、展开辩论属于相对方的责任，审判方原则上并无在裁断异议前主持控辩双方进行辩论的职责，这就为实务界探索多样、灵活的异议裁断构造奠定了基础。

需要说明的是，所谓"补证"，不同于我国现有瑕疵证据规则中的"补正"。本条所规定的"补证"，是被异议方针对相对方提出的异议，向审判方进行的回应性的补充证明活动，而瑕疵证据规则中的"补正"，是弥补证据瑕疵的一种基本方法。本条所规定的"补证"只能在相对方提出异议后进行，而瑕疵证据规则中的"补正"不受此约束。

三、刑事审判中庭上异议裁断机制的一般性规则

第 C 条　当事人或其辩护人、诉讼代理人就证据调查或者审判人员的其他处分行为提出异议的，由合议庭及时作出支持或者驳回的决定，并予以适当处置。

当事人或其辩护人、诉讼代理人以证据不能作为定案根据为理由提出异议，合议庭决定支持的，应当对该证据的全部或部分予以排除。

合议庭作出决定后，不得就同一事项再次提出异议，有正当理由的除外。

第 C 条是对庭上异议裁断机制的一般性规定，针对本条，在此做三点说明：

第一，关于庭上异议裁断的主体。为贯彻异议裁断机制所要求的公正裁判原则，本条第 1 款建议确认合议庭为普通程序审判中的异议裁断主体。目前的司法解释和其他规范性文件对异议裁断主体的规定并不严谨，部分规定确认由审判长负责，另有规定则确认由合议庭负责，本条的建议借鉴了《日本刑事

第六章 构建与完善我国刑事审判中异议制度的建议方案

诉讼法》第 309 条，将异议裁断主体统一规定为合议庭。

这里可能产生的第一个争议是，对于有关证据调查方式合法性、妥当性的异议，一律要求由合议庭裁断是否会影响效率？何况，的确也有将异议裁断权区别情况分拨给审判长和合议庭的成例，如我国台湾地区现行"刑事诉讼法"第 167 条之 2 将审判长确定为交叉诘问中的异议裁断主体。一般认为，合议庭裁断是否影响效率主要取决于裁断异议时的合议方式，只要采取相对简便的合议方式，就不会对审判效率造成明显影响。何况合议庭作为我国的基本审判组织，由其负责异议裁断，在公正性上明显高于由审判长独断。

这里可能产生的第二个争议在于，由合议庭裁断异议在审判员独任审判的案件中是否可行？在人民陪审员参与的七人大合议庭审判中是否与人民审判员和职业法官在事实认定与法律适用上的相对分权原则相冲突？一般认为，本条只是就公诉案件普通程序审判中异议裁断主体的一般性规定，并不排除在《刑事诉讼法》或其他法律中对异议裁断的主体予以特殊规定。

第二，关于庭上异议裁断的方式、时机。就异议裁断的时机，本条第 1 款建议将及时决定确认为一般原则。这主要是针对实践中审判方明显怠于及时处理异议的现状。从法理上讲，要求合议庭及时作出决定，体现了对效率的兼顾，同时也对落实公正裁判和证据裁判两项原则有积极意义——一方面，及时决定的要求减少了案外因素影响合议庭的可能性，相应地就提升了合议庭决定的独立性，进而提升公正性；另一方面，及时裁断有关证据调查的异议，有助于在审判中真正实现证据采纳与证据采信的分离，进而更好地贯彻证据裁判原则。就异议裁断的方式，本条第 1 款建议确定"判定支持/驳回，并予以适当处置"的基本模式，这是不同法域异议裁断方式的通例。

特别值得注意的是，为贯彻证据裁判原则，本条第2款建议对合议庭处置其决定支持的证据能力异议的具体方式予以明确。这一条款借鉴了《日本刑事诉讼规则》第205条之6第2款规定。不过，本条款没有照搬日本法"以已接受调查的特定证据不能作为证据使用为理由"的具体表述，而是建议表述为"以证据不能作为定案根据为理由"，这主要是基于两点考虑：一方面，这一表述契合于证据能力"定案根据资格说"，能够将控辩双方因证据违反消极排除规则而提出的证据能力异议和因证据未能遵循严格证明法则查证属实而提出的证据能力异议都纳入进来；另一方面，"才能/不得作为定案根据"是我国对证据无证据能力的规范表述[1]，前文在厘清证据异议与质证的关系时，已经对《刑事诉讼法》中的相关规定予以分析，而在《最高法刑诉解释》和"三项规程"中，也通过大量"不得作为定案根据"条款对证据能力问题予以规定。

同时，也应当注意到，本条第1款和第2款只是就公诉案件普通程序审判中异议裁断的方式、时机的原则性规定，并不排除《刑事诉讼法》或其他法律对此作出特殊规定。

第三，关于兼顾效率的特别规定。本条第3款建议参考《日本刑事诉讼规则》第206条，规定在合议庭对庭上异议作出决定后，除非有正当理由，否则控辩双方不得就相同事项再次提出异议，也就是"一事不再理"。这一规定既是异议裁断兼顾效率的体现，也属于对异议声明的理性约束之一。应当注意到，禁止就合议庭已经作出决定的事项再次提出异议，并不意味着

---

[1] 对于我国司法解释中的"不得作为定案根据"条款，可以参考纵博副教授的系统分析。参见纵博："'不得作为定案根据'条款的学理解析"，载《法律科学（西北政法大学学报）》2014年第4期，第69页。不过，应当注意到，纵博是从证据能力"严格证明资格说"的角度展开分析的，部分观点从"定案根据资格说"的角度看，值得商榷。

第六章　构建与完善我国刑事审判中异议制度的建议方案

控辩双方无法就其不服的合议庭决定寻求程序性救济——这一规定意味着一旦合议庭作出决定，就已经为相关程序性争议保留上诉争点，控辩双方可以通过二审程序寻求事后救济。

值得注意的是，本条款在限制再次异议时，设定了一个"正当理由例外"，这与《日本刑事诉讼规则》第206条相区别。设定这一例外，主要是受美国实践的启发——在美国，如果法官撤销或改变已经作出的异议裁断，控辩双方就必须通过重申异议来保留上诉争点。我们显然不能断言我国的审判实践中不会出现合议庭撤销或改变已经作出的决定的情况，因此，为避免对控辩双方的异议声明形成过度约束，以提升异议裁断的公正性，有必要设定这一例外。

还要注意到，根据2015年我国《保障律师执业权利规定》第38条，法庭驳回异议后，律师拥有当庭复议一次的机会。笔者认为，我国正式构建异议制度时，并无将复议设置为一般性权利的必要，甚至现有的回避制度中对驳回回避申请决定的复议是否有必要继续保留，都值得讨论。这是因为，从异议声明机制的法理上讲，只要异议已经得到明确裁断，就足以保留上诉争点，允许或要求复议反而会影响审判效率。在比较法上，我们可以注意到，美国在历史上曾经要求被驳回异议的一方通过提出复议（exception）[1]来保留上诉争点，但是这一要求已经基本被废除，《联邦刑事诉讼规则》第51条（a）就明确规定，对法院的裁断或指令提出复议是不必要的。

---

[1] 在美国异议声明与裁断实践中，复议的要求已基本上被废除，因此本书第三章没有涉及这一问题。

第二节 确立刑事审判中庭前异议声明与裁断的一般性规则

在我国确立刑事审判中庭前异议声明与裁断的一般性规则首先涉及的一个基本问题是，如何看待庭前异议声明与裁断同庭前会议程序的关系？本章第一节已经指出，2012年修法创设庭前会议程序，为我国探索庭前异议制度开拓了必要的制度空间，而自修法以来，有关部门一直在积极推动探索庭前会议程序的改革，其中一个重要方向就是探索通过庭前会议及时处理控辩双方就可能导致审判中断的程序性事项提出的申请或异议，进而限制控辩双方在正式庭审中提出相关申请或异议。这一系列改革包含一些颇具新意的尝试，却显现出许多不合法理之处，存在对控辩双方（尤其是辩护方）过度约束的问题。由此可见，庭前异议声明与裁断一般性规则的确立必然涉及对庭前会议程序的实质性重构。但是，尽管如此，庭前异议的声明与裁断实质上是一个相对独立于庭前会议程序的问题，即使不召开庭前会议的案件，控辩双方仍应有权在开庭前声明异议，进而涉及审判方如何裁断庭前异议的问题。

基于以上认识，这里我们先假定未来在《刑事诉讼法》的修正过程中，我国会改变目前仅以一个条款对庭前会议程序作原则性规定的现状，以一个或多个专门条文，甚至专设一节来系统重构庭前会议程序，而重构后的庭前会议程序将具有类似于日本刑事诉讼中公判准备环节的争点及证据整理程序的功能。在这一假定的基础上，笔者建议在《刑事诉讼法》第三编"审判"的第二章"第一审程序"第一节"公诉案件"中新设三个条文，对庭前异议声明与裁断的一般性规则作出设定。

第六章　构建与完善我国刑事审判中异议制度的建议方案

一、刑事审判中庭前异议声明机制的一般性规则

第 D 条　在庭前会议中，当事人或其辩护人、诉讼代理人可以就与审判相关的程序性事项提出庭前申请或者异议。

人民法院没有召集庭前会议的，当事人或其辩护人、诉讼代理人也可以就与审判相关的程序性事项提出庭前申请或者异议，并可同时申请合议庭召集庭前会议。

当事人或其辩护人、诉讼代理人应当以书面方式提出庭前申请或者异议，并详细说明理由，经人民法院准许，可以以其他方式提出。

审判长在征求当事人及其辩护人、诉讼代理人的意见后，可以确定提出庭前申请或者异议的合理期限。当事人及其辩护人、诉讼代理人应当遵守审判长确定的期限，有正当理由而耽误期限的除外。

第 D 条是对庭前异议声明机制的一般性规定，针对本条，在此做三点说明：

第一，关于庭前异议声明的基本类型。与有关庭上异议声明的建议条文将庭上异议划定为对证据调查的异议和对审判人员其他处分行为的异议不同，本条不建议对庭前异议的类型进行明确划分与限定，而是笼统地确认庭前异议所针对事项为"与审判相关的程序性事项"。考虑到这一界定比较宽泛，控辩双方就与审判相关的程序性事项所发表的意见并不全部属于反对意见，因此，本条不仅确认控辩双方可以提出异议，同时也确认控辩双方可以提出申请。这主要参考了美国《联邦刑事诉讼规则》第 12 条（b）(1) 和《日本刑事诉讼法》第 316 条之 5，前一条款规定控辩双方在开庭前可以通过庭前动议的方式，提出任何法官无须就相关情形进行正式庭审就可以处置的辩解、

异议或请求，后一条文罗列出公判前整理程序可处理的事项，从性质上看既包括申请，也包括异议。

第二，关于庭前申请、异议与庭前会议程序的三重关系。本条第1款、第2款明确了提出庭前申请或异议与庭前会议程序的三重关系：

其一，控辩双方可以在庭前会议中提出申请或异议；

其二，未召开庭前会议的，控辩双方也可以在庭前提出程序性申请或异议；

其三，控辩双方在庭前提出申请或异议，可同时申请人民法院召集庭前会议。

这里主要参考了2015年《保障律师执业权利规定》第24条和2018年《庭前会议规程（试行）》第2条，前一条文确认了辩护律师有权在开庭前提出程序性申请，并将申请召开庭前会议与申请回避、补充鉴定、证人出庭等事项并列，后一条文确认了控辩双方有权申请召开庭前会议，同时明显将有"需要处理的事项（申请或异议）"作为申请召开庭前会议的必要条件。

第三，关于庭前申请或异议的方式与时机。就庭前申请或异议的方式，本条第3款主要参考美国《联邦刑事诉讼规则》第47条（b），建议以书面提出为原则，同时，允许在人民法院准许的情况下采取其他提出方式。这里所谓其他方式，不限于口头提出，还包括采取电子通信等可行方式。无论采取何种方式，都要求详细说明提出申请或异议的理由。就庭前申请或异议的时机，本条第4款参考了美国《联邦刑事诉讼规则》第12条（c）和《日本刑事诉讼法》第316条之16和第316条之19，建议确认人民法院有权就控辩双方提出庭前申请或异议的时机设定合理期限，而且，为保证期限设定的公正性，人民法院有

第六章 构建与完善我国刑事审判中异议制度的建议方案

责任先征求控辩双方的意见。可见，与有关庭上异议声明方式与时机的建议条文相比，就允许变通提出方式、约定提出时机而言，庭前异议所受约束相对宽松，但是，就要求详细说明理由且以更为正式的书面提出为原则而言，庭前异议所受约束则更为严格。

二、刑事审判中庭前异议裁断机制的一般性规则

第 E 条　当事人或其辩护人、诉讼代理人提出庭前申请或者异议，人民法院应当及时处理。

当事人或其辩护人、诉讼代理人以证据不能作为定案根据为理由提出异议，合议庭予以支持的，应当对该证据的全部或部分予以排除，不得在开庭后出示、宣读。

人民法院作出明确处理后，不得就同一事项再次提出申请或者异议，但有正当理由的除外。

第 E 条是对庭前异议裁断机制的一般性规定，针对本条，在此做三点说明：

第一，关于庭前异议裁断的主体。本条第 1 款涉及庭前异议裁断的主体，建议将庭前申请或异议的裁断主体表述为"人民法院"。之所以不建议如庭上异议那样将合议庭确定为裁断主体，主要是因为按照目前庭前会议功能扩张的趋势，庭前申请或异议所涉及的部分程序性事项超出了合议庭的权限范围，如回避、管辖异议问题。当然，从法理上讲，如果庭前会议以争点及证据整理程序为发展目标，那么，庭前申请或异议所涉及的绝大多数程序性事项应当还是在合议庭的权限范围之内，理应由合议庭负责裁断这部分申请或异议。因此，在第 E 条的建议方案之下，有必要通过司法解释对庭前申请或异议的具体裁断主体予以更为细致的规定。还可以注意到，本条第 2 款在就

证据能力异议的处置设定特别要求时，有意识地建议规定为"合议庭予以支持的"，这能够对司法解释的细化规定提供指引。

第二，关于证据能力异议处置的特别要求。本条第 2 款与建议条文第 C 条第 2 款一样，都是为贯彻证据裁判原则而就证据能力异议的处置设定特别要求。相比于第 C 条第 2 款，本条第 2 款添加了一项要求，建议对于被排除的证据或者证据被排除的部分，"不得在开庭后出示、宣读。"这一建议主要参考了我国台湾地区现行"刑事诉讼法"第 273 条第 2 款，该条款规定，法院在庭前准备程序中基于控辩双方有关证据能力问题的意见，认定证据无证据能力的，相应证据"不得于审判期日主张之"。

应当注意到，根据 2018 年《非法证据排除规程（试行）》第 4 条，对于被排除的非法证据，"不得宣读、质证"，根据第 18 条第 2 款，在证据收集合法性专门调查程序结束前，对争议证据也不得宣读、质证。从表面上看，这两处规定也体现了区分证据能力判定与证明力评价这一证据裁判原则的核心要求，但是，在笔者看来，如此规定存在两个明显的缺陷：其一，此规定不具备可操作性，因为现行证据收集合法性专门调查程序在实际运作时，不可避免地会涉及争议证据的实质内容，几乎不可能在不宣读系争证据的情况下完成专门调查，同时，由于审判方主导的非法证据排除只能在正式庭审中展开，决定是否排除证据的合议庭同时也负责作出实体性裁判，两相结合，合议庭不可能完全不接触非法证据的实质内容；其二，此规定在逻辑上存在漏洞，因为所谓不得宣读、质证，显然仅针对被排除的非法书面证据，而不能涵盖物证、电子数据、视听资料等。其实，只要规定不得"出示、宣读"即可，这是因为若证据没有出示、宣读，当然就无从质证。

第三，关于兼顾效率的特别规定。本条第 3 款与建议条文

第六章 构建与完善我国刑事审判中异议制度的建议方案

第 C 条第 3 款一样，都主要是基于兼顾效率的考虑，确认在审判方对申请或异议作出处理后，除非有正当理由，否则不得就同一事项再次提出申请或异议。同样，这一禁止性规定并不意味着控辩双方在不服人民法院处理决定时无法寻求程序性救济，相反，根据这一规定，一旦人民法院作出明确处理，就已经为相关程序性争议保留上诉争点，控辩双方可以通过二审程序寻求事后救济。

与第 C 条第 3 款相比，本条第 3 款的特殊之处在于，强调不得就同一事项再次提出申请或异议的前提条件为"人民法院作出明确处理后"。这主要参考了美国《联邦证据规则》第 103 条（b），根据该条款，无论在庭前还是庭审中，一旦法官的明确裁断被记录在案，控辩双方就无须通过重申异议或重新补证来保留上诉争点。本书在第四章已经分析过，在美国实践中，法官是否明确裁断异议的标志在于是否作出支持或者驳回异议的表示。显然，本条款如果简单规定"人民法院作出处理后"，就无法体现出明确裁断这一层意思。[1] 而本书的个案分析已经指出，在我国真实存在着审判方绕过对支持或者驳回异议的明确表示，而直接通过诉讼指挥处置程序性争议的情况。所以，确有必要谨慎规定为"人民法院作出明确处理后"。

三、刑事庭前会议中异议裁断与庭审的衔接机制

第 F 条　庭前会议结束前，人民法院应当与当事人及其辩护人、诉讼代理人确认对与审判有关程序性事项的处理结果。

当事人及其辩护人、诉讼代理人明确表示对处理结果无异议的，在庭审中不得就同一事项再次提出异议，但有正当理由

---

[1] 在前面提出的第 C 条第 3 款中，"合议庭作出决定后"也就是合议庭作出支持或者驳回异议的表示后。

的除外。

第 F 条是对第 E 条的补充，涉及在召开庭前会议的情况下，人民法院如何处理与审判有关的程序性事项，进而适当约束控辩双方的庭审异议的问题，在此做两点说明：

第一，关于确认庭前会议处理结果的时机。本条第 1 款规定，在庭前会议结束前，人民法院应当与控辩双方确认对与审判相关程序性事项的处理结果。这一规定主要参考了《日本刑事诉讼法》第 316 条之 24。从法理上讲，限制控辩双方再次声明异议的一个必要条件是审判方已经对程序性事项作出明确处理。前面的建议条文第 C 条第 3 款和第 E 条第 3 款都契合于这一要求。本条第 1 款同样如此——只有在庭前会议结束前已经同控辩双方确认过处理结果，才能确实地表明人民法院已经明确处理过相关程序性事项，限制控辩双方在庭审中提出异议才有了正当性基础。

值得注意的是，根据 2018 年《庭前会议规程（试行）》第 24 条和第 25 条，对于召开庭前会议的案件，合议庭要在宣读起诉书后，法庭调查开始前，宣布庭前会议报告的主要内容，并就其中各方达成一致意见——这意味着控辩双方均无异议——的事项当庭核实、确认。从逻辑上讲，既然是当庭核实、确认，就意味着相关事项在庭前并未得到明确处理，[1]这样一来，按照前文提到的法理，当然不应限制控辩双方当庭就相关事项提出异议。

第二，关于对庭审中提出申请、异议的限制。本条第 2 款规定，经过确认，控辩双方明确表示对人民法院的处理结果无

---

[1] 再次强调，这里的"明确处理"，要求对支持还是驳回异议作出明确表示。

异议的，其在庭审中再次提出申请或异议将受到限制。这里要注意到，本条第 1 款和第 2 款均采用了"当事人及其辩护人"，这与前面的建议条文中"当事人或其辩护人"的表述存在差别，这意在表明，只有在当事人及其辩护人均表示无异议的情况下，才能够对辩护方在庭审中再次提出异议施加限制。

本款可能存在的一个疑问是，如果庭前会议对程序性事项的处理结果本身就是对控辩双方所提申请或异议的决定与处置，那么要求再次确认，岂不是允许控辩双方再次提出申请或异议，进而与第 E 条第 3 款相悖？笔者认为，这一疑虑可以通过妥当的解释来消除：首先，第 F 条应限缩解释为，仅适用于人民法院在庭前会议中没有就控辩双方的申请或异议作出支持或驳回的明确表示的情况，在这种情况下，人民法院仅仅是对程序性事项进行了针对性的处置，从法理上讲还不能产生保留上诉争点的效果，因此，需要在庭前会议结束前向控辩双方进行确认，而控辩双方对无异议的明确表示，则构成明示的异议弃权；其次，基于对第 F 条的限缩解释，当公诉人、被告人或辩护人在确认过程中明确提出异议时，人民法院就应当根据第 E 条进行明确处理。

第三节 确立刑事审判中异议裁断二审救济的一般性规则

按照本书第一章确定的基本框架，异议裁断的二审救济问题应当隶属异议裁断机制，但是，我国现行《刑事诉讼法》在二审程序中已对如何处理一审法院违法审判有基本规定，构建异议裁断二审救济机制的关键在于如何将这一问题明确纳入已有的二审程序规则之中，而不是如异议声明与裁断问题那样需要提出全新的建议条文，因此，这里将异议裁断的二审救济机制的构建单列出来，专门讨论。

一、构建与完善异议裁断二审救济机制的基本思路

这里首先要注意到我国处理一审法院违法审判问题的刑事二审程序在程序构造上的特殊性：一方面，根据2018年《刑事诉讼法》第238条，二审法院在认定一审法院存在可能影响公正审判的违法审判情形后，"应当裁定撤销原判，发回原审人民法院重新审判"，从法理上讲，这一表述应被视为采行"事后审"构造的标志；另一方面，根据2018年《刑事诉讼法》第233条，二审法院对一审事实认定与法律适用问题的审查不受上诉或抗诉范围限制，这就使得我国处理一审法院违法审判问题的刑事二审程序与日本理论中对审查范围有所限定[1]的"事后审"有根本区别。可以概括地认为，我国目前采行的是"全面的事后审"，而日本法则以"有限的事后审"为原则。

应当承认，对于《刑事诉讼法》第238条所列举的四种违法审判情形，采行"全面的事后审"有其合理性，因为诸如是否违反公开审判的规定、是否违反回避制度、是否剥夺或限制当事人法定诉讼权利、审判组织构成是否合法等问题，仅凭一审审判笔录所记载的事实，或者一审已经调查的证据，往往难以确证。即使在日本，法律也不对可用以证明这些情形的证据事实范围予以限定。[2]但是，如果将"全面的事后审"用作异议裁断的二审救济机制的程序构造，就会显现出重重弊端。

这主要体现在四个方面：其一，采行"全面的事后审"会

---

[1] 这一限定，是通过限制可用以证明一审程序违法的事实证据范围来实现的。参见本书第四章。

[2] 参见《日本刑事诉讼法》第377条。

影响控辩双方在一审中声明异议的积极性,因为对于控辩双方来说,即使不适时声明异议,其也可以在二审中主张一审程序违法;其二,采行"全面的事后审"会导致对异议声明适时性和明确具体性的约束落空,因为对于控辩双方来说,即使不适时、明确具体地声明异议,也不会产生异议失权的后果;其三,采行"全面的事后审"会严重影响二审效率,因为一审中的异议声明与裁断所涉及的程序性事项非常广泛,要求二审法院进行全面审查,会大大加重其工作负担,导致程序拖延;其四,采行"全面的事后审"可能压缩控辩双方在审判中声明异议的空间,这是因为在全面审查的压力下,一审中审判方可能有更为强烈的动机对审判实施职权管控,而从法理上讲,审判方越积极,控辩双方对异议声明就越消极。

因此,在立法层面明确与完善异议裁断二审救济机制的基本思路,应该是探索拓展二审法院对一审法院违法审判情形的"有限的事后审"。

二、构建与完善异议裁断二审救济机制的具体方案

笔者的具体建议是,对2018年《刑事诉讼法》第233条和第238条分别作如下调整。

第233条改 第二审人民法院应当就第一审判决有关定罪量刑的事实认定和法律适用情况进行全面审查,不受上诉或者抗诉范围的限制。

共同犯罪的案件只有部分被告人上诉的,应当对全案有关定罪量刑的事实认定和法律适用情况进行全面审查,不受上诉或者抗诉范围的限制。

"第233条改"是对2018年《刑事诉讼法》中二审全面审

查原则的调整，基本思路是将全面审查限定在实体问题，即"有关定罪量刑的事实认定和法律适用情况"上，以此为探索、开拓二审法院对一审法院违法审判情形进行"有限的事后审"创造制度空间。

第238条改　上诉或者抗诉的理由是第一审人民法院的审理有下列违反法律规定的诉讼程序的情形之一的，第二审人民法院应当进行全面审查，查证属实的，应当裁定撤销原判，发回原审人民法院重新审判：

（一）……

（二）……

……

（X）法律或最高人民法院司法解释、指导性案例规定的其他情形。

上诉或者抗诉的理由是第一审人民法院的审理有其他违反法律规定的诉讼程序的情形，且可能影响公正审判的，上诉状或抗诉书应当援引足以表明相关情况的、一审审判笔录所记载的事实或者一审法院已经调查的证据。第二审人民法院应当在此范围内进行审查，查证属实的，应当裁定撤销原判，发回原审人民法院重新审判。

第二审人民法院根据本法"第233条改"对案件进行全面审查时，认为第一审人民法院的审理可能存在违反法律规定的诉讼程序的情形，且严重影响公正审判的，应当一并审查，查证属实的，应当裁定撤销原判，发回原审人民法院重新审判。

对于"第238条改"，在此分三点予以说明：

第一，关于限定二审法院对一审法院违法审判全面审查的范围。本条第1款对2018年《刑事诉讼法》第238条进行了重

第六章 构建与完善我国刑事审判中异议制度的建议方案

构,根据第 238 条,无论上诉或者抗诉的理由是否涉及一审法院违法审判,只要二审法院在全面审查时发现有法定的违法审判情形,就应裁断撤销原判,发回重审。重构之后,特定违法审判情形被调整为对上诉、抗诉理由的列举,而对于以此为理由提出的上诉、抗诉,二审法院负有全面审查的责任。这样一来,就限定了二审法院对一审法院违法审判进行全面审查的范围。

至于具体哪些情形应纳入全面审查的范围,由于不是本书讨论的重点,而且可能存在较大争议,笔者没有具体罗列。但是,笔者认为对这些情形的罗列应采取"开放式列举"的思路,在最后以"法律或最高人民法院司法解释、指导性案例规定的其他情形"作为兜底规定。这主要是为了保证实定规则具有一定弹性,能够适应审判实践的多样性与易变性。

第二,关于"有限的事后审"基本框架的确立。根据本条第 2 款,相比于第 1 款,如果上诉或者抗诉的理由是一审法院有其他违法审判情形,上诉方或抗诉方将受到如下约束:其一,其需要在上诉状或抗诉书中论证该违法审判情形"可能影响公正审判";其二,其应当在上诉状或抗诉书中援引足以表明相关情况的,一审审判笔录所记载的事实或者一审法院已经调查的证据。同时,二审法院将不再对案件进行全面审查,而仅在上诉状或抗诉书确定的范围内进行有限的审查。这样就确立了二审法院对一审法院违法审判情形进行"有限的事后审"的基本框架。

笔者对本条第 2 款的设计主要参考了《日本刑事诉讼法》第 379 条。不难注意到,本条第 2 款如果真正具有操作可能性,还应当对一审审判笔录的记载规则加以重构与细化,既要建立起便于控辩双方应用的二审争点保留机制(备档制度),也要明确一审审判笔录对一审中程序性事项的排他证明力。这一问题笔者在后文与其他相关机制的调整与完善一起讨论。

第三，关于显见错误规则的设定。本条第3款构成第2款的一项例外，规定二审法院在对一审判决有关定罪量刑的事实认定和法律适用问题进行全面审查时，如果认为一审可能存在严重影响公正审判的违法审判情形，就有责任对此一并进行全面审查。笔者设计第3款的意图，是设置符合我国审判实际的显见错误规则。从逻辑上讲，如果在上诉方和抗诉方没有主动以相应情形作为上诉或抗诉理由的情况下，二审法院都可以注意到某一违法审判情形可能严重影响公正审判，那么，这一情形无疑是显而易见的。

笔者在设计第3款时，主要参考了美国《联邦刑事诉讼规则》第52条（b）和《联邦证据规则》第103条（e），但是，最终提出的方案在规范表示与结构上同这两个条文有较大差异。这主要是因为，在我国设置显见错误规则需要考虑与二审法院对一审判决中实体问题的全面审查机制相协调。

第四节　在立法层面对相关机制的必要调整与完善

在确立有关异议声明与裁断机制的一般性规则的基础上，还需要在立法层面就一系列相关机制进行必要的调整与完善。本书第二章在分析影响异议制度预期功能实现的关键制约条件时已经指出，作为整体的刑事审判程序的完备性和对抗化程度会严重影响到异议制度预期功能的实现。而前面提出的异议制度一般性规则的立法建议则直观地凸显出异议制度的构建与现行《刑事诉讼法》所设置的刑事审判制度框架的紧张关系。因此，对相关机制进行调整与完善的必要性既在于这是确保异议

第六章　构建与完善我国刑事审判中异议制度的建议方案

制度预期功能实现的必要条件，也在于这是使异议制度真正融入我国刑事审判制度的必要条件。当然，也可以认为，异议制度的构建本身也是提升我国刑事审判程序的完备性和对抗化程度的重要契机。[1]

一、对法庭调查程序的必要调整与完善

从逻辑上讲，异议制度的构建本身就是对法庭调查程序的重大调整，同时，这一制度的构建还要求法庭调查程序在其他方面有所改变。笔者在此着重提出一点调整建议，就是在《刑事诉讼法》第三编"审判"的第二章"第一审程序"第一节"公诉案件"新设一条：

第 G 条　合议庭应当确保当事人及其辩护人、诉讼代理人有就证据的证明力进行充分质疑、辩论的机会。

第 G 条显然借鉴了《日本刑事诉讼法》第 308 条。笔者认为，在我国《刑事诉讼法》中设定这一条款，与前述第 C 条第 2 款结合起来，有助于促进我国法庭调查程序真正实现对证据能力判定与证明力评价问题的切分处理。只有法庭调查程序本身能够比较清晰地区分证据能力判定与证明力评价，才有可能指引实务界跳出存在扁平化、模糊化问题的传统证据三性论的束缚，去接受、运用与证据两力相融合的，强调层次性划分的，以证据合法性新广义论为核心的新证据三性论。而只有实务界能够接纳新证据三性论，适应强调证据能力判定与证明力评价切分处理的新局面，异议制度才有可能真正在我国被确立起来，

---

[1] 需要说明的是，部分相关机制，如当事人范围、庭前会议程序、二审程序的必要调整，在本章前面各节已经提及，本节就不重复论述。

该制度所承载的推动实体真实的技术化实现这一预期目标也才有可能实现。

二、对审判笔录规则的必要调整与完善

合理的审判笔录规则对于异议制度的构建至关重要。从法理上讲，只有在充分确保控辩双方能够通过适时、明确的异议，将程序性争议备档于审判笔录之上的前提下，才能够对异议声明的时机、根据、方式、救济等施加约束；只有在审判笔录能够全面、如实地记录程序性争议的发生、挑明和裁断过程的前提下，二审法院才能在"有限的事后审"的框架下高效审查一审审判情况，妥当判定是否存在有害错误或显见错误；只有在审判笔录对于审判中的程序性事项具有排他性证明力的前提下，才能激励控辩双方在审判过程中保持警觉、积极对抗，促使审判方认真对待、慎重处置审判过程中的程序性争议。从比较法上看，无论美国还是日本，都设定有非常细致而技术化的审判笔录规则，不仅与异议制度高度结合，而且与异议制度一并成为连接初审和上诉审的关键纽带。

2018年《刑事诉讼法》对审判笔录规则的设定相对简单，而且在二审全面审查原则的限定下，并没有赋予审判笔录对审判中程序性事项的排他性证明力。如果要按照前文提供的方案设定异议制度的一般性规则，那么对审判笔录规则进行全面调整是势在必行的。对此，笔者建议将2018年《刑事诉讼法》第一编"总则"第八章"期间、送达"调整为"期间、文书、送达"，在此对审判笔录规则进行系统规定，其中，应当新设如下条文：

第H条 庭前会议和庭审中的全部程序性事项，只能以审判笔录证明。

第 H 条借鉴了《日本刑事诉讼法》第 52 条和我国台湾地区现行"刑事诉讼法"第 47 条,意在明确审判笔录对于审判中程序性事项的排他性证明力。前文"第 233 条改"和"第 238 条改"与本条结合起来,才能真正意义上将二审法院对一审法院违法审判情形的审查改造为"有限的事后审"。

三、对审判活动监督机制的必要调整与完善

在我国,刑事审判制度的构建要求对现行的审判活动监督机制进行调整。根据前文的分析,调整的远景目标是不再保留现有的"公诉人当庭记录—庭后汇报—检察机关提出纠正意见"的监督模式,但是,考虑到改革的渐进性,可以先采取将审判活动监督改造为公诉人在审判中声明异议的补充机制或事后救济机制的过渡方案。笔者认为,可以考虑对 2018 年《刑事诉讼法》第 209 条作如下调整:

第 209 条改 出庭的检察人员发现人民法院审理案件违反法律规定的诉讼程序,有权根据本法第 A 条提出异议,由合议庭根据本法第 B 条予以处理。

人民检察院认为合议庭对公诉人所提异议的处理违反法律规定的,可以根据本法第 ×× 条提起抗诉。

人民检察院发现人民法院审理案件违反法律规定的诉讼程序,可能严重影响公正审判,且有下列情形之一的,有权向人民法院提出纠正意见:

(一) 出庭的检察人员没有根据本法第 A 条适时提出异议;
(二) 合议庭根据本法第 B 条进行的处理明显不当。

"第 209 条改"基本上实现了对出庭检察人员在审判中异议声明和人民检察院审判活动监督的明确区分。其中,本条第 1

款后段规定"由合议庭根据本法第 B 条予以处理"意味着出庭检察人员提出的异议也受第 B 条第 3 款的限制,在合议庭进行处理后,不得就同一事项再次提出异议。本条第 2 款则进一步明确,在出庭检察人员提出异议的情况下,人民检察院如果认为合议庭的处理违法,应当依法提出抗诉,而非在庭审后提出纠正意见。本条第 3 款则在高度限定的条件下,有限地允许人民检察院以提出纠正意见的方式进行审判活动监督,这里有双重限制,一是仅适用于"可能严重影响公正审判"的违法审判情况,二是仅限于出庭检察人员没有适时声明异议,或者合议庭对异议的处理存在明显不当时。

四、对辩护方申诉、控告机制的必要调整与完善

根据前文的分析,调整辩护方申诉、控告机制的基本方向是,严格限缩辩护方申诉、控告机制在审判阶段的应用,既不应将其与异议声明机制并列,也不应将其与上诉机制并列。为此,笔者建议对 2018 年《刑事诉讼法》第 49 条作如下调整:

第 49 条改 在侦查阶段和审查起诉阶段,辩护人、诉讼代理人认为公安机关、人民检察院及其工作人员阻碍其依法行使诉讼权利的,有权向同级或者上一级人民检察院申诉或者控告。人民检察院对申诉或者控告应当及时进行审查,情况属实的,通知有关机关予以纠正。

在审判阶段,辩护人认为公诉人、审判人员阻碍其依法行使诉讼权利的,可以根据本法第 A 条提出异议。符合本法"第 209 条改"第 3 款的,有权向同级或者上一级人民检察院申诉或者控告。

"第 49 条改"区分了侦查阶段和审查起诉阶段的申诉、控

告程序与审判阶段的申诉、控告程序。本条第 2 款建议规定，在审判阶段，辩护人如果认为公诉人、审判人员阻碍其依法行使诉讼权利，应以提出异议为优先选择。只有在符合前面提出的建议条文"第 209 条改"第 3 款的情况下，才能提出申诉、控告。

余 论

长久以来，刑事审判中异议制度并没有得到理论界与实务界的充分重视，以至于"理论缺失，实践失范"成为我国语境下刑事审判中异议现象的基本现状。作为首篇系统研究该制度的专著，本书花费大量篇幅搭建起了刑事审判中异议制度的基础理论体系，并在这一理论体系下比较分析了美国、日本相对成熟的异议制度成例，然后从规范与实务层面对我国语境下的刑事审判中异议现象进行了初步考察，进而提出了在我国于立法层面构建与完善刑事审判中异议制度的建议方案。总体上，本书的前述研究成果是具备一定开创性的，在一定程度上填补了相关研究的空白。而与此同时，笔者也承认，当前这些成果是非常初步的，还有许多不足与遗憾，大量值得关注的论题在本书中只是稍有提及，还有待未来相关研究的进一步探索。

本书第一章第三节在阐述异议声明机制和异议裁断机制的各具体要素时，罗列了大量值得关注的疑难问题，但是，受限于本书体例、篇幅、研究条件以及作者自身的研究能力等主客观因素，在后续章节中，其中相当一部分问题没有得到充分讨论。例如，在阐释异议裁断主体时，笔者指出，在我国推进人民陪审员制度改革的背景下，在七人大合议庭中，人民陪审员与职业法官的裁判职权分工是否会影响到异议裁判权的具体归属，是一个非常值得研究的问题，但是，尽管本书第三章、第四章的比较法考察也特别关注了美国、日本民众参与审判后异议裁判权的归属情况，但是本书第五章和第六章最终没有深入讨论这一问题。

本书第二章第四节在阐述异议制度的预期功能时，指出了影响预期功能实现的若干关键制约条件，但是，同样受限于各主客观因素，在第五章和第六章的本土化研究中，对于这些关键制约条件在我国刑事审判实践中的具体表现和实际影响，以及我国应当如何应对、化解这些困难，笔者的讨论还远远不够。例如，笔者指出，参与异议制度运作的法官、检察官、律师的个体因素，包括理念因素、伦理因素和技术因素，会深刻影响异议制度的运作实效，但是，由于本书的本土化研究最终落脚于提出制度构建与完善的建议方案等原因，第五章和第六章并没有深入分析实务工作者个体因素对异议现象的深层次影响。

本书第三章、第四章的比较法考察，以及第五章、第六章的本土化研究，也还存在诸多不足。

在笔者看来，这些缺憾的存在，在表明本书研究的初步性的同时，也蕴含着深化、拓展刑事审判中异议制度研究的可能性。只要我国刑事审判改革坚持以对抗化为基本方向，以控辩对抗实质化为具体目标，异议制度研究就一定会不断走向深入，不断推动我国刑事审判理论与实践的反思与创新。

参考文献

一、中文参考文献

（一）著作类

1. 陈波：《逻辑学十五讲》（第二版），北京大学出版社 2016 年版。
2. 陈朴生：《刑事诉讼法实务》（重订版），自印，1995 年。
3. 《刑事诉讼法学》编写组编：《刑事诉讼法学》，高等教育出版社 2017 年版。
4. 陈瑞华：《刑事诉讼的前沿问题》（第四版），中国人民大学出版社 2013 年版。
5. 陈瑞华：《刑事诉讼的前沿问题》（第五版，上册），中国人民大学出版社 2016 年版。
6. 陈瑞华：《程序性制裁理论》（第三版），中国法制出版社 2017 年版。
7. 邓继好：《程序正义理论在西方的历史演进》，法律出版社 2012 年版。
8. 顾永忠、苏凌主编：《中国式对抗制庭审方式的理论与探索》，中国检察出版社 2008 年版。
9. 何家弘、刘品新：《证据法学》（第五版），法律出版社 2013 年版。
10. 冀祥德：《控辩平等论》，法律出版社 2008 年版。
11. 郭彦、龙宗智编：《刑事庭审证据调查规则实证研究》，法律出版社 2021 年版。
12. 龙宗智：《刑事庭审制度研究》，中国政法大学出版社 2001 年版。
13. 龙宗智：《检察官客观义务论》，法律出版社 2014 年版。
14. 龙宗智等：《刑事庭审证据调查规则研究》，中国政法大学出版社 2021 年版。

15. 李心鉴:《刑事诉讼构造论》,中国政法大学出版社 1992 年版。
16. 林钰雄:《刑事诉讼法》(上册),元照出版有限公司 2013 年版。
17. 林钰雄:《刑事诉讼法》(下册),元照出版有限公司 2013 年版
18. 孙长永主编:《刑事诉讼法学》(第三版),法律出版社 2016 年版。
19. 宋英辉、刘广三、何挺等:《刑事诉讼法修改的历史梳理与阐释》,北京大学出版社 2014 年版。
20. 吴洪淇:《转型的逻辑:证据法的运行环境与内部结构》,中国政法大学出版社 2013 年版。
21. 王颂勃:《刑事诉讼法庭质证规则研究》,中国人民公安大学出版社 2015 年版。
22. 王兆鹏:《美国刑事诉讼法》(第二版),北京大学出版社 2014 年版。
23. 王亚新:《对抗与判定——日本民事诉讼的基本结构》(第二版),清华大学出版社 2010 年版。
24. 汪振林:《日本刑事诉讼模式变迁研究》,四川大学出版社 2011 年版。
25. 薛波主编:《元照英美法词典》(缩印版),北京大学出版社 2013 年版。
26. 张丽卿:《刑事诉讼法:理论与运用》,五南图书出版股份有限公司 2006 年版。
27. 张建伟:《司法竞技主义——英美诉讼传统与中国庭审方式》,北京大学出版社 2005 年版。
28. 张保生主编:《证据法学》(第二版),中国政法大学出版社 2014 年版。
29. 左卫民等:《庭审实质化改革实证研究——以法庭调查方式为重点》,法律出版社 2021 年版。
30. 中国社会科学院语言研究所词典编辑室编:《现代汉语词典》(第五版),商务印书馆 2005 年版。
31. 《世界各国刑事诉讼法》编辑委员会编译:《世界各国刑事诉讼法·亚洲卷》,中国检察出版社 2016 年版。
32. [美] 安吉娜·J. 戴维斯:《专横的正义:美国检察官的权力》,李昌林、陈川陵译,中国法制出版社 2012 年版。
33. [日] 土本武司:《日本刑事诉讼法要义》,董璠舆、宋英辉译,五南图书出版公司 1997 年版。

34. [法] 贝纳尔·布洛克:《法国刑事诉讼法》（原书第 21 版），罗结珍译，中国政法大学出版社 2009 年版。

35. [德] Claus Roxin:《德国刑事诉讼法》，吴丽琪译，三民书局 1998 年版。

36. [日] 大出良知等编著:《刑事辩护》，日本刑事诉讼法学研究会译，元照出版有限公司 2008 年版。

37. [美] 弗洛伊德·菲尼、[德] 约阿希姆·赫尔曼、岳礼玲:《一个案例 两种制度——美德刑事司法比较》，郭志媛译，中国法制出版社 2006 年版。

38. [日] 谷口安平:《程序的正义与诉讼（增补本）》，王亚新、刘荣军译，中国政法大学出版社 2002 年版。

39. [美] 罗纳德·J. 艾伦等:《证据法：文本、问题和案例》（第三版），张保生、王进喜、赵滢译，高等教育出版社 2006 年版。

40. [美] 拉里·劳丹:《错案的哲学：刑事诉讼认识论》，李昌盛译，北京大学出版社 2015 年版。

41. [美] 迈克尔·D. 贝勒斯:《法律的原则——一个规范的分析》，张文显等译，中国大百科全书出版社 1996 年版。

42. [美] 米尔吉安·R. 达马斯卡:《比较法视野中的证据制度》，吴宏耀、魏晓娜等译，中国人民公安大学出版社 2006 年版。

43. [美] 米尔建·R. 达马斯卡:《漂移的证据法》，李学军等译，中国政法大学出版社 2003 年版。

44. [美] 乔恩·R. 华尔兹:《刑事证据大全》（第二版），何家弘等译，中国人民公安大学出版社 2004 年版。

45. [日] 松尾浩也:《日本刑事诉讼法》（上卷·新版），丁相顺译，中国人民大学出版社 2005 年版。

46. [美] 史蒂芬·卢贝特:《现代诉讼辩护分析与实务》，吴懿婷译，商周出版社 2002 年版。

47. [美] 托马斯·A. 马沃特:《庭审制胜》（第七版），郭烁译，中国人民大学出版社 2012 年版。

48. [日] 田口守一:《刑事诉讼法》（第五版），张凌、于秀峰译，中国政法大学出版社 2010 年版。

49. ［英］威廉·特文宁：《证据理论：边沁与威格摩尔》，吴洪淇、杜国栋译，中国人民大学出版社 2015 年版。

50. ［美］虞平、郭志媛编译：《争鸣与思辨：刑事诉讼模式经典论文选译》，北京大学出版社 2013 年版。

51. ［美］约翰·W. 斯特龙主编：《麦考密克论证据》（第五版），汤维建等译，中国政法大学出版社 2004 年版。

52. ［美］约书亚·德雷斯勒、艾伦·C. 迈克尔斯：《美国刑事诉讼法精解》（第四版，第二卷·刑事审判），魏晓娜译，北京大学出版社 2009 年版。

53. ［美］汤姆·R. 泰勒：《人们为什么遵守法律》，黄永译，中国法制出版社 2015 年版。

54. ［日］佐藤博史：《刑事辩护的技术与伦理：刑事辩护的心境、技巧和体魄》，于秀峰、张凌译，法律出版社 2012 年版。

55. ［美］詹姆斯·J. 汤姆科维兹：《美国宪法上的律师帮助权》，李伟译，中国政法大学出版社 2016 年版。

(二) 论文类

56. 蔡杰、冯亚景："我国刑事法官庭审指挥权之探讨"，载《法学研究》2006 年第 6 期。

57. 蔡元培："辩护律师程序异议机制初探"，载《法学杂志》2020 年第 10 期。

58. 陈卫东、张月满："对抗式诉讼模式研究"，载《中国法学》2009 年第 5 期。

59. 陈瑞华："程序正义论——从刑事审判角度的分析"，载《中外法学》1997 年第 2 期。

60. 陈瑞华："程序性制裁制度研究"，载《中外法学》2003 年第 4 期。

61. 陈瑞华："审判之中的审判：程序性裁判之初步研究"，载《中外法学》2004 年第 3 期。

62. 陈瑞华："刑事司法裁判的三种形态"，载《中外法学》2012 年第 6 期。

63. 陈瑞华："论协同性辩护理论"，载《浙江工商大学学报》2018 年第 3 期。

64. 何家弘："刑事诉讼中证据调查的实证研究"，载《中外法学》2012 年第 1 期。

65. 胡铭："审判中心、庭审实质化与刑事司法改革——基于庭审实录和裁判文书的实证研究"，载《法学家》2016 年第 4 期。

66. 韩旭："辩护律师被驱逐出庭的程序法理思考"，载《郑州大学学报（哲学社会科学版）》2013 年第 1 期。

67. 江迪生："公诉庭审中的异议"，载《人民检察》1998 年第 6 期。

68. 季卫东："法律程序的形式性与实质性——以对程序理论的批判和批判理论的程序化为线索"，载《北京大学学报（哲学社会科学版）》2006 年第 1 期。

69. 亢晶晶："说服与判断：审辩关系的异化及回归——以'商谈理论'为视角"，载《河南大学学报（社会科学版）》2017 年第 3 期。

70. 龙宗智："论庭审改革后的出庭公诉工作"，载《人民检察》1996 年第 7 期。

71. 龙宗智："检察官该不该在庭上监督"，载《法学》1997 年第 7 期。

72. 龙宗智："检察工作中的三个'该不该'"，载《人民检察》1998 年第 1 期。

73. 龙宗智："被害人作为公诉案件诉讼当事人制度评析"，载《法学》2001 年第 4 期。

74. 龙宗智："刑事庭审人证调查规则的完善"，载《当代法学》2018 年第 1 期。

75. 龙宗智、韩旭："确立'平等对待'诉讼原则 维系程序公正庭审格局"，载《人民法院报》2016 年 4 月 27 日第 2 版。

76. 龙宗智："庭审实质化改革需技术与规则并重"，载《检察日报》2016 年 11 月 22 日，第 3 版。

77. 廖永安、何四海："民事诉讼当事人异议的法理分析"，载《法学杂志》2012 年第 12 期。

78. 李峰："论程序异议失权"，载《法商研究》2014 年第 5 期。

79. 刘忠："未完成的'平等武装'——刑辩律师非知识技艺理性的养成"，载《中外法学》2016 年第 2 期。

80. 刘作翔、龚向和："法律责任的概念分析"，载《法学》1997 年第

10 期。

81. 刘国庆:"刑事诉讼中的异议权问题研究",载《中国刑事法杂志》2010 年第 2 期。
82. 刘国庆:"论美国刑事证据法中的异议制度",载《燕山大学学报(哲学社会科学版)》2013 年第 1 期。
83. 刘国庆:"论美国刑事证据法中的异议制度及启示",载《中国刑事法杂志》2013 年第 1 期。
84. 路阳:"社会科学研究中的文献综述:原则、结构和问题",载《社会科学管理与评论》2011 年第 2 期。
85. 孙长永:"论刑事证据法规范体系及其合理构建——评刑事诉讼法修正案关于证据制度的修改",载《政法论坛》2012 年第 5 期。
86. 施鹏鹏:"为职权主义辩护",载《中国法学》2014 年第 2 期。
87. 苏新建:"主观程序正义对司法的意义",载《政法论坛》2014 年第 4 期。
88. 汤维建:"美国的对抗制审判方式",载《比较法研究》1996 年第 4 期。
89. 王敏远:"论违反刑事诉讼程序的程序性后果",载《中国法学》1994 年第 3 期。
90. 吴洪淇:"刑事证据辩护的理论反思",载《兰州大学学报(社会科学版)》2017 年第 1 期。
91. 吴洪淇:"刑事证据审查的基本制度结构",载《中国法学》2017 年第 6 期。
92. 万毅:"检察权若干基本理论问题研究——返回检察理论研究的始点",载《政法论坛》2008 年第 3 期。
93. 万毅:"刑事诉讼权利的类型分析——以分析实证主义法学为视角",载《政法论坛》2014 年第 2 期。
94. 万毅:"论无证据能力的证据——兼评我国的证据能力规则",《现代法学》2014 年第 4 期。
95. 万旭:"证据裁判如何贯彻?——以审判中心主义改革为背景的十点思考",载孙长永主编:《刑事司法论丛》(第 3 卷),中国检察出版社 2015 年版。
96. 万旭:"瑕疵证据理论的反思与重建",载陈兴良主编:《刑事法评论》

（第 38 卷），北京大学出版社 2016 年版。

97. 万旭："价值冲突与效率危机：我国刑事证据制度的转型"，载谢进杰主编：《中山大学法律评论》（第 14 卷第 3 辑），中国民主法制出版社 2017 年版。

98. 万旭："'质证'的内涵不限于交叉询问"，载《检察日报》2018 年 1 月 10 日第 3 版。

99. 万旭："论人民陪审员制度改革对全面贯彻证据裁判的影响"，载《新疆大学学报（哲学·人文社会科学版）》2017 年第 4 期。

100. 万旭："我国刑事证据合法性理论的批判性观点辨析——兼论刑事证据合法性理论革新的方向"，载刘艳红主编：《东南法学》（2017 年辑春季卷·总第 11 辑），东南大学出版社 2017 年版。

101. 徐卫东等："刑法谦抑在中国——四校刑法学高层论坛"，载《当代法学》2007 年第 1 期。

102. 谢鹏程："论社会主义法治理念"，载《中国社会科学》2007 年第 1 期。

103. 姚莉、李力："刑事审判中的证据引出规则"，载《法学研究》2001 年第 4 期。

104. 姚莉、李力："辩护律师的程序动议权"，载《法商研究》2002 年第 2 期。

105. 闫晶、万旭："查证属实：严格证明法则在我国刑事诉讼中的规范表述"，载《福建警察学院学报》2016 年第 2 期。

106. 左卫民："刑事证人出庭作证程序：实证研究与理论阐析"，载《中外法学》2005 年第 6 期。

107. 左卫民："迈向实践：反思当代中国刑事诉讼知识体系"，载《中外法学》2011 年第 2 期。

108. 左卫民："司法化：中国刑事诉讼修改的当下与未来走向"，载《四川大学学报（哲学社会科学版）》2012 年第 1 期。

109. 左卫民："对抗刑事审判：谱系与启示——读兰博约教授的《对抗式刑事审判的起源》"，载《清华法学》2016 年第 5 期。

110. 张卫平："论民事诉讼法中的异议制度"，载《清华法学》2007 年第

1期。

111. 张建伟:"'质证'的误解误用及其本义",载《检察日报》2012年11月1日,第3版。

112. 周欣、李业强:"刑事程序法律规范基本结构初探",载《中国人民公安大学学报(社会科学版)》2007年第5期。

113. 朱杰、肖国耀:"民事诉讼异议制度初探",载《内蒙古社会科学(汉文版)》2001年第6期。

114. 占善刚:"民事诉讼中的程序异议权研究",载《法学研究》2017年第2期。

115. 詹建红:"程序性救济的制度模式及改造",载《中国法学》2015年第2期。

116. 纵博:"'不得作为定案根据'条款的学理解析",载《法律科学(西北政法大学学报)》2014年第4期。

117. [德]埃达·韦斯劳:"真相与传说:关于抗辩式诉讼的讨论",宗玉琨译,载赵秉志、宋英辉主编:《当代德国刑事法研究》(第1卷),法律出版社2017年版。

(三) 学位论文类

118. 管宇:"论控辩平等原则",中国政法大学2006年博士学位论文。

119. 马永平:"刑事程序性法律后果研究",中国社会科学院研究生院2017年博士学位论文。

120. 尚华:"论质证",中国政法大学2011年博士学位论文。

121. 魏晓娜:"刑事正当程序研究",中国政法大学2003年博士学位论文。

122. 王国忠:"刑事诉讼交叉询问之研究",中国政法大学2006年博士学位论文。

123. 倪志娟:"刑事诉讼交叉询问制度研究",吉林大学2013年博士学位论文。

124. 冯冰:"刑事庭审被告人异议权研究",昆明理工大学2012年硕士学位论文。

125. 万燕:"刑事庭审异议规则研究",西南政法大学2012年硕士学位论文。

(四) 其他类

126. 邹佳铭:"刑事案件如何质证——理论实务兼备,经验案例丰富",京都律师事务所网站:http://www.king-capital.com/content/details49_12962.html,最后访问时间:2017年11月1日。

二、外文参考文献

(一) 著作类

127. Bryan A. Garner, *Black's Law Dictionary*, 9th ed., West Group, 2009.

128. Michael D., Bayles, *Procedural Justice: Allocating to Individuals*, Kluwer Academic Publishers, 1990.

129. Dennis D. Prater et al., *Evidence: the objection method*, LexisNexis, 2007.

130. Deboarh Jones Merritt, Ric Simmons, *Learning Evidence From The Federal Rules To The Courtroom*, West Academic Publishing, 2009.

131. Edward J. Imwinkelried, *Evidentiary Foundations*, 9th ed., LexisNexis, 2015.

132. John Hostettler, *Fighting for Justice: The History and Origins of Adversary Trial*, Waterside Press, 2006.

133. John Henry Wigmore, *Evidence in Trials at Common Law*, Little, Brown and Company, 1983.

134. Olin Guy Wellborn, *Cases and Materials on the Rules of Evidence*, West Group, 2017.

135. [日] 藤永幸治、河上和雄、中山善房编:《大コンメンタール刑事訴訟法》(第四卷)「第247条-第316条」,青林书院2013年版。

136. Roger C. Park, Aviva Orenstein, *Trial Objections Handbook*, 2nd ed. (Trial Practice Series), Thomson Reuters, 2017.

(二) 论文类

137. Stefania Negri, "The Principle of Equality of Arms and the Evolving Law of International Criminal Procedure", 5 *Int'l Crim. L. Rev.* (2005).

138. Jay Sterling Silver, "Equality of Arms and the Adversarial Process: A New Constitutional Right", 1990*Wis. L. Rev.* (1990).

139. J. Thibaut, L. Walker, "A Theory of Procedure", 66 *California Law Review* 3 (1978).

140. Tom R. Tyler, "Procedural Justice and the Courts", 44 *Court Review* (2007).

(三) 其他类

141. ECHR. Guide on Article 6-Right to a Fair Trail (criminal limb).
142. Collins v. Seaboard Coast Line R. R., 675 F. 2d 1185, 1194 (11th Cir. 1982).
143. Faretta v. California, 422 U. S. 806 (1975).
144. Gideon v. Wainwirght, 372 U. S. 335, 344 (1963).
145. Jones v Lincoln Electric Co., 188 F. 3d 709, 727 (7th Cir. 1999).
146. Jimenez v. City of Chicago, 732 F. 3d 710, 720 (7th Cir. 2013).
147. Kotteakos v. United States, 328 U. S. 750, 66 S. Ct. 1239, 90 L. Ed. 1557 (1946).
148. McKaskle v. Wiggins, 465 U. S. 168 (1984).
149. Prtkind v. Silver Mt. Sports Club & Spa, LLC, 557 F. 3d 1141, 1147 (10th Cir. 2009).
150. Rush v. French, 25 P. 816, 822, 1 Ariz. 99 (1874).
151. Singer v. United States, 380 U. S. 24, 38 (1965).
152. U. S. v. Gatling, 96 F. 3d 1511, 1520-22, 45 Fed. R. Evid. Serv. 1041 (D. C. Cir. 1996).
153. United States v. Benavente Gomez, 921 F. 2d 378, 385 (1st Cir. 1990).
154. United States v. Gomez-Norena, 908 F. 2d 497, 500n. 2 (9th Cir. 1990).
155. United States v. Dougherty, 895 F. 2d 399, 403 (7th Cir. 1990).
156. United States v. Olano, 507 U. S. 725 (1993).
157. United States v. Thornberg, 844 F. 2d 573, 575 (8th Cir. 1988).
158. United States v. Wilson, 966 F. 2d 243 (7th Cir. 1992).
159. United States v. Weed, 689 F. 2d 752, 756 (7th Cir. 1982).
160. United States v. David, 337 Fed. Appx. 639, 103 A. F. T. R. 2d 2009-2711 (9th Cir. 2009).

161. United States v. Silvers, 374 F. 2d 828, 832 (7th Cir. 1967).
162. United States v. Olano, 507 U. S. 725, 732 – 33, 113 S. Ct. 1770, 123 L. Ed. 2d 508 (1993).
163. Wilson v. Williams, 182 F. 3d 562, 568 (7th Cir. 1999).
164. Wilson v. City of Chicago, 758 F. 3d 875, 885 (7th Cir. 2014).

后 记

《刑事审判中的异议制度初论》以我的博士论文为基础修改而来。

本书主体内容完成于2018年,此后至今,虽然我从未停止对这一论题的思考,但这次出版,我并没有进行过多实质性修改,仅作了部分技术性调整,主要是对引用的规范和理论文献略作更新。书中包含了本人诸多不成熟的想法,悬置了太多的争议问题,也保留了不少本人在写作过程中与恩师龙宗智教授的争论与分歧。当下,本书终于要面世,我虽有一点成就感,但更多是害怕我的想法不够成熟,这也是我将书名定为"初论"的主要原因。

学术是一条漫长而奢侈的路,我还有许多问题想去思考,还有许多观点想去表达,希望我能坚持走下去。

当我环顾四周,瞻前顾后,确确实实还有一种蓄积在唇齿间的冲动想要去释放。

感谢成都理工大学法学一流学科建设项目对本书出版的资助。

其他感谢的话语,我已写在博士论文后记中,这里不再赘述。

万 旭

2022年3月 于四川成都